甘肃政法大学工商管理学科建设丛书

基于经济可持续发展的绿色金融和信贷资源配置研究

Research on Green Finance and
Credit Resource Allocation Based
on Sustainable Economic Development

武永霞/著

中国财经出版传媒集团
经济科学出版社
Economic Science Press

图书在版编目（CIP）数据

基于经济可持续发展的绿色金融和信贷资源配置研究/武永霞著 .—北京：经济科学出版社，2019.9
（甘肃政法大学工商管理学科建设丛书）
ISBN 978-7-5218-0973-2

Ⅰ.①基⋯　Ⅱ.①武⋯　Ⅲ.①金融-资源配置-研究-中国　Ⅳ.①F832.1

中国版本图书馆 CIP 数据核字（2019）第 210947 号

责任编辑：杜　鹏　刘　悦
责任校对：蒋子明
责任印制：邱　天

基于经济可持续发展的绿色金融和信贷资源配置研究
武永霞/著

经济科学出版社出版、发行　新华书店经销
社址：北京市海淀区阜成路甲 28 号　邮编：100142
编辑部电话：010-88191441　发行部电话：010-88191522
网址：www.esp.com.cn
电子邮箱：esp_bj@163.com
天猫网店：经济科学出版社旗舰店
网址：http://jjkxcbs.tmall.com
固安华明印业有限公司印装
710×1000　16 开　12.5 印张　210000 字
2019 年 9 月第 1 版　2019 年 9 月第 1 次印刷
ISBN 978-7-5218-0973-2　定价：58.00 元
（图书出现印装问题，本社负责调换。电话：010-88191510）
（版权所有　侵权必究　打击盗版　举报热线：010-88191661
QQ：2242791300　营销中心电话：010-88191537
电子邮箱：dbts@esp.com.cn）

前　言

目前金融业正在面临重大改革，国家通过引进民间资本，发展普惠金融、绿色金融、乡村金融等举措，从新时代提高人民生活幸福感、促进环境资源保护、推动乡村振兴战略实施等方面，助推金融业改革逐步推进，进而促进经济社会可持续发展。

民间资本和银行业金融机构在国家一系列政策的大力扶持下都获得了迅猛发展，同时也面临着巨大的挑战，如何打通两者间的通道，使其顺利对接，对于破解民间资本的发展困境、完善市场资本结构、提升银行业金融机构产业效率，以及将两者发展为促进经济增长的主要力量都具有非常重要的现实意义。

普惠金融的发展对我国乃至"一带一路"沿线国家都产生了重要影响，然而到目前为止，很多人对普惠金融发展的水平了解甚少，本书从客户因素角度对金融能力、数字化、家庭金融需求、金融经济前景等展开分析，对发展普惠金融提出建议。

在金融领域践行"绿水青山就是金山银山"的绿色发展理念，具体而言，就是要发展绿色金融，加快发展绿色金融是金融业持续发展的现实要求。研究我国绿色金融服务实体经济影响因素与策略，可以为引导传统金融向绿色金融转型，促进实体经济与生态环境和谐发展，寻求金融业和实体经济新的利润增长点，实现共赢目标提供理论基础。

在实施乡村振兴战略的过程中，有必要推进农村金融供给侧结构性改革，通过政策性引导金融资源进入农村市场，增加金融服务供给，为实施乡村振兴战略打好金融基础。

武永霞

2019年6月

目　　录

第一章　发展绿色金融 ·········· 1

　　第一节　绿色金融服务实体经济影响因素与策略研究 ·········· 1
　　第二节　绿色金融有效支持实体经济增长研究 ·········· 8
　　第三节　基于功能视角的绿色金融与可持续发展长效机制 ·········· 17

第二章　银企关系研究 ·········· 26

　　第一节　我国银企关系型存贷比区域差异分析与货币政策传导途径研究 ·········· 26
　　第二节　银行网点布局及其影响因素分析——以兰州市安宁区为例 ·········· 30
　　第三节　余额宝对商业银行理财业务收益的影响 ·········· 37

第三章　引进民间资本助力金融业发展 ·········· 47

　　第一节　民间资本进入银行业金融机构供需现状及路径选择 ·········· 47
　　第二节　制约民间投资效率的因素分析 ·········· 59
　　第三节　新设民营银行可行性分析及对策研究 ·········· 69
　　第四节　民间资本参与战略性新兴产业的途径 ·········· 76

第四章　小微民营企业融资问题研究 ·········· 82

　　第一节　降低小微企业融资成本的金融服务体系研究 ·········· 82
　　第二节　小微企业融资现状及对策探究 ·········· 91
　　第三节　民营企业融资渠道现状及对比分析 ·········· 95

第五章　发展普惠金融 ·········· 105

　　第一节　数字普惠金融发展的原因及对农村消费金融的影响 ·········· 105

第二节　普惠金融减贫机理分析及助推脱贫攻坚的具体建议 ………… 110

第六章　发展消费金融，规划信贷资源配置 …………………………… 120

第一节　互联网消费金融运行模式及风险分析 ………………………… 120
第二节　互联网借贷浪潮下大学生信贷消费风险分析 ………………… 132

第七章　金融支持创业研究 ………………………………………………… 146

第一节　大学生创业金融支持路径 ……………………………………… 146
第二节　农户家庭创业概率金融影响因素分析及策略研究 …………… 150

第八章　发展农村金融，助力乡村振兴 …………………………………… 155

第一节　乡村生态宜居评价指标体系构建与实证研究 ………………… 155
第二节　金融服务乡村振兴现状与实践 ………………………………… 168
第三节　绿色金融服务乡村建设的投资模式及路径研究 ……………… 177

参考文献 ……………………………………………………………………… 187

第一章

发展绿色金融

在金融领域践行"绿水青山就是金山银山"的绿色发展理念,具体而言,就是要发展绿色金融。加快发展绿色金融是金融业持续发展的现实要求。本章通过研究我国绿色金融服务实体经济影响因素与策略,为引导传统金融向绿色金融转型,促进实体经济与生态环境和谐发展,寻求金融业和实体经济新的利润增长点,实现共赢目标提供理论基础,并提出了构建"四位一体"绿色金融服务实体经济策略体系,为金融企业、政府机构、实体经济及社会公众等机构或主体提供策略参考。

第一节 绿色金融服务实体经济影响因素与策略研究①

一、绿色金融服务实体经济的现实意义

习近平总书记在党的十九大报告中明确提出,要建设美丽中国,就要推进绿色发展,发展绿色金融是推进绿色发展的路径之一,《关于构建绿色金融体系的指导意见》中提出了绿色金融的含义,要求金融部门关注生态环境保护,注重绿色产业发展,促进社会可持续发展[1]。金融业的收益来自实体经济,有效服务实体经济,是金融业安身立命之本[2]。然而金融对实体经济的发展存在倒"U"型的"阈值效应",只有与实体经济相匹配,才能有效促进其发展。因此,金融业持续繁荣发展的本质要求就是要提升金融服务实体经济的能力,支持实体经济发展,需要金融机构改革创新金融服务,加强金融机构和实体经

---

① 本部分内容曾载于《环境保护》2019年第3~4期。国家自然科学基金项目"知识权力氛围影响科技人员创新行为的跨层次研究:基于认知、互惠、情感视角"(71862002);甘肃政法学院青年科研项目"西部民族地区民间资本进入金融市场路经研究"(GZFXQNLW004)阶段性成果。

济抗风险能力,实现共赢,为中国经济发展提供有力支持[3]。从绿色金融对可持续发展的战略意义出发,分析绿色金融有效服务实体经济的影响因素,构建"新时代"战略背景下绿色金融服务实体经济策略体系,对发展绿色经济、实现可持续发展战略目标、建设美丽中国具有一定的现实意义。

二、绿色金融国内外研究进展

在国内学术界,胥刚首次把金融与环境的联系称为"绿色金融"[4]。自2010年以来,国内学者对金融服务实体经济的研究方兴未艾,主要从效率和路径两个角度展开研究。研究得出提高金融服务实体经济效率的方式能有效改善金融环境和完善金融结构[5],从制度执行、制度保障、制度内涵以及制度活力四个方面提出金融制度创新是服务实体经济的路径[6]。这些研究因其强烈的问题意识颇具启发意义,不足的是未对金融服务实体经济的效率和路径作详细的解释与分析,没有进行专门的研究。近5年来,国内学者纷纷对发展绿色金融的途径展开研究。马骏教授在发展绿色金融的政策导向、体系构建、理论框架等方面给出了指导性的建议,引领国内学者纷纷对发展绿色金融的途径展开研究,主要观点有:通过产业化转变及结构重组,借鉴赤道原则,发展碳金融,开展绿色投资和绿色金融活动,参加国际绿色金融实践活动,发展碳金融为代表的单一绿色金融,发放绿色贷款,加强外部监管以及内部激励机制等。

总体而言,学术界对金融及实体经济的研究内容涉猎广泛、视野开阔、方法多样,研究的深度和维度不断拓宽,但在绿色经济新使命背景下,以污染防治、生态系统保护与环境监管为重要任务的绿色金融发展现状如何,以及金融机构、各级政府、实体企业、社会公众等角色如何促进绿色金融有效服务实体经济的研究还很少,这些不足有待进一步深入研究。

三、绿色金融有效服务实体经济的影响因素分析

(一)绿色政策支撑提供最大保障

2015年被金融业普遍认定为"中国绿色金融发展元年",在此之后,伴随着"绿色发展理念"的不断深化和"一带一路"倡议的进一步落实,我国绿色金融进入全面提速发展阶段,持续助力生态环境质量改善,呈现良好态势。特别是在2016年3月16日国家将"绿色金融"首次列入五年发展规划,《中华人民共和国国民经济和社会发展第十三个五年规划纲要》明确提出"构建

绿色金融体系"的宏伟目标是"发展绿色信贷、绿色债券，设立绿色发展基金"。2016年8月30日，《关于构建绿色金融体系的指导意见》（以下简称《意见》）出台，该《意见》的出台对发展我国经济具有重大意义，不仅有助于加快我国经济向绿色化转型，助力生态文明建设，有效增加绿色资金供给，推动供给侧结构性改革，也有利于促进更多领域技术创新进步，提升经济增长潜力，加快培育环境保护、新能源开发、节能减排等领域新的经济增长点。2017年6月，国务院大胆探索绿色金融改革创新，在全国5个省份批准建立绿色金融改革创新试验区，包括浙江、江西、广东、贵州、新疆，这一举措为全国范围内推广绿色金融提供了很多成功经验。

（二）环境质量不断改善提供外在动力

《中华人民共和国2017年国民经济和社会发展统计公报》显示，较2016年，我国全年能源消费总量增长2.9%，万元国内生产总值能耗下降3.7%，二氧化碳排放量下降5.1%，工业用水量下降5.9%。在接受环境监测的338个地级及以上城市中，全年环境空气质量达标的城市有99个，较2016年增加15个；细颗粒物（PM2.5）年平均浓度为43微克每立方米，较2016年下降6.5%。以上环境质量不断改善的信息，一方面，促使绿色企业主动进行绿色认证，披露绿色项目的资金使用情况、建设情况及环境效益等信息，减小企业与投资者之间的信息不对称，降低投资者对项目未来风险的预期；另一方面，通过影响投资者对绿色产业、绿色项目、绿色债券的投资信心，减少投资者的风险溢价要求，从而降低绿色企业融资成本。

（三）绿色金融产品快速发展提供内在动力

债券方面，中国绿色债券市场进入"井喷"期。2016年，我国首次启动绿色债券市场，2017年，我国成为全球第二大绿色债券发行国，发行总量达2 486亿元，占全球绿色债券总规模的32.16%。2016年至2018年11月30日，全国公开发行绿色债券3 579.63亿元，发行规模排在前五位的绿色债券类型分别是：商业银行普通金融债发行1 051亿元；企业债发行754.80亿元；一般金融债发行454.50亿元；政策性金融债发行430亿元；公司普通债发行387.70亿元。

贷款方面，绿色信贷规模稳步增长。截至2017年6月末，绿色贷款在全国21家主要银行机构余额达8.22万亿元，占各项贷款的6.8%。全国绿色信贷总规模中，绿色交通运输项目、可再生能源及清洁能源项目、铁路运输项目、城市公共交通项目、城市轨道交通项目、节能环保服务、新能源、水力发电项目、工业节能节水环保项目、风电项目、垃圾处理及污染防治项目以及自然保护、生态修复及灾害防控等12个主要的信贷投向占绿色信贷总规模的90%以上，其中，绿色交通运输项目信贷规模为109 726.99亿元，占绿色信贷总规模24.66%，位居第一；可再生能源及清洁能源项目信贷规模为59 826.22亿元，占绿色信贷总规模13.45%，位居第二；铁路运输项目信贷规模为52 176.29亿元，占绿色信贷总规模11.73%，位居第三（见表1-1）。

表1-1　　　　　主要银行机构绿色信贷投向明细

序号	绿色信贷投向	绿色项目贷款余额（亿元）	占绿色信贷百分比（%）
1	城市公共交通项目	27 654.33	6.22
2	城市轨道交通项目	26 911.90	6.05
3	风电项目	12 733.02	2.86
4	工业节能节水环保项目	17 479.44	3.93
5	节能环保服务	26 834.95	6.03
6	可再生能源及清洁能源项目	59 826.22	13.45
7	垃圾处理及污染防治项目	12 105.10	2.72
8	绿色交通运输项目	109 726.99	24.66
9	水力发电项目	22 027.03	4.95
10	铁路运输项目	52 176.29	11.73
11	新能源	26 212.31	5.89
12	自然保护、生态修复及灾害防控	9 883.32	2.22
13	节水水利项目	6 130.41	1.38
14	资源循环利用项目	5 971.10	1.34
15	太阳能项目	5 226.46	1.17
16	建筑节能及绿色建筑	4 578.01	1.03
17	其他可再生能源及清洁能源项目	3 834.55	0.86
18	绿色农林业开发项目	3 189.23	0.72
19	绿色建筑开发建设与运行维护项目	3 077.61	0.69
20	交通运输环保项目	1 770.87	0.40
21	航道治理及船舶购置项目	1 582.79	0.36
22	新能源汽车	1 558.61	0.35
23	采用国际惯例或国际标准的境外项目	811.01	0.18
24	环保服务	810.74	0.18
25	智能电网项目	769.13	0.17
26	城市公共汽电车客运项目	742.42	0.17

续表

序号	绿色信贷投向	绿色项目贷款余额（亿元）	占绿色信贷百分比（%）
27	生物质能源项目	549.63	0.12
28	既有建筑绿色改造项目	440.01	0.10
29	循环经济服务	325.28	0.07

资料来源：各金融机构的年报、国泰安（网址：cn.gtadata.com）绿色金融研究数据库，由作者整理统计得到。

基金、证券、信托等绿色金融产品快速涌现，绿色金融体系建设取得突破性进展。一是绿色基金方面，"发展绿色金融，设立绿色发展基金"已经成为一大亮点，被列入国家"十三五"规划。截至2017年末，全国已经建立了20多个地方性绿色产业基金。二是绿色证券方面，多数证券公司在参与发展绿色金融过程中的工作重心集中于绿色债券发行和承销。2017年上半年，仅8家证券公司就承销发行了5只绿色债券，发行金额达82.5亿元。三是绿色信托方面，一方面，国家积极引导信托资金投入绿色发展项目；另一方面，信托公司不断创新绿色信托模式，主动参加绿色环保活动和绿色建设项目。2017年末，信托业存续绿色信托项目564个，比2016年的284个增加了280个；存续绿色信托资金规模1 693.19亿元，同比增长65.70%。四是绿色金融体系建设方面，不仅初步形成了一些绿色项目的路线图，包括环境压力测试、环境信息披露、绿色信贷、绿色债券和绿色PPP创新等项目，而且在环境压力测试、绿色认证、绿色评级、绿色指数等绿色金融分析工具的开发方面已有所突破[7]。

四、构建"四位一体"绿色金融服务实体经济的策略体系

为了有效推动绿色经济发展，必须构建"四位一体"绿色金融服务实体经济的策略体系，即从金融机构、政府、实体经济以及社会组织四个方面着手，共同促进绿色金融为实体经济提供高效的融资服务，最终实现绿色增长。

（一）金融机构实现绿色金融机制和产品创新

1. 提高对发展绿色金融的认知程度。金融机构要倡导可持续发展理念，提升积极开展绿色金融的动力，逐步培育绿色金融企业文化，把参与绿色金融事业上升到企业战略高度[8]。通过组织学习、培训、研讨等多种活动方式，对各级员工宣传教育国家绿色金融法律法规和方针政策，培养各级金融机构全体

员工的绿色发展意识。

2. 通过赤道原则标准创新绿色金融产品和服务。金融机构要逐步引入赤道原则标准创新绿色金融产品，更新和完善绿色金融的服务与管理模式[9]。一是银行业金融机构可以在绿色能源、绿色环境、绿色交通、绿色生态、绿色材料、绿色建筑以及绿色旅游等行业开发适合绿色行业特色发展的信贷产品；设计发行与环境金融产品挂钩的理财产品；尝试绿色金融衍生品的开发，促进绿色金融深入发展。二是在证券市场鼓励绿色债券和绿色股票的发行，为发展绿色产业的实体企业提供直接融资帮助，在证监会等监管机构允许的前提下对这类企业上市提供政策优惠和充分支持。三是对于保险业来说，努力开发适合绿色产业和绿色产品的新险种，通过绿色保险服务促进绿色经济发展，提升绿色金融服务实体经济的能力。

3. 建立风险管理系统，提高经营安全。金融机构要紧密围绕"去产能、去库存、去杠杆、降成本、补短板"五大任务，建立风险管理系统，做好"三去一降一补"各项工作，参照国家能源消耗标准、环境保护和质量安全标准，拒绝向"僵尸企业"提供金融支持，提高经营安全。具体而言，应做到以下三个方面：一是要强化风险管控和授信管理，杜绝资金空转套利；二是进一步完善信贷管理，合理控制长期信贷，有效防止过度信贷，促进实体经济去杠杆化；三是探索绿色风控机制，有效防范金融风险，加快绿色金融发展，同时建立风险管理系统，有效防控金融风险，关键要把握和处理好金融创新与风险控制的关系。

（二）政府通过政策扶持和监管激励手段发挥主导作用

1. 健全货币政策和宏观审慎政策"双支柱"调控框架。一方面，政府应作为主导力量推动绿色经济发展；另一方面，政府无法承担促进绿色经济发展所需要的大量投入资金，尤其是对新兴产业等绿色大项目产业的大额资金需求支持能力较为有限。因此，政府需要引入资本市场投资绿色金融，充分发挥市场的促进作用，健全货币政策和宏观审慎政策"双支柱"调控框架。

2. 健全监管规则、统一监管标准、杜绝监管真空。在绿色金融支持实体经济发展的过程中，需要投资主体、政府、监管部门从不同的角度三方合力，共同努力，解决环境监管和监督信息披露等方面的问题，充分利用第三方中介的绿色评级、绿色数据库、碳排放交易平台等，健全监管规则、完善监督机制、统一监管标准、杜绝监管真空。

3. 完善绿色金融激励补偿机制。促进绿色产业的发展，需要通过政府激励和市场激励共同作用，完善绿色金融的正向激励作用，通过金融制度创新，激励更多的企业和资本加入绿色发展中。政府机构既要激励投资人投资绿色经济，也要激励实体企业以绿色方式组织生产和提供服务，还要激励金融机构为绿色经济活动融通资金。在绿色经济和绿色金融认证与评估的前提下，鼓励成立公益基金，发挥资金补偿和激励作用，通过环保固定资产采购和环保新技术应用补贴、税收优惠、退税、环境效益补偿等手段为环保投入和环境效益买单。

4. 建立联动协作机制保障绿色金融发展。一方面，政府需要建立绿色金融联席会议制度，加强与环保部门、人民银行、银保监会、金融机构及实体企业等部门的联动，完善绿色金融配套服务；另一方面，银行系统、环保部门和实体企业共同建立绿色信息共享联动平台，提高绿色金融的可操作性。人民银行在利率定价和信贷准入方面给予金融机构开展绿色金融业务的融资优惠；金融机构与从事绿色产业的企业共同设计符合环保标准的绿色金融业务流程，并通过优化绿色金融结构，定期披露绿色金融业务执行情况；企业通过绿色信息共享联动平台向金融机构真实反映产能规模和可能面临的环境问题及风险威胁，在确保环境效益的同时，实现银企双赢；企业要明确国家环境政策走向，各级政府要支持和鼓励企业进行技术研发、技术改造与产品创新，淘汰落后产能；环保部门与金融机构利用此平台，实时掌握绿色金融环境风险的可控性，降低绿色金融风险。

（三）企业转变经营目标，构建环境信息披露机制

1. 企业将经济效益和社会效益共赢作为经营目标。绿色金融的实质是明确和解决企业环境污染的外部因素，加大对企业环保技术开发与绿色新型产品创新方面的资金投入，引导和鼓励企业将融入和自有留存的资金投入绿色发展，通过限制与扶持企业经营行为，引导与规范企业走良性发展之路。因此，从实体经济角度出发，企业应该将经济效益和社会效益共赢作为经营目标，走向绿色发展之路。

2. 企业构建绿色环境信息披露机制，自觉披露环境信息。只有提供了充分的企业环境信息，投资者才能判断哪些企业是绿色的，哪些是污染型的，哪些是"深绿的"，哪些是"浅绿的"[10]。为了改善企业环保业绩，需要提高企业环境信息披露水平，构建绿色环境信息披露机制势在必行，该机制要包含监管部门、环保机构、金融机构、机构投资者以及各类型企业等在内，不断提高企业信息披露机制[11]，逐步实现财务绩效、经营绩效、环境绩效、社会绩效等信息的有机统一，只有努力提高环境信息披露水平和披露机制使用效率，才能为绿色金融和实体经济营造一个行业规范、竞争公平、监管有效、经济效益

和社会效益共赢的内部与外部环境,促进绿色金融有效服务实体经济。

(四) 在社会公众中发展绿色金融组织,倡导绿色文化理念

1. 发展绿色金融社会组织,发挥绿色金融监督作用。为了使绿色金融更好地服务实体经济,可以尝试发展更多的绿色金融社会组织,投向绿色公益事业,例如成立绿色企业家协会、绿色环保基金会等社会组织,作为独立的第三方充分发挥绿色金融监督作用,全程评估金融机构实施绿色金融社会责任情况,敦促金融机构和环保部门切实贯彻落实国家关于绿色金融的各项制度。

2. 倡导社会公众绿色文化理念,引导绿色消费。为了推动我国绿色金融的可持续发展,要倡导社会公众的绿色文化理念,不断提升金融机构工作者、企业投资者、企业工作者特别是社会公众对绿色理念的认识[12]。社会各部门或组织都要做好环境保护基本国策的宣传任务,积极倡导绿色文化和生态文明建设,通过生态绿色平衡发展推进全社会和谐发展,以环境文化教育丰富公众的精神文明教育,让更多的公众了解绿色金融的内涵,积极引导消费者绿色消费观念,使消费模式更趋向于节能环保,为绿色金融服务实体经济打造良好的社会舆论氛围。

第二节 绿色金融有效支持实体经济增长研究

在供给侧改革大背景下,绿色金融是推动我国经济结构调整和转变经济发展方式的重要支撑力量。实体经济是经济发展的坚实基础,也是一国经济的立身之本。而满足经济社会发展需要,为实体经济服务,是金融的本分,金融只有在为实体经济服务中才能实现自身持续健康发展,加快发展绿色金融是金融业持续发展的现实要求。

一、绿色金融的含义及意义

《关于构建绿色金融体系的指导意见》中首次提出了绿色金融的含义,是指"为支持环境改善、应对气候变化和资源节约高效利用的经济活动,即对环保、节能、清洁能源、绿色交通、绿色建筑等领域的项目投融资、项目运营、风险管理等所提供的金融服务"。这就要求金融部门要关注生态环境保护,注重绿色产业发展,促进社会可持续发展。

导致我国严重污染和大量碳排放的经济学原因是产业结构、能源结构以

交通运输结构的不合理性,改变经济结构不合理性的主要抓手是增加绿色投资(马骏,2018)。面临资源紧缺、环境恶化的发展趋势,要坚定不移地贯彻新发展理念,经济发展方式由传统型向绿色型转变(张平淡,2018),这就迫切需要发展绿色金融,增强其服务实体经济的能力,有效支持实体经济增长。

二、金融支持实体经济增长国内外相关研究回顾

(一) 国外相关研究学术史梳理

对金融发展与经济增长关系的研究是国外学者研究金融服务实体经济的焦点,以此为基础形成了一些经典的理论,奠定了相关研究的理论基础。

1. 金融发展与经济增长关系研究。

(1) 正相关关系。戈德史密斯(Goldsmith,1968)运用定性分析与定量分析、纵向历史比较和横向国际比较相结合的方法得出经济发展与金融发展之间存在着大致平行的关系。罗宾逊(Robinson,1952)和卢卡斯(Lucas,1988)认为,发达的金融机构能提高资源配置的效率进而促进经济增长,并且经济增长也会反作用于金融部门,经济增长与金融发展正相关。莱文(Levin)和泽尔沃斯(Zervos,1998)选择不同国家的数据证明金融发展程度有助于经济的长期增长。肖(Shaw,1973)和麦金农(Mchinnon,1973)认为,金融机制会促进被压制的经济摆脱徘徊停滞的局面,加速经济增长。格雷戈里乌(Gregoriou,2009)研究得出实体经济变动状况比较直观地反映在股市波动状况方面,由此对金融部门的决策产生影响。

(2) 不确定关系。迪米特里艾兹和赫森(Demetriades and Hussein,1996)研究发现没有证据指出金融发展对经济增长起到指导性作用。路茵特尔和克翰(Demetriades and Luintel,2001)认为银行发展与经济增长呈现不确定关系,金融公司在发行股票的同时减少银行贷款。卢梭和瓦赫特尔(Rousseau and Wachtel,2001)认为在高通货膨胀的国家,金融发展对经济增长的影响较弱。卡恩和森达吉盖尔金(Khan and Sendadji,2003)认为银行的发展指数与经济增长之间具有显著的正向影响,是否呈正相关不确定。道格拉斯·J.艾略特(Douglas J. Elliott,2013)提出在复杂的金融市场中,人的价值判断可能会导致市场经济泡沫的形成。

(3) 负相关关系。德格雷戈里奥和吉多蒂(De Gregorio and Guidolti,1995)对于拉丁美洲国家进行的面板数据分析表明,1950~1985年这些国家的金融发展与经济增长的关系为负相关。赞格(Zang,2003)运用八个国家的

面板数据与时间序列数据分析得出在 20 世纪近 40 年的时间里银行发展与经济增长呈现负相关。

2. 提出的主要理论。麦金农和肖（Mchinnon and Shaw，1973）在对发展中国家金融发展与经济增长的关系进行研究的基础上，提出了金融抑制与金融深化的相关概念，认为降低金融抑制，推进金融自由化，加速金融深化，能够促进经济增长。莫顿和博迪（Merton and Bodie，1995）提出了金融功能论的观点，认为金融机构的组织形式可以依据金融功能的变化做出相应改变。鲍德温等（Hellmann et al.，1997）提出了金融约束论的观点，主张政府限制存贷款利率和金融竞争、创造金融租金，通过制定适当的金融政策，调动金融部门与生产企业的投资与储蓄积极性，促进资本形成并推动经济增长。

3. 进入 21 世纪，国外学者对绿色金融的研究甚少。仅哈伦刚巴（Khaliun Ganbat，2016）提出银行业的作用在于支持环保和社会导向的项目，通过吸引资金发展绿色经济。

（二）国内相关研究的学术史梳理

1. 金融促进经济增长的方式。从金融单一发展角度来看，促进经济增长的方式有提高储蓄投资效率（穆怀朋，1993）、发展金融中介（谈儒勇，1999）、完善金融制度（陈国进、林辉，2002）、提高金融深化程度（孟猛，2003）、利用融资利用效率（赵振全、薛丰慧，2004）、降低银行集中度（林毅夫等，2006）、加大货币供给（杨文进，2006）、发展资本市场（刘剑锋，2007）、扩大银行规模（张宇英，2009）、调整银行体系市场结构（何亮，2009）和控制货币供给总量（庞晓波、贾非，2012）。从金融与经济增长协调发展角度来看，促进经济增长的方式有金融支持实体经济发展（李扬，2012）、推进金融产业与实体产业利润挂钩（陆岷峰，2012）以及遵循发展实体经济、调整金融结构、推进金融自由化、发展资本市场、发展虚拟经济的改革路径（邱兆祥、安世友，2012）。

2. 银行信贷促进区域经济发展。王小平、贾锐等（2003）认为，甘肃省及西部地区时滞的信贷严重制约西部地区经济的健康发展；张军（2005）认为，山东省信贷增长和经济增长之间存在长期的稳定关系；陈锋、袁晋华等（2006）认为，江西省贷款余额对 GDP 有重大而直接的促进作用；杨庆祥、赵杉（2006）认为，陕西省信贷扩张是经济增长加速的 Granger 原因；陶为群、张兴军等（2007）认为，安徽省信贷投放数量是影响经济增长的关键因素；靳军会、邱长溶（2008）认为，西安市信贷效率是西安经济增长的格兰杰原因；唐娟娟（2008）认为，青海省银行信贷与经济增长之间存在强烈的正相关关系；杨松、王平（2009）认为，西藏地区信贷效率是促进经济发展的因素之一。

3. 金融支持实体经济的机制。近几年，学者们对金融支持实体经济的研究主要集中在机制方面，主要研究成果是金融支持实体经济的机制包括金融制度创新、完善金融环境、依托信贷政策等（王世祥，2013），调整金融资源流向、支持实体经济转型升级、大力发展债券市场等（周阿利，2014），融资保障体系、信贷结构、资本市场等（于董，2014），金融市场信用替代银行信用（王国刚，2014），金融资源合理配置、降低金融结构市场准入门槛、深化利率市场化改革等（蒋智陶，2014），金融体制改革（郑新立，2014），稳健的金融体系（刘健桂，2013），发展实体经济（余悦，2015），监管政策与货币政策（白董，2015），进行金融改革解决实体经济融资（唐文举，2015），提升产业结构中第二产业比例（贾明琪，2016）。

4. 近年来，国内学者纷纷对发展绿色金融的途径展开研究。国内学术界第一篇论及发展绿色金融问题的学术论文是胥刚的"论绿色金融——环境保护与金融导向新论"，该文载于《中国环境管理》1995年第4期，首次把金融与环境的联系称作"绿色金融"。高建良、和秀星等学者对绿色金融的发展理念、战略选择、体系构建等方面提出了战略性的建议。以上学者的研究因其强烈的问题意识颇具启发意义，不足的是未对绿色金融如何支持实体经济增长作详细的解释与分析，没有进行专门的研究。

三、绿色金融支持实体经济增长现状分析

中国人民银行调查研究资料显示，我国绿色经济的发展前景十分广阔，绿色产业投在未来两年年均融资需求将达2万亿元，而财政支持资金只能提供10%~15%。此外，"十三五"期间，保护和修复环境的融资需求将达30万亿元。近两年，在绿色发展理念的引领下，我国绿色金融已经呈现快速发展势头。

（一）大型国有商业银行是绿色金融支持实体经济增长的主力军

大型国有商业银行中，中国农业银行、中国工商银行、中国银行已经在海外成功发行绿色债券，形式上、规模上都突破多项历史纪录。此外，绿色环保产业上市公司在A股市场融资总规模达2 200亿元，占全部市场融资规模的12.8%。2016年，发行142亿元；2017年发行2 226.89亿元，2018年前11个月发行1 210.74亿元。发行绿色债券类型主要有商业银行普通金融债、企

业债、一般金融债、政策性金融债、公司普通债、非公开定向债务融资工具、非公开发行公司债券、金融租赁公司金融债、绿色债务融资工具、中期票据、资产支持票据、资产支持证券。在此期间，发行规模排在前五位的分别是：商业银行普通金融债发行1 051亿元，位居第一；企业债发行754.80亿元，位居第二；一般金融债发行454.50亿元，位居第三；政策性金融债发行430亿元，位居第四；公司普通债发行387.70亿元，位居第五。截至2018年11月30日，绿色债券发行规模占比排前三位的债券类型是：一般金融债，发行规模占37.56%；公司普通债，发行规模占21.64%；企业债，发行规模占14.93%（见图1-1）。

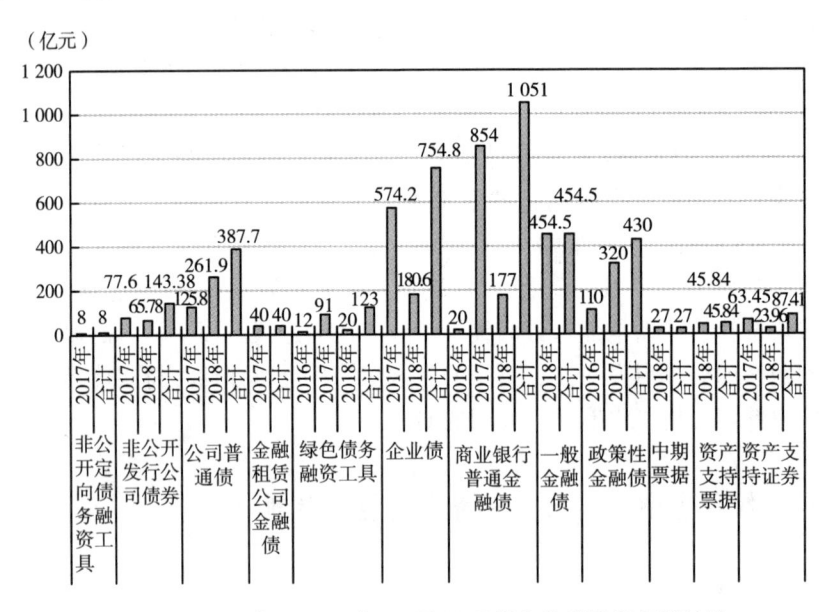

图1-1 2016年至2018年11月30日绿色债券发行规模统计

资料来源：各金融机构的年报、国泰安（网址：cn.gtadata.com）绿色金融研究数据库"境内发行的绿色债券信息表"，由作者整理统计而得。

（二）绿色信贷为绿色金融支持实体经济增长注入新资金

自2014年来，全国绿色信贷规模快速增长（见表1-2），2016年主要银行机构发放绿色贷款金额52 661.59亿元，同比增长9.58%。发放绿色贷款总金额排在前5位的银行机构分别是：国家开发银行发放15 716亿元，占29.84%；中国工商银行发放9 785.6亿元，占18.58%；中国建设银行发放8 892.21亿元，占16.89%；中国农业银行发放6 494.32亿元，占12.33%；中国银行发放4 673.42亿元，占8.87%（见图1-2）。

第一章 发展绿色金融

表 1-2   2014~2016 年全国绿色信贷贷款余额

银行简称	统计年度	余额（亿元）	银行简称	统计年度	余额（亿元）
开发银行	2014	14 301.60	招商银行	2014	1 509.47
开发银行	2015	15 742.30	招商银行	2015	1 565.03
开发银行	2016	15 716.00	招商银行	2016	1 436.64
农发行	2014	699.00	中国农业银行	2014	4 724.47
农发行	2016	885.00	中国农业银行	2015	5 431.31
广发银行	2014	39.25	中国农业银行	2016	6 494.32
广发银行	2015	41.17	交通银行	2014	1 198.34
广发银行	2016	85.19	交通银行	2015	1 455.59
渤海银行	2014	66.41	交通银行	2016	1 611.05
渤海银行	2015	111.91	中国工商银行	2014	8 117.47
邮政储蓄银行	2014	634.17	中国工商银行	2015	9 146.03
邮政储蓄银行	2015	548.82	中国工商银行	2016	9 785.60
邮政储蓄银行	2016	752.31	光大银行	2014	347.61
浦发银行	2014	1 563.74	光大银行	2015	326.77
浦发银行	2015	1 717.85	中国建设银行	2014	4 870.77
浦发银行	2016	1 738.12	中国建设银行	2015	7 335.63
华夏银行	2014	394.40	中国建设银行	2016	8 892.21
华夏银行	2015	399.60	中国银行	2014	3 010.43
华夏银行	2016	453.50	中国银行	2015	4 123.15
民生银行	2015	114.04	中国银行	2016	4 673.42
民生银行	2016	138.23	中信	2014	271.25

资料来源：各金融机构的年报、国泰安（网址：cn.gtadata.com）绿色金融研究数据库"主要银行机构绿色信贷情况表"，由作者整理统计而得。

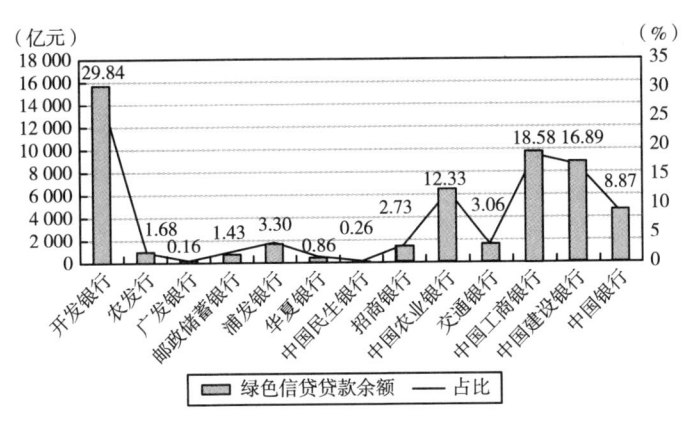

图 1-2   2016 年主要银行机构发放绿色贷款金额及占比

资料来源：各金融机构的年报、国泰安（网址：cn.gtadata.com）绿色金融研究数据库"主要银行机构绿色信贷情况表"，由作者整理统计而得。

自2014年以来，全国主要对"两高一剩"行业发放贷款的银行机构是浦发银行、招商银行、兴业银行及中信银行四家股份制商业银行（见图1-3），贷款的主要去向在钢铁、水泥、煤化工、非金属矿物制品业、黑色金属冶炼及压延加工业、有色金属冶炼、平板玻璃、造船等行业。

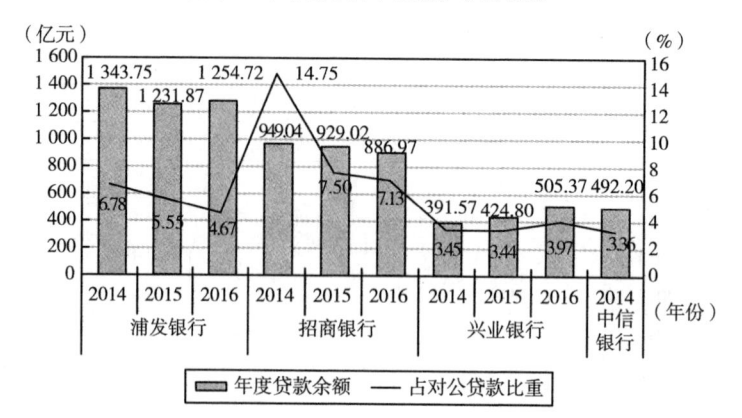

图1-3　2014~2016年"两高一剩"行业贷款明细

资料来源：各金融机构的年报、国泰安（网址：cn.gtadata.com）绿色金融研究数据库"两高一剩行业贷款明细表（分银行）（年）"，由作者整理统计而得。

其中，绿色交通运输项目信贷规模109 726.99亿元，占绿色信贷总规模24.66%，位居第一；可再生能源及清洁能源项目信贷规模59 826.22亿元，占13.45%，位居第二；铁路运输项目信贷规模52 176.29亿元，占11.73%，位居第三（见图1-4）。

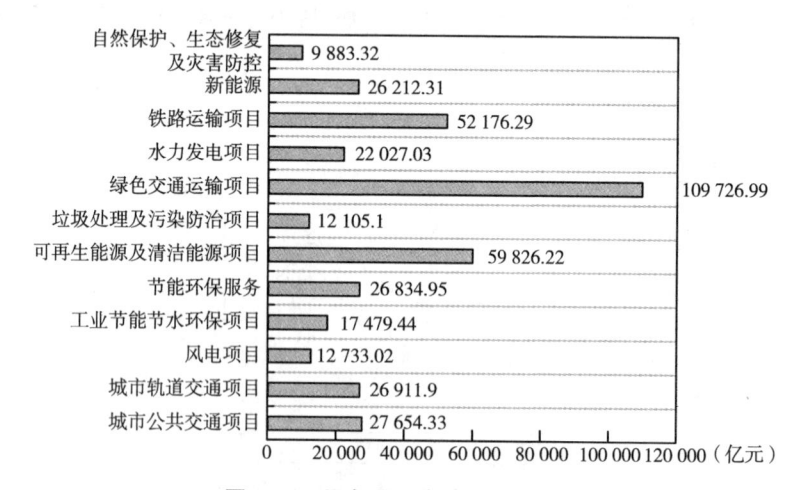

图1-4　绿色项目贷款投向及金额

资料来源：各金融机构的年报、国泰安（网址：cn.gtadata.com）绿色金融研究数据库"主要银行机构绿色信贷投向明细表"，由作者整理统计而得。

（三）多种新型绿色金融产品问世，为绿色金融支持实体经济增长助力催化

目前，各类绿色金融产品快速涌现，包括绿色资产化证券（ABS）、绿色PPP、碳金融、绿色保险等产品。自2016年11月中国证券业协会发布绿色公益榜以来，承销绿色债券或开展绿色资产证券化业务的证券公司已经有十几家，2017年末，绿色信托项目翻了一番；存续绿色信托资金规模1 693.19亿元，较2016年增加671.29亿元，同比增长65.70%，涵盖了蓝天计划、生物能源、新能源汽车、污水管网工程、河道整治等业务类型。

探索开展购碳代理财务顾问业务、节能环保设备融资租赁业务等新型绿色信贷融资工具；尝试绿色金融衍生品的开发，促进绿色金融深入发展。与此同时，银行业金融机构要为以上新型金融产品提供一系列功能相配套的绿色金融服务，提升其绿色金融综合服务能力。

（四）探索通过发行绿色债券、绿色理财产品、绿色证券和股票、绿色保险等方式多渠道筹集资金

银行对有些中长期的绿色项目提供较短期的贷款支持，但期限错配引起的最大风险可能会导致某些绿色项目出现资金链紧张。因此，解决期限错配和其他风险的有效方法，是通过发行绿色债券、绿色资产证券化、绿色保险等绿色金融产品创新等多渠道筹集资金。绿色债券的发行不仅为绿色项目提供了新的融资渠道，还可以提供中长期信贷，解决资金期限错配等问题；绿色理财产品有助于商业银行在不占用自有资金的情况下，吸收更多的社会闲散资金，并投放到优质的绿色项目中去。同时，可以把回报率比较低的绿色项目和收益较高的项目进行捆绑，利用杠杆原理，用较少的信贷资金拨动较大的社会资本投入绿色发展。

四、建立绿色金融风险管理系统，提高支持实体企业经营安全性

（一）要强化风险管控和授信管理，杜绝资金空转套利

银行业金融机构要围绕国家"互联网+""双创""中国制造2025"、自主创新示范区建设等政策机遇，加大对传统产业转型升级、战略性新兴产业投资发展、先进制造业及现代服务业发展壮大、"三农"业务服务支持、节能环保和小微型企业的转型升级，实施差异化的信贷政策。同时，进一步完善信贷

管理，合理控制长期信贷，有效防止过度信贷，促进实体经济去杠杆化。

（二）探索绿色风控机制，有效防范金融风险

加快绿色金融发展，同时有效防控金融风险，关键要把握和处理好金融创新与风险控制的关系。通过健全完善绿色担保机制和绿色金融动态跟踪监测机制，鼓励成立专业绿色担保机构，建立绿色项目风险补偿基金，分担部分绿色项目的风险损失。同时，将绿色信贷要求在客户准入、尽职调查、审查审批、放款审核、贷后管理等各环节严格落实，实现环境风险和社会风险全流程管控。

（三）建立绿色信贷考核体系，重点支持低碳经济、循环经济、绿色经济

银行业金融机构在开展绿色信贷工作中存在很多困难。一方面，绿色信贷的标准多为综合性、原则性的，银行业金融机构难以制定相关的具体措施及内部实施细则，无法参照具体的绿色信贷指导目录、环境风险评级标准等，极大地降低了绿色信贷措施的可操作性；另一方面，由于部分行业节能环保新型技术门槛较高，金融机构无法及时获得企业环境违法信息，影响绿色信贷执行效果。因此，银行业金融机构要采取有效措施，建立信贷考核体系，严格控制"两高一剩"行业信贷准入，把符合国家污染治理、生态保护等环境保护标准要求作为信贷决策的重要依据，切实做好绿色信贷工作。

此外，政府通过财政、税收、补贴等方式，对经济效益不太好的绿色项目进行一定的补偿，必须确保投资人至少能够获得与投资非绿色经济相同的投资收益，金融机构至少能获得与非绿色金融投资相同的机会利润，实体企业获得相同经济效益的同时获得相对应的社会效益，否则，政府需要对环保成本进行补偿，环境效益产出需要激励。可以预期，随着供给侧结构性改革不断推进，我国经济发展进入新时代，绿色新兴产业不断发展，绿色金融有效服务实体经济，不断为发展"减负"，为经济"添彩"。

（四）构建"四位一体"绿色金融服务实体经济的策略体系，保障绿色金融可持续发展

即从金融机构实现绿色金融机制和绿色金融产品创新，政府通过政策扶持和监管激励手段发挥主导作用，实体经济转变经营目标和自觉披露环境信息，以及社会组织及公众倡导绿色文化理念等四个方面着手，共同促进绿色金融为实体经济提供高效的融资服务，最终实现绿色增长（见图1-5）。

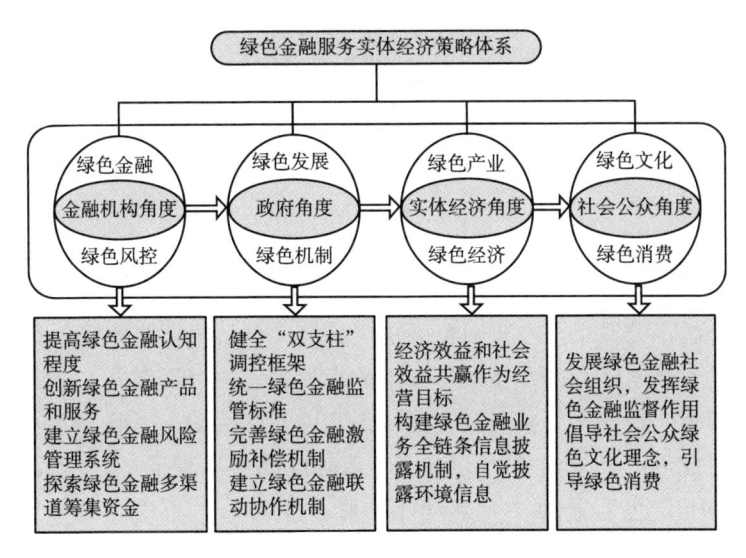

图 1-5 "四位一体"绿色金融服务实体经济策略体系

第三节 基于功能视角的绿色金融与可持续发展长效机制

可持续是绿色金融发展的核心问题。2015 年末，联合国巴黎气候变化大会（COP21）达成《巴黎协定》，对 2020 年后全球应对气候变化做出具有法律约束力的制度安排，吸引了 196 个《联合国气候变化框架公约》成员中的 186 个成员提交自主贡献目标，相当于覆盖了全球 96% 的温室气体排放量，被认为是全球气候变化谈判在经历了哥本哈根气候变化大会（COP15）低潮与挫折之后，全球协同应对气候变化努力进程中的又一个里程碑。《巴黎协定》通过不到一年即正式生效，是历史上生效最快的多边国际条约之一，体现了世界各国、各地区对合作应对气候变化、共同推进可持续发展的期待。[13]

一、绿色金融与可持续发展的重要性

（一）经济方面倡导从环保中盈利的新型经济模式

现阶段我国绿色金融发展还不够成熟，大部分只是停留在概念层面。其理论基础是一切环境问题的成因都在于资本配置不当。在传统方法的基础上，提出了几个新的解决途径。其亮点在于强调我们要将自然环境看作资本，并对其

进行投资，同时要提升资源利用效率。在经济萧条的背景下，它引起人们关注的主要原因是倡导投资。它的理念是环保可以挣钱，而且赢利空间很大。它提供一个新的投资途径，并引起了社会各界的强烈反响，希望以此来拉动经济增长。绿色经济是基于可持续发展理念下的一种新型经济模式。变单纯投钱进行环保为从环保中盈利。

（二）社会方面发掘了绿色金融新领域的就业新机遇

绿色金融尽管其重点在于绿色环保可持续，但最终还是要回归到金融层面来。资本的本质是逐利的，在绿色金融的发展过程中也不例外。金融活动作为一种社会行为，最根本的核心是在围绕人开展各项活动，因此，绿色金融具有拉动社会就业创业大方向的积极作用。现阶段我国所倡导的"大众创业万众创新"正好与绿色金融的"非高耗能产业企业链条"不谋而合，简单来说，就是许多大学生在自主创业的道路上善于运用自身的科学文化知识和对于世界时代潮流的把控能力，发掘绿色金融这一块"哥伦布新大陆"，从而缓解激增的就业压力，对于减轻政府财政负担和缓解社会矛盾都起到了积极的作用。

（三）环境方面增加对环境友好型投资，减少环境污染型投资的新投资理念

绿色金融就是在金融活动中考虑环境影响，更多地考虑对环境友好的投资，减少对环境会造成污染的投资。中国已经有很多绿色金融实践，例如绿色信贷、绿色债券、环境责任保险等，都是绿色金融。毋庸置疑，绿色金融深入贯彻了可持续发展观，并旨在将其以经济的形式做大做强，但其重点依旧是"可持续发展"。绿色金融的相关企业致力于深耕环保领域，构筑"碧水、蓝天、净土"的大环保产业版图，主要凭借核心工艺、创新能力等优势，实现自身发展，借以达到环境保护的作用。

二、绿色金融推动区域经济可持续发展功能

当前，中国区域经济现有的发展方式需要改变的不只是民众信心，还有根本的发展范式的变化。绿色发展已经成为中国区域经济发展的共识，绿色发展需要中国从中央到地方进行金融创新，通过金融的手段引导市场配置绿色金融和经济资源，促进区域经济转型。在中国经济增长中，各地高速的经济增长并没有考虑环境的成本，造成当前中国环境质量下降。通过绿色金融手段加强对

环境资源保护，加强对环境污染的治理，引导各省份社会资源可持续利用和发展，对区域经济的转型升级具有重要的功能和作用。[14]

（一）绿色金融资源配置的功能

由于绿色金融的决策是基于两个效益的分析，因而可以实现资源分配的最佳效果，即在实现经济效益最大化的同时能够实现环境效益的最大化。通过金融资源对产业和企业的选择，对经济转型和产业调整发挥引导、淘汰、控制的作用，金融机构可以利用金融政策和资本市场的资金引导功能和优势，提高信贷率，提高信贷门槛，抑制高污染行业的过度发展。通过减少其信贷支持，影响其发展规模，避免环境污染问题的严重化，进而实现经济和环境的协调发展。

（二）环境风险控制的功能

规避风险是金融企业的基本行为，可以通过金融企业对环境风险的识别、预测、评估和管理，回避风险的"天性"，实现企业和项目的环境风险最低化，而循环经济、低碳经济、生态经济恰好是环境风险最低的经济发展形式，通过绿色金融可以降低和缓解环境保护和经济发展之间的矛盾。鼓励银行开发绿色金融、低碳金融，对绿色产业、生态产业、循环产业，以及一些新能源企业，优先给予金融信贷支持，利用金融引导作用，促进经济结构调整，推动可持续发展。

（三）对企业和社会环境与经济行为的引导功能

通过金融机构的准入管理和信用等级划分的方式，影响与引导企业和社会的生产和生活方式的改变。加强传统金融向绿色金融的转变步伐，强化银行、证券、保险等金融机构的绿色金融理念，确立绿色金融战略，将绿色金融战略应用于实践，鼓励银行开发绿色金融产品和工具，借鉴国际经验，加强国际金融体系的交流和合作，创新中国绿色金融发展模式。

三、绿色金融推动商业银行可持续发展功能

（一）有助于推动商业银行可持续发展的有力进行

商业银行是我国经济发展的重要融资渠道，其不仅能进行金融服务以及金融工具的提供，而且能够更好地推动我国资源的良好配置，促进资源整合，是

我国现代经济发展的核心。而当前由于生态环境破坏较为严重，大力发展绿色经济已经成为人们关注的焦点，因此，我国商业银行应当优化自身的服务，不断将绿色金融理念融入发展过程中，推动资源得到更合理的配置，促进自身可持续发展。

（二）有助于提升商业银行的经营绩效

根据相关的数据分析以及调研可知，商业银行的经营绩效与环境绩效之间存在正相关关系，而商业银行要想推动自身更好地发展，实现可持续发展目标，是离不开绿色金融的，而大力进行绿色金融的发展能够推动商业银行获得更大的竞争优势。商业银行在发展的过程中有效把握国家的产业政策，更好地进行信贷规模以及信贷结构的调整，有助于其更好地把握商机，推动其进军更加优质的项目、企业以及行业，促进自身长期竞争优势的不断提升。随着我国政府大力提倡环保发展，环保产业取得了良好的发展效果，这推动了商业银行可持续发展的有力进行，也为其可持续发展提供了有利的机遇与空间。商业银行大力实行绿色信贷，能够更深度地降低资源消耗、推动环境污染的有力降低，并且也能在一定程度上规避"坏账""死账""呆账"的困扰，促进其经营绩效的有效提升。

（三）有助于推动商业银行社会效益的快速提升

随着环保发展的不断深化，公众们的环保意识在不断提升，民众以及政府对金融企业和工商企业提出了新的社会责任要求。因此，过于片面追求经济增长的形式已经无法适应可持续发展的需求，商业银行应当积极顺应这一趋势，有效采用金融方式推动产业结构的改善，更好地承担社会责任，为自身树立良好的形象做基础。同时，从社会财富增加的角度来看，商业银行积极进行绿色金融的有效发展，能够促进就业环境的合理改善，推动就业水平的不断提升，促进人们物质财富的有效提升，从而能够获得更大的社会效益。

四、绿色金融助推"一带一路"可持续发展功能

（一）绿色金融助推"一带一路"坚持绿色投资理念

实现"一带一路"可持续发展的重要途径之一是坚持绿色投资理念。以绿色投资理念提升投资质量。坚持绿色投资理念的核心就是严格执行赤道原则，将投资转向绿色化和低碳化金融项目。在信贷发放量和发行规模上，银行

应严格按照赤道原则约束贷款发放,把生态环境因素纳入发放信贷的标准之一。对申请信贷的投资项目,从投资社会效益和经济效益两个方面开展评估,对符合绿色投资理念的项目发放贷款,大力支持"一带一路"发展中的绿色投资活动。[15]

(二)绿色金融助推"一带一路"绿色债券发展

鼓励"一带一路"沿线国家、金融机构和企业等市场主体通过国际和国内债券市场,在发行绿色债券的同时,将其管理的产品也投资于绿色债券,并将通过绿色债券筹集的资金投入可持续基础设施、清洁能源等绿色投资项目中。

(三)绿色金融助推"一带一路"加强绿色金融项目的信息披露和监管强化

信息披露和监管是发展绿色金融项目的关键。我国金融机构及企业在对"一带一路"沿线国家进行投资中,应加大对绿色金融各项目的信息的披露,由此吸引到更多的资金进入绿色项目。

(四)绿色金融助推各国绿色金融项目的经验交流与国际合作

推动绿色金融快速发展离不开"一带一路"沿线各国的共同协作,尤其是开展与发达国家在绿色金融项目的经验交流和国际合作。合作不仅局限于技术层面,还包括机制和政策上的合作与共享。在技术领域,我国可以从欧盟等发达国家吸收引进较为先进的去碳技术和节能技术,通过国外成熟的节能技术来提高我国与沿线发展中国家能源使用率,大力发展可再生能源,实现生态环境无污染的目的,这是促进沿线各国在绿色金融发展的必要条件。

在机制和政策上,发达国家较早着手研究绿色金融,相对于我国及其他发展中国家而言经验更为丰富。因此,通过分享经验、集体参展、加强国与国之间的对话等方式,使我国在绿色投资、绿色发展等方面有所借鉴,构建符合我国绿色金融发展国情的机制。同时要关注的另一个问题是绿色金融资金融通。

绿色金融项目开展过程中金额耗费巨大,需要引入外部资金,这就需要我国在推行"一带一路"建设时加强与沿线资本充裕国家的合作,建立长期联盟和专门的区域协作,引导资金投向清洁能源、新型无污染等大型绿色投资项目,从而加速"一带一路"倡议下绿色金融项目的实现。

五、构建可持续经济发展指数体系

（一）可持续经济福利指数的提出

在现代经济中，通常把国内生产总值（GDP）或者人均 GDP 增长看作市场是否健康的信号，并成为衡量经济是否成功的标准，已为大家所接受。但是，单纯追求 GDP 指标的增长已明显不利于实现共同福祉。针对 GDP 指标的不足，美国经济学家小约翰·柯布于 1989 年提出了"可持续经济福利指数"（ISEW）这一可持续经济发展指标体系。

（二）可持续经济福利指数的主要构成

"可持续经济福利指数"的主要内容有：一是基于同样个人消费的幸福感的测量和统计。同样的生活成本在同一国家不同地区或城市，其带来的幸福感是不同的。二是收入分配的增量所带来福利测度和统计。收入增加 1000 美元对于一个贫穷或富裕家庭的福利截然不同。三是加入人力资本的资本净增长测量和统计。在计算可再生产的固定资本存量的基础上，考虑人力资本——劳动力的特性，例如健康和技能，使得它具有生产力，有助于经济福利增进。通过衡量在医疗或者教育上的支出，能有效得出有意义的人力资本存量的估值。四是测量外资与国内资本的来源及其地位的变化。这是从资本的来源是否有可持续性考虑的，需要国家实现长远的自给自足。五是自然资源的消耗。这是从单纯人类创造的资本扩展到自然资源或"自然资本"的可持续性关注，自然资本包括燃料和矿产、湿地和农田。在可持续性的范畴下，是否需要因为资源耗竭做出调整，取决于替代和技术进步。六是计算经济福利时应减去污染和其他环境损害。不仅要增加估算噪声污染，最重要的是增加对气候变化造成损害等长期环境损害的估算。考虑寻求那些不对未来成本进行贴现的方法。七是无偿家务劳动的价值。通常在家政人员平均工资水平的基础上，计算出花费在没有报酬的家务劳动上的时间价值，但存在低估的问题。家务劳动总价值要考虑家务劳动的效率提高和人口数量增长而增加的问题。

六、可持续经济发展指数与绿色金融体系建设的关系

从宏观角度来看，联合国所构造的可持续发展指标体系框架包括社会方面、经济方面、环境方面和制度方面，其中，环境因素是可持续发展指标体系

的重要方面。可持续经济福利指标体系与绿色金融体系建设的关系,主要表现为以下三种。

(一) 两者是总体与局部的关系

从广义来看,绿色金融体系建设应包括绿色金融发展指数,具体要开展公益性的环境成本核算体系和数据库、绿色金融评级体系、绿色股票指数和绿色债券指数等一系列监测与评价的指标体系。从组成来看,金融及其稳定性是现代市场经济持续发展的核心要求,绿色金融体系可以将包括环境因素在内的风险定价和资本分配变得更为高效,有助于维护金融的稳定性。

(二) 两者是规定、监测可持续发展的目标和方向与确保可持续发展的实现手段之间的关系

从目前发展和完备的角度来看,可持续经济福利指标体系是对一个国家或地区可持续发展的状况进行全面监测的制度体系和工具,以此为基础,对其可持续发展目标和方向进行规划。这就要求建立一个有未来、有效率且能满足可持续发展需求的金融系统,绿色金融体系建设是确保可持续发展的实现手段。

(三) 两者是宏观的测定与微观的基础之间的关系

完备的绿色金融体系,可以为可持续经济福利指标体系的宏观测定提供一套完整的微观数据基础,包括行业和客户、市场结构等领域数据库。当前中国构建可持续经济发展指数体系和绿色金融体系建设需要改进的方面主要有:一是构建可持续经济发展指标体系建设处于局部探索的起步阶段。目前在一些地区从地方政府政绩考核评价改革入手,采取降低 GDP 考核权重、增加环境保护权重的方式,生态环境部、国家林业和草原局等部门提出生态 GDP 概念及其指标体系。二是可持续经济发展指标和绿色金融体系建设存在碎片化,缺乏一个总体设计和跨部门协作机制。例如,相关部门对生态 GDP 概念和生态系统生产总值 (GEP) 等概念及其指标体系的提出,往往单纯从自然生态的角度,缺乏综合考虑经济社会的金融资源、人力资源等重要的影响因素。

而近年来央行等金融管理部门提倡和推行绿色金融的一些基础工作,例如建立了绿色信贷指引和统计体系,征信时引入企业环境违法信息等,但与建立起一个完整的绿色金融体系尚远,尚未在国家层面建立一个完整的政策框架及形成政策合力。

七、发挥绿色金融可持续发展功能长效机制的措施对策

（一）从市场主体看，通过创新提高绿色项目回报率，运用价格机制促进吸引资金配置

1. 坚持市场导向。一是要充分发挥市场配置资源的基础性作用，通过机制体制创新提高绿色项目的回报率，引导金融资源配置到节能环保的绿色领域，退出污染性行业，促进产业结构绿色转型升级，服务实体经济绿色发展；二是要加大绿色金融产品和服务创新以及绿色金融商业模式创新力度，通过价格机制以及运用绿色信贷、绿色债券、绿色产业基金、绿色担保、绿色补偿基金等产品和工具，广泛调动各种资源为绿色金融提供源头活水，推动绿色金融可持续发展；三是强化市场主体的社会责任和绿色发展意识。

2. 加强政府引导。一方面，要加大对绿色发展的激励引导，主要包括：建立绿色项目库，为资金对接合格的绿色项目；建立绿色担保基金，完善风险补偿机制，提升投资者的风险承受能力；对于绿色项目，特别是具有半公益或公益性质的绿色项目给予资金支持，如予以财政贴息、税收优惠、建立政府绿色发展基金。此外，也包括央行再贷款、再贴现等货币政策工具运用，从而降低绿色项目的融资成本。另一方面，要强化对非绿色项目发展的约束，主要包括：提高环境信息披露要求，搭建公共环境信息共享平台，完善绿色金融基础设施建设，提升市场透明度；明确环保法律责任、严格环保执法，通过提高污染项目成本并降低绿色项目成本，实现企业环境效益内生化；完善绿色评级及认证，培养负责任的绿色投资者，让更多投资人愿意购买、投资绿色产品和项目。[16]

（二）从国家层面和以省为单位建立可持续经济和绿色金融发展协调委员会，推进可持续经济发展体系建设

将可持续经济发展体系和绿色金融体系建设涉及的"一行两会"、环保、财税、国资、土地、司法等相关职能部门，组成核心协调委员会和外围协调委员会，从顶层设计入手开展系统性改革，加强部门协调，强化上下互动，全面负责研究和制定全国与各省辖区生态金融综合改革战略规划，出台较为系统的实施方案，指导全国各地推动经济发展模式向绿色经济转型。

（三）尽快研究和建立可持续经济福利发展体系与绿色金融发展体系衔接机制

借鉴"可持续经济福利指标"（ISEW）等可持续发展指标体系建设的国际先进经验，立足国情，进行顶层设计，从指标体系建设、部门协作和行政监测与考核等方面进行全面研究，建立可持续经济福利发展体系与绿色金融发展体系衔接机制，探索建立绿色金融发展指标体系，避免相互脱节甚至冲突问题。

（四）构建基于可持续发展的地方政府政绩考核体系

政绩考核是政府部门工作的"指挥棒"，因此，要尽快将取消GDP考核地区的经验加以总结和深化，并根据和反映可持续发展指标体系要求，研究制定地方政府政绩考核体系，按经济发达型、欠发达型、生态特殊价值型和生态脆弱型区分，以便在全国各地有效推行。

（五）进一步深化行政体制和财政改革，为经济社会可持续发展创造制度基础

加快财政体制改革，深化中央与地方财政关系，合理划分中央与地方事权和支出责任，减少地方金融职能准财政化；深化行政体制改革，将生态环境和金融生态纳入政府考核，推动由直接管理经济向市场调节经济转变，加快地方政府管理转型。[17]

第二章

银企关系研究

第一节 我国银企关系型存贷比区域差异分析与货币政策传导途径研究[①]

本章从我国银行业市场结构的现状入手,说明关系型贷款是一项重要的贷款技术,通过对我国各地区企业关系型存贷比的现状及货币政策传导途径区域化差异的研究分析,提出积极发挥关系型贷款的调节作用、优化区域金融生态环境并对信贷业务进行结构性调整,可以减少区域经济发展的不平衡。

一、银行业市场结构现状及企业关系型贷款

根据目前的研究结果,银行与企业之间的关系受到政府法律法规、企业自身条件、市场结构和技术创新四个方面的影响,而银行贷款关键取决于面临各种竞争时银行选择的贷款技术。

首先,与银企关系持续时间等变量相比,贷款申请次数更能全面衡量银企关系密切度,企业向银行申请贷款的次数越多,业务接触的次数也就越多,银行对企业私有(软)信息越多;其次,在申请次数相同时,申请成功的次数越多,说明银企间实质性关系更密切,成功发放关系型贷款的可能性也会越大。因此,结合我国的实际情况,我们用企业向银行申请贷款成功的概率衡量银企关系的密切程度。[18]

从近年来我国现实的发展可以看出,银行业在日益加剧激烈的竞争环境

---

① 本部分内容曾载于《现代经济信息》,2014年第17期。

中，银行的市场驾驭能力逐渐减弱，由于参与竞争的银行数量增多，以及证券市场的竞争压力，使银行谈判成本和贷款的跨期分摊成本越来越高。因此，银行不愿意投资于培养暂时财务困难或规模较小且尚处于成长阶段的小企业关系，从而在发放贷款时向企业收取较高的利息或要求足值的抵押品，使关系型贷款技术的使用逐步减少。

信贷政策可以减少区域经济发展的不平衡。[19]在中西部地区，应该适当加大信贷支持力度，鼓励设立中小银行，改善当地企业融资困境，中小银行应该以关系型贷款作为发放贷款的重要技术，并放宽对贷款审查的硬信息要求，与企业培养良好的合作关系，以活跃市场竞争，通过与企业的长期紧密接触，并发放关系型贷款，促进区域经济的可持续发展。

一旦贷款发放，银行就进入贷款管理阶段，即积极采取有效措施对借款企业进行监控管理和风险评估。若企业不能正常支付利息或偿还本金，银行立即对欠款企业进行债务重组，如果不能偿付利息和本金涉及国有企业，银行可以要求政府进行赔偿。

尽管我国银行部门这项改革取得了一定的进展，但银行行为和信贷资本配置的市场化仍然是不充分的，例如，国有商业银行的经营还受到各级政府的干预，银行部门存在对民营资本的进入壁垒，各个银行之间的竞争仍然是不充分的，因缺乏灵活调整的利率机制，银行信贷资本的配置仍然没有实现充分市场化。

二、存贷比区域差异分析

根据相关规定，存贷比 = 各项贷款（含票据融资）÷各项存款。[20]近几年，我国银行业存贷比由下降趋势变为上升趋势，并且存贷比在不同类型金融机构之间有差别，股份制银行处于较高水平，特别是区域差异很明显，每个区域的存贷比差异与区域发展程度密切相关。

存贷比涉及银行存款和贷款两个方面，贷款是影响存贷比的重要方面，对贷款影响因素进行分析，是研究存贷比的关键所在。银行吸收存款能力对存贷比也有重要影响，在考虑贷款市场份额以外，还应考虑存款市场份额。而贷款规模（常用贷款除以 GDP 表示）不仅是衡量区域金融发展水平的重要指标，同时，也是衡量金融对实体经济支持力度的重要指标。根据我国的实际情况，贷款规模也呈现明显的区域差异。

为了能更准确地反映区域差异对信贷规模和存贷比的影响，还需控制银行自身特征因素。结合我国实际情况及研究成果，影响因素指标采用不良贷款率、资本充足率、同业资金比例、证券资产占比等。除此之外，银行表外业务也较大程度地影响着贷款规模。

需要指出的是，信贷规模还会受到各个银行发放贷款的能力差异影响，用贷款市场份额衡量这一差异。金融对实体经济具有一定的支持作用，这就需要金融业的发展不但要符合区域经济发展要求，更要考虑银行的风险承受能力，关键是银行信贷资源能够得到有效配置，才能实现物价稳定和金融体系稳定。但在实践中，需要防止过分强调贷款的支持作用。假如不切合各区域实际，对金融支持提出过高要求，会增加银行部门的经营风险，不利于本区域的经济发展。

研究发现，存贷比内生于经济发展，随着经济的发展，存贷比的发展趋势也不同。若经济发展要求存贷比上升，对其过多限制必将扭曲资源配置的效率，从而阻碍经济的发展。若硬性要求存贷比上升，也会违背经济规律，从而造成信贷资源的不当配置，不利于银行业的健康发展，影响其对实体经济的支持。因此，区域间不应该追求存贷比趋同，否则，不利于可持续的贷款投放。区域之间存贷比竞争重点在于改善经济环境，防止金融风险，维护经济社会稳定，强化社会信用约束等。同样，信贷规模也存在此类问题，尽管信贷规模是重要的金融深化指标，更应将该指标看作市场化水平提升的结果，而不是对其直接干预。

三、货币政策传导途径区域化差异研究

从1985~2014年各区域发放贷款的情况来看，区域差异较大，四大国有银行对东部地区贷款的相对占比自2000年后大幅上升，对西部地区贷款的相对占比保持稳定，对中部地区贷款的相对占比则有所下降。从金融市场化程度来看，东部地区长期保持优势，中部地区不断提高发展程度，而西部地区长期处于较低水平，从企业融资途径是否基本依赖银行贷款形式来看，东部地区银行业发展水平较高，居民与企业投融资形式多种多样，具有多元的资金来源渠道，金融市场能动性较强；中西部地区金融发展水平比较落后，金融机构总体数量比较少，金融市场化水平较低。

由于东部地区经济发达市场体系完善，企业和居民信用意识较强，资金整体流通顺畅，西部地区国家金融政策性扶持较多，并且由于市场结构单一，绝大部分资金来源于银行贷款，区域经济发展对银行贷款依赖性极强，市场对整体金融生态环境的作用十分有限，政府及其他外界因素调配着经济的发展，因而信用观念与经济运行的关联性弱于东部地区，中部地区国有企业占比较高，

民营企业占比较小，因为过去一部分国有企业严重逃避银行债务，导致该地区信用环境整体较差，部分国有企业盈利水平十分有限，资金运用效率较差，导致中部地区信贷投放长期不足，因投入的资金盈利能力不强，资金的趋利性促使大量资金外流，且流向东部发达地区，所以货币政策传导的信贷渠道并没有发挥明显的作用。

我国在不同区域货币政策传导途径具有显著的差别，对货币政策的传导具有较大影响的因素主要包括金融发展水平、产业结构、金融信用环境状况等[21]。

由此，要使货币政策促进区域经济发展，一方面，需要提供政策性金融扶持，同时优化区域金融生态环境。即将专业性较强的政策性金融机构设立在中部地区，辅助开发性的金融机构设立在西部地区，通过这些金融机构丰富并完善地区融资途径，加大信贷资金投放力度，通过利用政策扶助解决中西部地区企业融资难问题。在优化金融生态环境方面，对国有企业资金的使用进行监管和指导，提高企业盈利能力和资金使用效率，吸引外部资金流入，进而增加市场活力，构建并完善良好的金融生态环境。另一方面，要积极引导各商业银行对信贷业务进行结构性调整。信贷投放应该向有效推动民间投资和消费增长倾斜，加大对节能减排、助学、就业、"三农"等的信贷支持[22]，限制对"两高"行业、产能过剩行业以及劣质企业发放贷款，积极引导信贷资金进入实体经济，使信贷投放向有效推动民间投资和消费增长倾斜，防止贷新还旧，进而累积不良贷款的风险。加强银行贷前、贷中、贷后管理，通过审核各项贷款结构，以防止票据资金自我循环，防止信贷资金违规流入资本市场。

四、企业货币政策实施途径效果评价

2013年以来，随着贷款减少，贷款利率也同时上升，这些因素都影响到那些依赖贷款的企业和居民，导致其支出水平下降，使实体经济下行。因为信息不充分会降低造成金融体系效率下降，从而引发企业外部融资利差，增加企业的融资成本，于是企业借贷减少，支出萎缩，最终总产出水平下降。[23]

从信贷资金供给方来看，一方面，贷款行的性质与企业贷款利率上浮水平有关，我国大型国有商业银行资金主要投向优质客户，其风险管控能力较强，对贷款定价水平比其他中小型银行较低；另一方面，金融机构发放贷款前余额存贷比状况与其贷款利率浮动水平有关，相关系数较小。[24] 从贷款企业的特征来看，企业的规模影响其贷款利率的上浮水平，银行机构倾向对大型企业实施相对优惠贷款利率，企业的应收账款周转率相对于其他财务指标对贷款利率水平影响力较高,应收账款周转率高则企业现金回笼较快。从银企关系来看,金融机构一般对于首次发生信贷关系的企业采用较高的利率,而对于信用评级等级较高的企业采取相对优惠的利率。

第二节　银行网点布局及其影响因素分析
——以兰州市安宁区为例

目前,传统的银行业务正经受着一些比较严峻的冲击,例如金融市场激烈的竞争、移动支付带来的冲击、城市化进程加快,传统银行业务需要依靠营业网点来开展业务提升服务,银行网点的效益好坏直接关系到银行业务的水平和质量。当前银行业务还存在着一些问题,例如经营管理水平不高、市场服务意识不强等,但银行服务网点的布局是否科学合理是造成银行业务质量高低的重要的原因之一。本节首先阐释了银行营业网点布局考察的相关理论;其次探讨了在安宁区域银行网点布局的有关情况,重点分析了存在的问题,并提出了相关改善的建议;最后得出结论,安宁区银行营业网点在激烈的竞争中应优化各功能区域网点、解决银行网点公共布局和城市规划两者相互配合的有关问题、转型升级银行网点、依据城市的发展规划重点建设一批功能型网点,同时也要充分利用好互联网发展拓展网上银行业务。

一、银行网点布局的理论基础

(一) 银行网点布局的重要性

商业银行营业网点的一个重要作用——面向人民群众直接进行银行产品与服务的窗口。[25]拥有先进管理模式与合理经营思维的商业银行,一定是布局科学、功能定位较为准确。作为金融行业的一部分,它的服务质量和水平同民众的平时生活息息相关,在我们生活的很多方面都发生着十分重要的作用。但是,在资产、规模、人才、技术等方面与大型的商业银行比较,一些中小型商业银行在日趋激烈的市场竞争中没有优势,并且中小型商业银行也遇到非常激烈的竞争。因此,中小型商业银行一定要与时俱进,不断地推进在服务方面的创新,通过加强和完善银行网点布局建设,从而提高银行的服务和专业质量水平,在社会主义市场经济大潮中,找准适合自身的发展方向。

(二) 银行网点选址因素分析

银行网点选址要综合考虑诸多因素。包括银行的重点业务、客户群、网点规模及其成本、人口交通和商业,以下从内部因素和外部因素来进行分析。

1. 内部因素。

(1) 银行网点定位。银行网点区位的要素需要从重点业务和客户群两个方面进行思考。对于不同的银行,其对于市场定位也是有所差异,因此,在进行网点区位选址时所要考虑的情况也会有不同。例如,我国商业银行的领军企业工商银行,由于它的目标群体是普通居民的储蓄业务,其网点总数在各类银行中是最多的。

(2) 网点成本收益。在选择银行网点地址时,商业银行一定要参考每个项目详细具体的指标,并且预测对于未来一段时期内拟设这个网点的预期效益与建设的成本。银行网点的建设和后期的运营,需要花费银行大量的成本。这主要包含人力成本、固定资产投资成本等。[26]网点的租金是建设成本中的重要部分。租金高的网点选址通常位置好、配套设施完善,当然营业收入也会相对较高,这个依据是城市地租理论。

2. 外部因素。

(1) 宏观因素。要深入分析市场现状和市场未来的前景,保证所设立点的位置能够挖掘更大的潜在利益,可以对城市的宏观经济进行研究分析,最终科学合理地规划出网点位置,特别是注重对城市规划进行分析。城市规划是指一定时期内将社会的发展目标与城市经济两者归为一类,并且加以对城市的空间分布、土地利用等进行统一安排,确保实现利益最大化。

(2) 微观因素。一是人口因素。银行在进行选址修建时所必须考虑的一个重要因素就是人口因素。而人口的结构层次、流量、总数、受教育水平等都会影响到人口环境。经过对实际数据的考察,银行网点设立在人口密集地带,储蓄的存量要高得多,另外,更适宜设立银行网点的是高收入人群聚集带。要全面考虑当地周边的人口数量、经济结构、人口的分布状况和质量状况,人口数量和商业网点之间有对应的配置关系。二是地理交通。十字路口位置较好,如果拥有较多的停车位,会吸引经济收入比较高的有车一族在网点周围停车,从而提升网点附近区域内的人流量。另外,如果网点周围分布有较多的公交车停靠点,自然会吸引较大的客流量,而银行的客户流量也会随之增加。大型金融零售网点往往规模大、人流多、交通便利。三是商业的集聚效应。所谓集聚效应是指在空间位置上,商业网点的集中分布往往会带来一定的聚集经济,能够将原本十分分散的客流集聚在一个固定的区域,因而产生的规模效应,同时若是原本的聚集已经达到饱和状态,也会催生新的网点聚集,因此,原来趋于饱和的旧的聚集区同时又会吸引到新的网点的聚集。[27]银行的发展,特别是大型银行,离不开消费者,更离不开一个城市的消费水平影响。同时影响发展的还有该城市的经济水平和消费结构,这些因素都会影响银行的发展,而经济水平、消费水平的提升,能够大幅提升客户在金融消费方面的能力。

二、兰州市安宁区银行网点布局现状

(一)安宁区主要街道银行网点布局情况

兰州市安宁区一共有8条街道,并分布有各类企业和高等院校,且相对集中。因此,安宁区也是兰州市较为发达的地区,同时也成为各大商业银行的市场竞争地,除常见的中国银行、邮政储蓄银行、工商银行等,该区域也分布着如甘肃银行网点、兰州银行网点,兰州农商银行网点是规模较小的商业银行,这些商业银行在安宁区总共分布着215个商业银行网点。

(二)影响安宁区银行网点布局形式的因素

1. 内部因素。安宁区银行网点区位的要素主要是客户群,重点业务要素相对较小。安宁区地处郊区,离市中心城关区较远。安宁区作为大学城其主要的客户群是大学生和周围的事业单位,还有该区域居民,因此,在这个区域所分布的银行网点大多是农业银行、工商银行等,而交行和建行网点则分布较少。在网点成本收益方面,商业银行在安宁区选择网点地址时已经预测了网点所在区域的各项经济指标,并预测了未来一段时间内建设网点成本上升的原因,主要是由于物业租金的上升,因为购入成本、固定资产投资成本、人员成本与兰州市其他几个区域相比保持在基本稳定的状态,而物业租金在持续上升。

2. 外部因素。

(1)人口因素。对安宁区的人口结构、分布情况等进行全面调查之后,决定将银行网点设立于主干道以及人口数量多的居民区。以西路街道为例,科教城配套齐全,金牛商业街人流量大,各大酒店能容纳大量的流动人口,各大高校等事业单位和企业提供众多的就业岗位,所以对银行网点的需求大。

(2)地理交通。安宁区作为名副其实的大学城,具有人流量大、配套设施较其他区域全面、公共交通工具便捷、分布有多个停车场等优势。东路街道和西路街道人口流量大,也是贯穿安宁区的主干道,银行网点多沿着主干道选址。其他则主要布局在停车场多的小区拐角处。兰州交通大学对面设有华联超市,使周围的人口流量激增,随之各种商业配套聚集于此。

(3)商业集聚。安宁区虽处于兰州市郊区,但发展速度快,配套设施齐全，商业的集聚效应比较强烈，吸引了各种商业银行网点在此空间的分布，数量也较密集。这种集中往往会促进经济的发展。安宁区整体消费较高，因为这里有大规模的消费群体，众所周知，大学生群体是当今社会中一个很大的消费群体。安宁区的房价仅次于城关和七里河，学区房和商业用房面积较大，因而从侧面也能反映出安宁区整体消费水平偏高。网点和自助取款机分布覆盖了该区域的客流，同时又吸引了其他配套，例如医疗等。

三、兰州市安宁区银行网点布局存在的问题分析

（一）城市规划无法整合各银行网点资源

1. 城市规划对银行网点资源的整合不仅对该区域经济发展有重要作用，而且影响银行网点的经营。[28]在选址工作中有时会存在某些情况，例如，竞争对手早就抢占了一些资源很好的区域，所以后来的银行只能在较差位置中选择。这一情况的出现，便与银行没有及时根据城市发展规划调整布局有很大关系。而近年来，随着城市化的不断加速，城市的格局也在不断变化中，这对网点如何科学有效布局提出了严峻的挑战。

2. 安宁区下辖 8 个街道、院校集中企业众多，人口比较集中，是甘肃省的国家级经济技术开发区。近年来，各大商业银行网点在安宁区增长迅速，2015 年共有各类银行网点 170 多个，但到 2019 年各大网点数量已高达 215 个。因为在兰州市安宁区内的高校数量众多，因而也使得自助银行网点的需求数量大幅提升，因此，对安宁区内的银行网点进行布局时应该以区域为核心，而目前所安排的自助银行网点布局对于整体的规划来讲还存在很大的问题。安宁区银行网点主要在安宁东路街道、西路街道、建宁路这几条主干道周围分布，刘家堡至植物园再至中国工商银行金融培训学校这片区域虽然常住人口少，但是植物园周围具有人流量大、交通便利等优势，而银行自助网点分布稀疏。

（二）部分银行网点布局不合理也不稳定

银行营业网点不稳定会增加自身的营业成本，不利于银行网点的长期发展。各高校合作银行的变更使校内自助 ATM 机资源被严重浪费。以中国工商银行在甘肃政法学院前门口的营业网点为例，2015～2018 年拆修两次，2018 年末由于甘肃政法学院校园整修需要该工行营业网点最终被取缔。这说明该网点选址的过程有问题，未能考虑长远，这就导致工行的资产被无谓的浪费，这种网点的不稳定也给周围的客户群体带来许多不便，在一定程度上影响了工行

在安宁区西路街道区域的业务，使工商银行营业成本上升，净利润减少，从而降低了工商银行的盈利能力，银行营业网点布局不稳定对工行自身形象也是不利的。

（三）未能充分利用互联网发展因素

1. 目前传统银行面临诸多的挑战，借助互联网平台，应运互联网发展因素将成为潮流。传统银行经营理念的转变离不开网上银行的快速发展。网上银行的经营模式也让原本的模式彻底改头换面。较传统的银行模式来看，网上银行经营模式不仅降低了经营的成本，而且还打破了原有的空间地理的局限，让原本零散的客户在规模上有所扩展，并且网上银行的发展也带来银行竞争格局的改变。

2. 互联网金融平台取代了部分银行网点的业务。互联网银行突破了空间和时间上的限制，手机银行的出现使人们的生活更加的便利，不仅让原本烦琐的存款、转账、缴费、理财等功能变得更易操作，还很大程度地缩减了办理的时间。然而，手机银行的出现虽然让人们的生活更加便利，但对于一些年龄较大的人并不太适合。[29]因此，这部分人群还是会选择传统银行网点办理业务，这主要是互联网的使用存在门槛，而且存在失误操作的可能性，尤其是对于不熟悉互联网操作的人来说存在风险隐患，去银行网点办理业务是他们认为可以把风险降到最低的方式。

四、改进兰州市安宁区银行网点规划布局的对策

（一）优化各功能区域网点

城市规划布局需要各功能区域网点优化配合，重点提高商业银行网点的服务实用性，优化企事业单位群、高校聚集区和居民聚集区的银行网点。

1. 优化企、事业单位群周围网点规划。目前安宁区企、事业单位群还是主要选择标准化银行网点服务为主要方式，而离行式自助网点为辅助。[30]但安宁区银行网点的布局也还存在着一定的不合理现象。例如，在西路街道和东路街道网点均有重复覆盖现象，这极大地造成了资源的浪费和服务效率的下降。目前安宁区商业银行的核心还是以标准化网点为主，离行式的自助网点则是以辅助作用服务企事业单位，以标准化网点为核心进行分布。

2. 对高校聚集的区域的银行网点进行优化。对兰州市来讲，大多数高校都集中在安宁区，所采取的措施都是以标准化的网点建设为主，再辅以离行式

的自助网点。现金存款业务以及贷款业务是高校学生普遍需求的业务，所以针对高校聚集区建立的标准化网点实际上是造成了银行资源上的浪费。这种规划的方式不仅能够面对广大师生提供办理存取现业务，还可以避免对金融资源无谓的浪费。

3. 对居民居住区的网点进行优化。因为在居民区，安宁区的网点布局也主要以标准化网点建设，辅以离行式自助网点建设，而居民往往办理的业务集中在现金的存取、缴费和理财方面，这种大量的标准化网点的建设实际上也会使公共资源存在浪费的现象，安宁区居民区合理的网点规划应该是标准化网点为区域核心，社区支行、离行式自助网点和便民服务点相间分布。

(二) 解决城市规划和银行网点公共布局融合的问题

合理的城市规划在历史发展的各个时期都会促进经济的发展。因为社会民生问题、资源环境的不协调发展，国家开始利用城市规划来进行宏观调控。2016 年颁发的《城市规划编制办法》中对重要基础设施和公共服务设施的选址安排做出了规定。[31] 安宁区要积极响应政策要求，并在总体的城市规划中列入银行网点的规划，完善公共金融服务，这也能和总体的城市规划协调配合，满足城市整合规划原则，有效满足百姓对金融服务的需求。

(三) 银行网点的转型升级

银行网点迫切需要转型升级。由于国内人工成本、土地成本的上升，互联网技术进步和移动终端设备的普及，传统银行网点的优势正在日渐减弱。因此，银行应借助科技进步扩大服务范围、发挥专业优势。近年来银行网点转型开始在有序推进，充分利用一切可以利用的资源，促进银行模式的转变。

(四) 在城市发展规划中纳入功能型网点建设

目前，对于现代城市的空间理论，主要可以分为五个方面，即邻里单元和居住小区理论、区位理论、地租和竞租理论、行为—空间理论和城市土地使用布局结构理论。而本节对网点布局进行分析的主要是区位理论、地租和竞租理论。所谓的区位理论，是指企业的主要活动场所在城市中的具体地理定位。[32] 而各种区位理论也就是为了满足城市活动所找的最佳位置。地租理论是指任意一块地所能得到的纯利润。银行网点建设不得不考虑这些财务方面的指标，因为各个指标值都能间接反映网点布局于此所能带来的经济利益。而地租竞租理论中地租是一个很重要的因素，反映在银行网点选址时所体现的就是成本，网点建设的成本，它又是财务中杜邦分析的一个组成部分（见图 2-1）。银行网点建设的全部成本越小则对银行越有利，前提是不考虑布局等其他因素。从银行角度来看，业务水平的高低主要表现在时间对成本、收入的费效比上，即于银行网点自身来说，在更高程度上提高银行网点交易总量的前提下降低总的业务成本，从而增加银行网点运营产生的总收益。

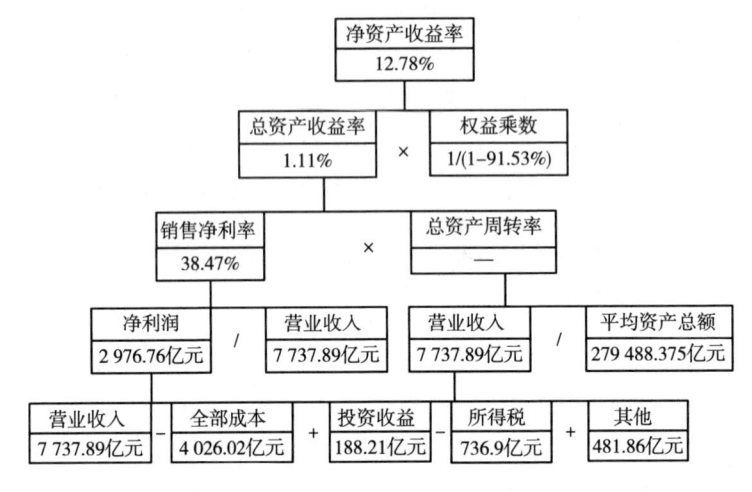

```
                        净资产收益率
                          12.78%
                ┌───────────┴───────────┐
           总资产收益率                权益乘数
             1.11%          ×        1/(1-91.53%)
        ┌──────┴──────┐
     销售净利率         总资产周转率
       38.47%     ×         —
    ┌────┴────┐         ┌────┴────┐
  净利润    营业收入   营业收入   平均资产总额
2 976.76亿元 / 7 737.89亿元  7 737.89亿元 / 279 488.375亿元
┌───┬────┬────┬────┬────┐
营业收入 全部成本 投资收益 所得税   其他
7 737.89亿元 - 4 026.02亿元 + 188.21亿元 - 736.9亿元 + 481.86亿元
```

图 2-1　中国工商银行杜邦分析

资料来源：中国工商银行网站，2018 年 12 月 31 日。

商业银行物理网点既是资产也是包袱，是创利阵地也是成本陷阱。[33] 杜邦分析中的全部成本包括营业成本、销售费用、管理费用、财务费用，成本增加会造成银行服务网点营业收入减少，最终减少网点的净利润。在平均资产总额不变的情况下，总资产周转率减小。以此类推，总资产收益率也减小，净资产收益率减小。由此可见，营业收入减少对净资产收益率的影响是非常重要的，因此，银行网点选址过程中要合理控制成本，利用财务管理中有关于企业财务指标的理论可以为银行网点获得较大收益提供理论支持，以花费最小的成本来为网点创造更多收益。

（五）充分利用互联网发展智能银行和网络银行

智能银行和网络银行相较于传统的银行经营方式，有不可比拟的优势。[34] 主要体现在利用已经日趋成熟的互联网技术来经营银行，从而最大限度地减少银行地成本和资源的浪费，在很大程度上方便了客户，增强办事效率的同时提升了用户的体验。正是因为互联网的参与，让人们可以利用公共的网络资源办理事务，而不需要再增设更多的分支机构，网络银行减少了铺设基础设施的成本和人力资源，也带来客户便利，这是一种策略上的双赢措施。[35] 另外，手机银行和网上银行突破了时间和地理空间的限制。传统的银行业务有上下班时间限制，服务的对象主要以网点周边的居民为主，但是智能银行和网络银行可以实现无论何时何地以何种方式都能为客户提供金融服务，这可以吸引和保留优质客户，创造了新的利润源头。

五、结论

本节通过介绍银行网点布局的相关理论知识，对兰州市安宁区银行网点布局概况进行分析，指出现有网点存在的问题，进一步依据目前存在的问题给出相关建议。兰州市安宁区要"对症下药"，充分利用互联网资源并将银行功能型网点建设纳入城市发展规划、城市发展规划、整合分散的网点资源，并对区域网点的功能进行优化升级，对网点的公共布局融合问题进行解决，才能更大程度地提升银行的经营效益，更能采用一种合理的方式来提升群众服务，同时打造出一个全方位的具有功能性质的银行网点，提升综合服务水平。对银行网点进行转型升级、网点规划是银行发展的重点之处，同时也应该利用互联网优势让传统的银行经营模式向网络银行靠齐。

第三节 余额宝对商业银行理财业务收益的影响

随着科技的进步和互联网技术的不断发展，余额宝等新型理财产品的出现吸引了不少传统商业银行理财业务的客户，使商业银行的理财业务市场受到了冲击，理财业务收益大幅下降，在此背景下，商业银行也开始不同程度地利用互联网技术开发新的理财产品，转变过去的服务理念，以应对余额宝发展带来的市场危机。因此，研究余额宝和商业银行的理财业务有一定的现实意义。本节通过对余额宝和商业银行理财业务现状和规模的分析，简述余额宝对商业银行理财业务收益的影响，且以工商银行为例，研究余额宝对其理财业务收益的影响，从研究的成果来看，余额宝对商业银行短期的冲击是不可避免的，但从长期来看，还能更好地促进商业银行理财业务的发展。

一、余额宝和商业银行理财业务的概念区分

（一）余额宝的含义及发展的必要性

1. 余额宝的含义以及其带来的变化。余额宝是支付宝与天弘基金合作打

造出来的一项余额增值服务,主要以云计算、互联网、大数据等现代信息技术为基础,融合了很多现代元素。余额宝自推出以来,以其低门槛、零手续费、操作简单便捷、个性化服务等特点吸引了大批用户,有着很好的发展前景。[36]它还被应用于购物、转账等日常消费,例如我们常用到的淘宝、外卖等,不仅给我们的生活带来了极大的便利,还丰富了我们的生活形式。余额宝的出现,逐渐改变了金融市场的结构,使其从以商业银行为基础的传统金融向互联网金融转变,同时也对传统商业银行也造成了一定的影响。

2. 余额宝发展的必要性。余额宝的出现,是时代进步的标志,过去,人们存取现金都要去银行柜台或者银行机器进行,路程远不说,还很麻烦。但是,随着余额宝的出现,人们只需要绑定银行卡,就能将大部分的活期存款都存进余额宝,不仅能通过余额宝进行理财,赚取收益,在日常生活中用处也非常广泛,而且我们还可以通过余额宝随时查询明细,每一笔消费都会记录清楚,这样不仅使用方便,还能帮助我们更好地规划消费。在我们的日常生活中,无论是去买菜还是去吃饭,都可以扫码支付完成,比以往带着现金要方便许多。若是在特殊情况下需要使用现金的,只需将余额宝打开,快速提取即可,两个小时就可以到账。

(二) 商业银行理财产品与理财业务的含义

1. 商业银行理财业务的含义。商业银行是通过存款、贷款、汇兑、储蓄等业务,承担信用中介的金融机构。它的理财业务主要是指商业银行代理的,能够满足客户资金保值增值的业务,包括证券交易、保险、外汇、信托基金等,这些能为客户带来大额的收益,但在这同时,不仅需要大笔的投资金额,还需要很长的投资时间,也让很多有心投资但资金短缺的投资者望而却步。

2. 商业银行理财业务面临的冲击。随着余额宝的使用人数越来越多,余额宝的规模也在不断扩大,商业银行面临着很大的冲击。在时间方面,商业银行的理财业务大多是以年为单位的,投资期限较长,而余额宝则是以天为单位,再加上使用余额宝带来的收益与商业银行相比并不少,所以很多人都会选择这种时间短、随时都能有收益的理财产品;在客户方面,余额宝的门槛较低,一元起步,这给那些想要理财但是可用资金少的用户带来了希望,而商业银行会规定大额的资金,有的几万元,有的甚至要几十万元、上百万元,而现实中,能满足商业银行大额门槛的客户毕竟是少数,那些拥有少量理财资金的客户,往往都会选择像余额宝这样门槛低但收益高的理财产品。所以商业银行的理财业务面临着巨大的挑战。[37]

二、余额宝与商业银行理财业务的发展现状

(一) 余额宝理财业务的发展现状

1. 余额宝理财业务的特色。(1) 投资门槛低,一元就可以起步,不仅解决了低收入人群投资贵、投资难的问题,而且人人都可以参与投资活动;(2) 手续简便,方便快捷,用手机就能随时随地进行操作,方便查看资金变化信息,能随时掌握消息,节约了投资者的时间成本;(3) 零手续费,相比银行投资收取的大额手续费、服务费等,余额宝的零手续费显然更受青睐;(4) 流动性强,两个小时就可以到账,方便使用和提取,尤其在这个使用手机就可以进行扫码支付的年代,显得更为突出;(5) 形式个性新颖,在大数据时代,余额宝的出现不仅是理财行业进步的标志,也是时代进步的标志,它让我们从过去的传统理财方式向新型理财形式转变,这些也是余额宝吸引着大量客户的地方。

2. 余额宝理财业务的市场规模。余额宝自出现以来发展迅猛,市场规模也在不断扩大,以余额宝上市最初的3年为例,余额宝是2013年6月开始出现在理财市场,当时余额宝一个月的资金规模已经达到了400多亿元,到这是一个很惊人的数字,至2014年初突破5 700亿元,此后余额宝发展更为迅速,2016年,余额宝的资金规模已破万亿元,到2017年增长至1.43万亿元,2018年增长至1.68万亿元,可见,余额宝的市场规模是日渐增长的(见表2-1)。2014~2018年的同比增长率分别为216.67%、24.56%、47.89%、36.19%、17.48%(见图2-2)。

表2-1　　　　　　　　余额宝理财业务的市场规模

项目	2013年	2014年	2015年	2016年	2017年	2018年
市场规模(万亿元)	0.18	0.57	0.71	1.05	1.43	1.68
同比增长率(%)	—	216.67	24.56	47.89	36.19	17.48

资料来源:余额宝历年年报,经作者整理而得。

3. 余额宝的创新点。余额宝的出现为理财业务的发展带来了新的变化,首先,低收入人群不会再为过去商业银行的大额资金起点而犯愁,低门槛的投资金额给他们带来了福音,解决了投资贵投资难的问题。其次,我们若想进行投资,用余额宝进行筛选然后点击即可,不用再专门跑到银行门店进行操作,便利又直观。[38]它既是时代进步的产物,也是互联网这个大环境下为人们量身

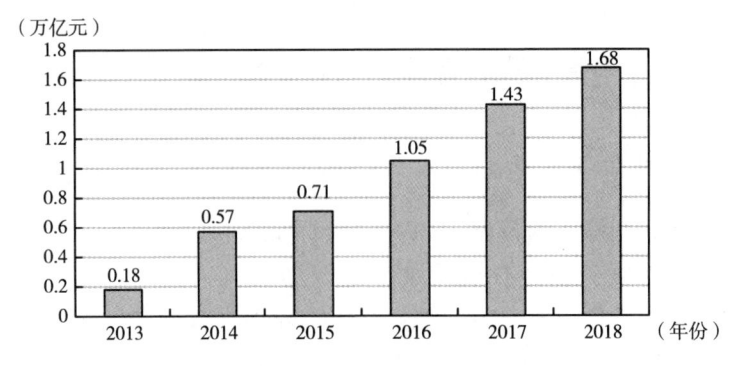

图 2-2　2013~2018 年余额宝市场规模

资料来源：余额宝历年年报，经作者整理而得。

打造的移动理财产品。它充分运用了现代的科技技术，符合现代人们的科技观念，正是这种新型的理财方式和营销理念使余额宝有了更好的发展。

（二）商业银行理财业务的发展现状

1. 商业银行理财业务的特色。商业银行的理财业务历史已久，作为一项高利润、高增长的业务，是商业银行最有竞争力的领域之一，也是各商业银行相互竞争的关键点。它表示银行不再是只对客户进行简单的存款和取款业务，开始对客户资金进行进一步管理和咨询。[39]银行理财业务的另外一个特点是资金起点较高，通常都是以"万元"起步，这也使很多收入低但想要进行银行投资的人望而却步。商业银行历史悠久，本身资本就十分雄厚，有自己应对风险的能力和完备的理财业务体系，而且保密措施到位，法律监管体系完备，同样吸引着很多的高额投资者。

2. 商业银行理财业务的规模。自 20 世纪 90 年代起，就有商业银行逐渐进行理财业务的试点工作，后来，随着中国加入世界贸易组织，金融领域不断深化发展，国家经济实力不断增强，人们的经济实力也在不断地上升，各家商业银行不断推出新的理财产品吸引客户，这不仅使得商业银行之间的竞争不断加剧，理财业务的市场规模也在不断扩大，但是随着科技的进步和时代的发展，余额宝这类互联网理财产品的出现，给商业银行带来了不小的分流压力，不少经济实力薄弱的投资者纷纷转向了余额宝理财，使得商业银行遭到前所未有的打击。[40]以银行理财业务市场规模为例，如图 2-3 所示，全国商业银行理财业务市场规模在前期增长幅度都较大，2014 年和 2015 年都增长了自身规模的一半以上，在 2015 年增长速度最快，达到了 56.46%，在 2016 年开始逐渐放缓，2016 年增长幅度仅为 23.8%，到 2017 年，增速只有 1.69%。不难看出，银行业的理财业务在不断发展的同时，也受到了余额宝这类理财产品的影响，增长速度在不断地放缓。

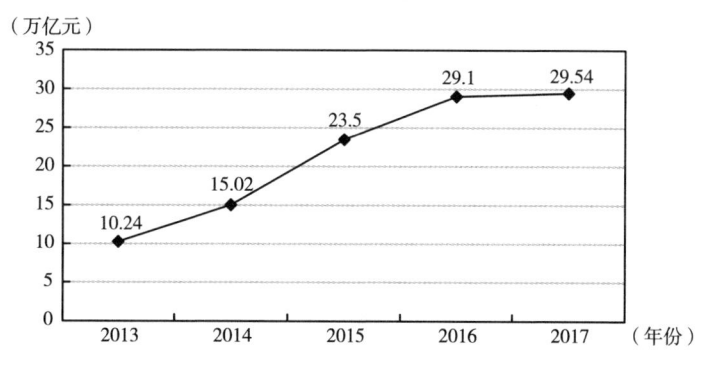

图 2-3　2013~2017 年全国银行理财业务市场规模

资料来源：中国区域金融运行历年报告、商业银行历年年报，经作者整理而得。

3. 商业银行理财业务的优势和劣势。商业银行作为资深的理财场所，它的客户大多集中在我们上一辈具有财富的人群中，他们大多实力雄厚，有较大的发展潜力，而商业银行自成立以来，经过了几十年的风雨变迁，资本本就十分雄厚，再加上许多大额投资者的支持，商业银行在理财市场上的份额仍旧很大。[41] 随着余额宝优势的不断凸显，商业银行面临的分流压力越来越大，越来越多的投资者都选择了余额宝这样低门槛、高收益的理财产品，而日常生活中，随处可见的扫码支付使得余额宝的使用者也越来越多，相较于商业银行以"万元"起步的投资额，余额宝的 1 元门槛显然更受青睐。

三、余额宝对商业银行理财业务的具体影响

（一）市场方面：竞争加剧，挤占商业银行客户资源

自余额宝出现后，支付宝便利用互联网技术将存款、理财、支付等多种业务实行一体化的管理，打开余额宝，我们就可以很清楚地看到余额走向以及最新的财经信息，就连基金股票的走势、利率都非常的清楚，这种随时随地可以掌握买卖消息的方式，相较于以往只能在银行和财经频道获取信息的情况相比，不仅吸引着大批用户将原本存放在商业银行的活期存款转入余额宝中，更加剧了理财业务市场的竞争。

如今，在各商业银行流动存款都十分紧张的情况下，余额宝却在飞速发展，尽管大部分商业银行都采取了相应的措施来应对，但余额宝和商业银行之

间的客户竞争还是很激烈的,尤其是那些资金规模小、想要进行短期理财的客户资源,大多选择了余额宝进行理财规划,而一些商业银行后期虽然推出了短期理财产品,但是因为这些产品的知名度不高,投资者对这些新产品的收益状况和利率走势都不清楚,所以这些新的产品相比余额宝来说在短期的理财市场上并不占优势,因此,商业银行大部分的流动存款还是到了余额宝的账户中,而这些使用了余额宝的客户,在感受到余额宝的多样化形式和个性化服务以及较高的收益之后,也就变成了余额宝的忠实用户。

(二)盈利方面:推动利率市场化,冲击银行传统的盈利模式

不同于商业银行烦琐的流程,余额宝利用互联网技术将理财、结算、支付等功能完美地融合在了一起,不仅支付使用方便快捷,收益也比商业银行高出很多,许多投资者都将原本存放在商业银行的流动资金划拨到了余额宝的账户当中,因而给商业银行带来了不小的分流压力。[42]商业银行的理财业务本身就需要大量的资金投入,除了理财业务市场,商业银行的盈利主要是依靠存贷款的利率差,但是面对余额宝日益强劲的势头,一些商业银行虽然逐渐放开对存款利率的限制,但是由于这本身就是商业银行主要的盈利模式之一,所以导致商业银行并不能完全放开银行存贷款利率的市场化,这就使商业银行陷入了进退两难的地步。因此,在互联网的大背景下,余额宝这类理财产品的崛起,再加上商业银行存款的流失以及贷款业务的不景气,商业银行传统的以存贷款利率差为主的盈利模式将受到很大的冲击。

(三)思想方面:改变客户的思想观念,推动新型消费发展

过去,在手机没有像现在这样普及的年代,大多数人信息闭塞而且信息获取渠道窄,人们大多没有理财这样的观念,人们对银行的印象也仅是停留在存取现金的层面,但是随着社会的发展以及金融市场的不断开拓,人们的理财观念和理财意识才逐渐开始增强。而余额宝的出现,更是将理财的形式以及人们传统的理财观念提升了一个新高度,过去,人们要去银行柜台进行理财业务的签订与投资,现在使用余额宝便可以浏览股票基金的概况、走势以及优劣,最新的财经信息也可以通过余额宝资讯进行查看,而且余额宝的投资门槛本身就低,一些投资者在最初以少量的资金进行尝试,慢慢对理财行业有所了解,也就逐渐开始进入理财市场了。[43]余额宝不仅推进了客户思想观念的升级,还带动了新型消费的发展,日常生活中,我们不论是购买生活用品还是饮食消费,甚至是网上购物和点外卖,都可以使用余额宝进行快捷支付,虽然现在很多商业银行也陆续推出了自己的手机App以及线上支付平台,但是相较于支付宝

的普适性以及大众化，人们还是更喜欢使用余额宝来进行消费。所以余额宝对客户思想观念的改变以及新兴消费的发展都有十分重要的意义。

（四）业务方面：推动商业银行业务改革，促进商业银行业务创新

余额宝对于传统的商业银行而言，并不仅仅是加剧了理财业务市场的竞争这么简单，它还推动了商业银行理财业务的更新与发展，现在很多全国知名的大型银行都有自己专门使用的 App，以工商银行为例，打开 App，信使功能可以帮你看到资金的流动情况，支出以及余额都十分清楚，若想清楚过去每一笔资金的走向，点击查看明细就可以很清楚地看到每一笔资金流向。

除此之外，工商银行的掌上理财系列也紧跟着人们的需求，除了一些大额投资和长时间收益的产品，还有很多几千元就可以购买、投资期限在 30 天左右的理财产品，虽然和余额宝的一元门槛和每天都会有收益相比还差很多，但是，对于商业银行来说，这已经是一个很大的进步。而且，除了自身服务，工商银行还融合了部分第三方服务，例如外卖、快递、打车等贴近我们日常生活的服务。因此，余额宝的出现，推动了商业银行将云计算、大数据等新型技术运用到自己理财产品的开发中，不仅推动了自身理财业务的发展，从长期来看，也提高了自身的竞争力。

（五）客源方面：培育潜在的理财客户，扩大理财业务市场规模

余额宝以自身低门槛、操作方便、高收益等特点，不仅吸引了那些原本就懂得理财的客户，还吸引了很多原本就缺乏理财意识的客户，这些客户都使余额宝和商业银行能得到更好的发展机会，尤其是那些资金规模小但人数众多的客户，传统的商业银行理财业务起点、高收益时间长，很难吸引他们，现在有了余额宝，他们也就成了理财业务市场比较庞大的一批潜在客户。在余额宝的操作过程中，使用余额宝进行投资前我们需要将银行卡与余额宝进行绑定，但前提是客户要先到该银行卡的银行门店办理银行卡，他们在成为商业银行的新客户的同时，也有可能会进军商业银行新型的理财市场，也有可能会成为商业银行的理财客户。[44]

对于一部分思想较为传统的客户，他们认为银行只是用来存钱和取钱的，理财观念不仅保守，还比较顽固，但是，随着余额宝这样融合着互联网技术的理财产品的出现，他们会逐渐认识余额宝，因为余额宝的门槛低，操作也便捷，他们很有可能会先用少量的流动资金来投资，在这个过程中，他们也会慢慢改变过去的理财观念，一点一点地深入理财市场。因此，余额宝的发展在一

定程度上，能培育很多的潜在客户，同时也扩大了理财业务的市场规模。

四、案例分析——以工商银行银行为例

（一）工商银行理财业务市场规模的变化

余额宝自出现以后，便以迅雷之势快速发展，银行的分流压力也越来越大，以工商银行为例，工商银行是全国较早开始出现理财业务的银行，20世纪90年代就开始进行一些基础的理财咨询业务，发展势头也是日趋上升。然而，随着互联网技术的不断进步和科技水平的逐步发展，余额宝这类新型理财产品的出现给商业银行带来了前所未有的打击，银行甚至遭遇了前所未有的"钱荒"，尤其在2013年，余额宝的资金规模呈现出飞速跨越的态势，资金曾以每分钟300万元的速度在急速扩张，虽然工商银行也采取了相应的措施来紧急应对，但是当时工商银行的季度增速从5.32%降到了0.84%，很明显是受到了余额宝这类理财产品的影响。

（二）余额宝和工商银行的盈利对比

余额宝的发展势头迅猛，资金规模不断扩大，盈利水平也不断在提高，反观工商银行，它的净利润一直在上下浮动，甚至出现了大幅度的下跌，这一点在工商银行2013年末到2014年初最为明显，根据工商银行往年的利润表对比，工商银行的利润从2014年的3.08万亿元降到2017年的2.45万亿元。反观余额宝，资金规模呈现出不断上升的态势，很明显，银行当时在很大程度上是受到了来自余额宝的冲击，虽然2018年工商银行的盈利水平得到回升，但不可否认的是，余额宝的出现，确实给商业银行带来了不小的打击。

（三）商业银行的应对措施

1. 优化服务体系，围绕客户实现差别化经营。与商业银行相比，余额宝能制胜的关键之处在于融合了现代科技技术，符合信息化时代方便快捷的特点，并且其门槛低、收益高。而现实生活中，像余额宝这类理财产品有很多，但是大多"换汤不换药"，能取得余额宝这样成绩的很少。因此，商业银行应当转变过去的服务理念，根据余额宝的特点改变并且创新自己的经营方式，在现实生活中，几乎每个人都会有银行卡，甚至有些人在不同银行的银行卡都会有好几张，他们都会是银行的潜在客户。在去银行办理业务时，只有让客户感受到高于心理预期的服务，了解到符合自己心理预期的理财产品，该银行才能

在客户心目当中留下好印象。

另外，针对不同的客户群体应当实现差别化的经营，这里并不是说服务态度，而是指银行的理财产品应当针对低收入的人群推出一些门槛不高的理财产品，相较于互联网上的产品，大部分人还是比较相信银行这些伴随了我们几十年的老招牌，银行若是能真正塑造好自身的品牌形象，打造出符合市场和不同阶层客户心理预期的有针对性的产品，赢得客户的信任并不难，而让客户对自己的品牌有一种自然而然的信任，这就是区别于其他银行的一个重要手段。

2. 优化移动支付功能，增强拓展渠道。余额宝利用大数据和信息化技术的优势，实现了对资金的管控，商业银行也应根据这一特点，利用自身的优势更好地搭建电商服务平台，优化移动支付功能，在日常生活中，说起移动支付，大家最先想到的就是余额宝和微信这两类产品，商业银行要想在这一方面突破，就应当在运营方式和拓展渠道上进行进一步的发展，现在大多数人的手机上都有自己银行卡的银行App，但是这大多是用来进行网上转账或者查询明细的，因此，商业银行应当多与一些贴近生活的第三方平台融合，打造新的服务体系，例如打车、外卖、快递、购物等，慢慢就会融合到客户的生活中。

另外，增强拓展渠道，在社交媒体和智能服务方面要有所提高，多引进一些专业性强、职业素养较高的金融人才，让人们以很通俗的方式来理解银行产品的特色。

3. 发挥自身优势，加强理财产品的推广。作为金融市场的垄断企业，商业银行有余额宝这些互联网企业所不具备的优势，商业银行不仅资金雄厚，风险管控能力也很强，金融本就是一个风险和机遇并存的行业，商业银行在风雨中几十年屹立不倒，自身在应对了大大小小不同的危机后早已有了一套属于自身的应对机制，而且商业银行经验丰富，对于风险的判断更为准确，应对措施也更为成熟，像余额宝这些互联网产品，存在着很多的法律漏洞，容易对客户的资金安全造成威胁，商业银行应当利用自身的这些优势，提高在客户心目当中的公信力。另外，在上述基础上，商业银行也应当加强对自身理财产品的推广，充分运用社交网络和新媒体，提高大众对银行理财产品的熟悉度。

五、结论

本书通过对余额宝和商业银行理财业务的理论和案例研究，分析了余额宝对商业银行理财业务收益的影响。

总体来说，余额宝占有的优势是自身门槛低、收益高、操作方便快捷，以信息技术为基础,紧跟着时代发展的步伐。而商业银行虽然收益也不低,但是投资资金起点高、期限长,所以余额宝会吸收到很多商业银行无法吸收到的客户,从而影响商业银行的客源和收益。

当然,商业银行也有自身的优势所在,一方面,商业银行从成立到现在伴随人们几十年,人们提起银行就自然而然有一种信任;另一方面,商业银行资金雄厚,成立数十年自有应对风险的能力,而且法律监管到位,信息保密措施周全。

从长远来看,商业银行应当转变自身发展理念,开展新型的具有针对性的理财业务,优化服务体系,增强移动支付功能,推广自身理财产品,让更多人了解商业银行的理财业务,从而提高商业银行理财业务的收益。

第三章

引进民间资本助力金融业发展

近年来,甘肃省民间资本和银行业金融机构在国家一系列政策的大力扶持下都获得了迅猛发展,同时也面临巨大的挑战。一方面,民间资本存量丰富,但缺乏适合的投资渠道;另一方面,银行业金融机构缺少资金,无法满足自身改革及经济社会发展引起的大量融资需求。如何打通两者间的通道,使其顺利对接,对于破解民间资本的发展困境、完善市场资本结构、提升银行业金融机构产业效率乃至将两者发展为促进甘肃省经济增长的主要力量都具有非常重要的现实意义。

第一节 民间资本进入银行业金融机构供需现状及路径选择

本节从民间资本的转化源出发,统计分析甘肃省民间资本的供给现状,预测甘肃省银行业金融机构改革发展对民间资本的现实需求,明确甘肃省民间资本进入银行业金融机构的路径选择,为破解两者的发展困境提供理论依据和现实基础。

一、民间资本进入银行业金融机构相关支持政策

根据 2005~2018 年中央"一号文件"的要求,十几年间,国务院及其相关部门先后出台了一系列鼓励和引导民间资本进入金融领域的相关政策和规定。2005 年 2 月国务院颁布的"非公 36 条"明确了民间资本可以进入金融服务业的规定。为了进一步扩大民间资本进入的领域和范围,2012 年 5 月国务院颁布的"新 36 条"明确提出民间资本可以参与或发起设立的金融机构主要有村镇银行、贷款公司、农村资金互助社等。近几年来,为了优化民间资本投

资结构,充分调动民间投资积极性,促进非公有制经济快速健康发展,党中央和国务院相继出台政策规定,依托民间资本实现区域经济社会协调发展。[45]

对于西部落后地区来讲,尤其像甘肃省这样欠发达的省份,各级政府亟待思考和解决的重要问题是如何用好用活相关鼓励政策,创造性地挖掘民间资本投资潜力,不断创新制定民间资本进入整个金融领域的机制措施,以支持实体经济健康快速发展。[46]2018年8月的国务院常务会议强调进一步调动民间投资积极性,尤其要重视并发挥好市场配置资源的决定性作用,各级政府要持续推进"放管服"改革,为民间投资主体打造一流的营商环境。2018年10月,国家发展改革委向民间资本在交通能源、生态环保、社会事业等领域集中推介了1 222个项目,总投资金额超过2.5万亿元,支持鼓励民间资本投入国家重大战略和补短板领域项目。

二、相关研究回顾

关于民间资本的研究,国外学者起步较早,但近10年以来的研究甚少,早期研究主要是基于民间资本的产生原因和对金融规范发展方面。一是产生原因方面。霍罗(Horo)与约托普洛斯(Yotopoulos,1991)分析了菲律宾的农村民间资本,指出民间资本的融资交易双方彼此了解,能够较好地满足借款者的需求。[47]唐(Tang,1995)对我国台湾地区企业的融资需求进行研究,验证民间金融的重要作用是能够弥补正规金融体系的不足,关键是可以对中小企业的融资需求有效地满足。[48]安德烈亚斯·伊萨克松(Andes Isaksson,2002)指出发展中国家存在金融抑制和金融政策扭曲等问题,正规金融机构很难满足民营企业融资,民营企业寻求资金支持必然转向民间金融市场。梅哈纳斯·萨法维亚(Mehnaz Safavian)和约书亚·维梅(Joshua Wimpey,2007)对世界29个国家3 564个企业进行调查,发现过半数企业融资来自民间金融机构,企业选择民间融资的另一个重要原因是避免企业生产经营活动过于透明化。盖尔金(Guirkinger,2008)通过分析秘鲁民间金融相关数据,发现由于民间金融活动的交易成本较低,并且能够满足借款者的不同需求,得出民间金融与正规金融能长期共存的结论。[49]二是规范发展方面。萨皮恩扎和津加莱斯(Sapienza and Zingales,2002)证明了民营企业数量在民间金融发达地区会多于金融不发达地区,两者相互影响。诺里斯(Norris,2006)指出,很多经济活动在非正规金融部门发生,应该规范民间金融发展。

我国对民间资本进入金融领域的研究形成了基本理论框架和体系。

(一) 从资金需求诱致角度

温铁军 (2001)、杜朝运 (2001)、张友俊 (2002) 等研究者认为，资金需求的多元化是民间金融产生和发展的主要原因，并证实了这一结论。王曙光 (2011) 对宁夏、广西、新疆、内蒙古、贵州等少数民族聚居地区的研究发现，金融服务的强烈需求与当地金融服务供给的严重短缺形成了强烈的反差。[50]牛艳芬 (2011) 从需求视角出发，研究西部农村金融现状，提出金融需求的制度变迁及路径依赖。[51]单海东 (2013) 运用博弈理论分析发现正规金融的传统业务和政府补贴扶持相结合的供给模式无法从根本上解决金融的可持续供给，需要新型金融机构参与。王希章、李富有 (2015) 精确量化民间资本供给量约为32万亿元，需求量约为46万亿元，供求失衡缺口达14万亿元，供求失衡主要原因在于民间资本供给效率低下、脱实入虚以及供求作用渠道阻塞不畅。[52]

(二) 从进入壁垒角度

从进入壁垒角度有两种观点。一是部分学者主张民间资本以机构介入的方式进入银行。徐忠 (2009)、侯晓辉 (2011) 利用SFA模型验证了市场集中度与银行效率呈显著负相关关系。张健华 (2011) 提出降低银行业效率的显著影响因素是市场集中度。林毅夫 (2006)、鲁丹 (2008)、沈红波 (2011)、雷震 (2012) 认为，为了满足中小企业发展的需求，民间资本应以机构介入的方式进入银行业。二是部分学者主张民间资本以资本介入的方式进入银行，主要通过股权结构分析。燕志雄 (2007) 从委托代理问题的角度提出国有银行引进民间资本的必要性；王聪 (2007) 认为我国银行的经营效率与股权结构存在显著的负相关关系；李维安 (2012) 从政策监管的角度解释了为避免被资本监管机构惩罚，形成缓冲资本银行需要引进民间资本；尹珊珊 (2014) 通过分析影响民间借贷健康发展的主要因素，提出民间借贷对于优化经济发展，对促进农村基本金融服务有重要作用。

(三) 从风险评估和防范角度

张娟等 (2016) 建立灰色聚类分析模型，对江苏省民间资本进入金融领域风险进行评价，余霞民 (2016) 通过构建完善的金融基础设施来防范完全放开民间资本进入银行业后出现的金融风险，充分发挥金融体系对实体经济的作用。[54]李富有等 (2017) 认为从宏观政策上，抑制资产价格和生产资料价格过快增长、减少股票价格指数剧烈波动是抑制民间资本脱实入虚的重要途径。[55]

（四）从促进经济增长角度

金梦萍（2014）运用 SWOT 分析方法对民营银行的内部优劣势、外部机会威胁进行了分析，指出民营银行应该采取 SO + ST 战略促进经济的发展。[56] 吕臣、林汉川、王玉燕（2015）提出基于共生理论引入民间资本破解小微企业"麦克米伦缺陷"难题。[57] 潘静波（2015）采用行业和产业数据作为面板数据，协整验证投资与经济增长、国有及民间资本投资与各行业经济增长的正相关性关系，实证分析民间资本、金融发展对城镇化发展的作用机制。[58] 韩叙、夏显力、石宝峰（2016）研究发现，民间资本、金融发展都会对我国城镇化发展水平产生正向影响，加大金融深化力度，吸引更多民间资本，能够共同推动城镇化。[59] 李淑华、方来（2018）使用科布—道格拉斯生产函数分别实证分析临夏回族自治州的正规信贷和民间金融与经济增长的关系，以验证民间金融对经济增长的促进作用。[60]

三、甘肃省民间资本供给测度

民间资本是掌握在民营企业及个人手中，来自民间又运用于民间的所有私人资本，即非国有、集体、外商资本以及家庭资产的总和，[52] 是除国家资本、外商资本之外，建立在民间信用基础上的资本营运形式。最新《中国统计年鉴》信息表明，民间资本已成为我国资本市场继国有资本、跨国资本的第三支重要力量。

由于民间资本不是标准的统计分类，要从规范的渠道上获取关于民间资本的资料非常困难，所以本书研究采取粗略的估计。从民间资本的转化源来看，民间资本主要包括住户存款、短期理财产品、民营企业资金、个体工商业资金这四类。因此，本书采用的民间资本供给量计算公式为：

$$S = C + M + D + G$$

其中，S 为民间资本供给量；C 为住户存款金额；M 为理财产品资金；D 为民营企业资金；G 为个体工商业资金。

（一）甘肃省住户存款规模分析

根据 2010~2018 年甘肃省金融机构人民币信贷资金总体情况（见表 3-1），截至 2017 年末，甘肃省人民币各项存款数额 17 660.82 亿元，其中，占比最大的两项存款为住户存款和非金融企业存款，住户存款金额 9 059.52 亿元，占各项存款的51.30%，同比增长6.67%，非金融企业存款金额5 073.02亿元，占各项存款的28.72%，同比减少7.64%。

表3-1　　　　　　　甘肃省金融机构人民币信贷资金　　　　　　单位：亿元

项目	2010年	2011年	2012年	2013年	2014年	2015年	2016年	2017年	2018年9月
资金来源合计	7 032.92	8 417.48	10 116.31	11 649.61	13 607.65	16 285.80	17 882.14	20 170.49	21 710.81
1#各项存款	7 115.37	8 394.04	10 033.40	12 029.66	13 921.36	16 141.19	17 411.68	17 660.82	18 797.01
1.1 住户存款	3 611.69	4 239.95	5 091.69	6 048.40	6 863.91	7 776.80	8 492.87	9 059.52	9 637.01
1.2 非金融企业存款	1 838.89	3 892.71	4 652.81	5 630.51	4 016.10	5 163.05	5 492.92	5 073.02	5 210.18
1.3 非银行金融机构存款	140.20	161.42	184.59	238.31	305.75	329.74	512.86	353.32	363.11
资金运用合计	7 032.92	8 417.48	10 116.31	11 649.61	13 607.65	16 285.80	17 882.14	20 170.49	21 710.81
2#各项贷款	4 433.05	5 468.81	6 829.42	8 430.13	10 681.63	13 292.18	15 650.47	17 404.56	19 107.27
2.1 住户贷款	955.55	1 232.44	1 662.45	2 279.51	3 671.86	3 550.91	4 065.55	4 591.53	5 108.11
2.2 非金融企业及机关团体贷款	3 068.76	3 828.90	4 515.88	5 443.89	6 355.81	9 741.20	11 582.90	12 811.03	13 875.51

注："#"表示其中的主要项。

资料来源：根据中国人民银行兰州中心支行、《甘肃省统计年鉴》、甘肃省政府金融工作办公室数据资料，汇总统计计算而得。

2010年至2018年9月，甘肃省金融机构人民币住户存款持续增长，增长率在2012年达到最高20.09%，此后增长率逐年降低，2017年末，增长率下降为6.67%，至2018年第三季度，增长率下降为6.37%（见图3-1），下降的原因主要是各种理财产品的出现，互联网金融、民间借贷等影子银行快速发展。尽管如此，自2010年来，每年住户存款基本占各项存款的半壁江山，占比保持在48%~51%（见图3-2），是一项重要的民间资本存量，可以充分引导利用，取得更大的收益。

（二）甘肃省银行理财产品规模分析

2018年2月末，甘肃省银行业金融机构共有理财产品7 087支，募集资金余额2 025亿元。其中净值型产品仅有428支，募集资金量只有140亿元，资金占比仅为6.04%；而传统预期收益型产品6 659支，占理财产品支数的93.96%，募集资金余额1 885亿元，资金占比93.09%。个人理财资金余额达1 561.15亿元，占甘肃省银行业金融机构理财规模的77.11%，相比2016年三

图 3-1　甘肃省金融机构人民币住户存款年增长率

资料来源：根据中国人民银行兰州中心支行、《甘肃省统计年鉴》、甘肃省政府金融工作办公室数据资料，汇总统计计算而得。

图 3-2　甘肃省金融机构人民币主要存款比例

资料来源：根据中国人民银行兰州中心支行、《甘肃省统计年鉴》、甘肃省政府金融工作办公室数据资料，汇总统计计算而得。

季度末提高了 31.61%。近几年，随着甘肃省金融去杠杆的不断推进，市场流动性整体偏紧，MPA 考核制度实施等因素影响，加之甘肃省进一步加大金融监管力度，市场对理财产品风险预期提高，共同促使理财产品收益率有所提升，2018 年，保本保收益类理财产品平均年预期收益率为 4.36%。[37]

近两年来，一方面由于受实体经济整体发展状况、政治环境、城乡居民的经济收入、企业自身经营状况等重要因素的影响，不难看出流入银行业金融机构的社会资金（包括银行存款和理财产品）呈现出快速下滑的趋势；另一方面是因为近几年互联网金融、民间借贷等影子银行快速发展，促使理财平台、渠道、方式多元化，理财产品种类多样化，造成"去银行化"甚至"金融脱媒"现象逐步出现。据金融专家预期，保本型理财产品在未来几年将会消失，银行业金融机构通过增加理财产品来吸纳社会资金的模式将会转变。

（三）甘肃省民营企业资金规模分析

2016年末，甘肃省民营企业数占全部内资企业数的1/3。根据登记注册类型分法人单位与产业活动单位数统计，甘肃省登记注册法人单位数210 747个，其中内资企业210 489个，内资企业按照注册类型分法人单位数，其中，国有企业29 878个，占内资企业总数的14.19%；集体企业3 542个，占比1.68%；股份合作企业1 289个，占比0.61%；联营企业322个，占比0.15%；有限责任公司25 943个，占比12.33%；股份有限公司2 707个，占比1.29%；其他内资企业77 142个，占比36.65%；民营企业69 666户，占比33.10%。民营企业中，民营独资法人单位数24 236个，占民营企业总数的34.79%；民营合伙2 580个，占比3.70%；民营有限责任公司40 480个，占比58.11%；民营股份有限公司2 370个，占比3.40%（见图3-3）。

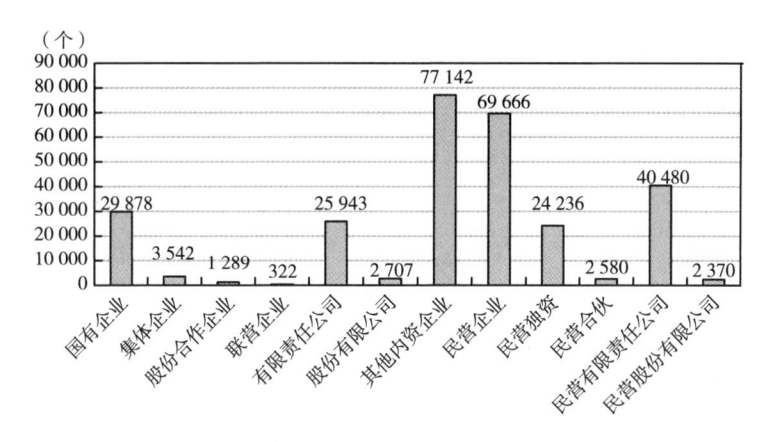

图3-3 按登记注册类型分法人单位与产业活动单位数（2016年）
资料来源：根据甘肃省统计局年报计算而得。

2013年以来，甘肃省的民营企业快速发展，企业户数、投资者人数、雇工人数、注册资本都呈现快速增长的趋势。2013~2016年，企业户数从11.28万户增长至25.06万户，增长了1.2倍；投资者人数从23.01万人增长至45.50万人，增长了95.78%；雇工人数从91.07万人增长至161.73万人，增长了77.59%；注册资本从3 180.25亿元增长至14 796.66亿元，增长了3.6倍，尤其是2015年，注册资本增长率高达114.27%（见图3-4）。

（四）个体工商业资金规模分析

2013年以来，甘肃省个体工商户的发展也是快速的，积累了大量的资金，2013年末，个体工商业户数为73.44万户，2016年末，增长至105.79万户，

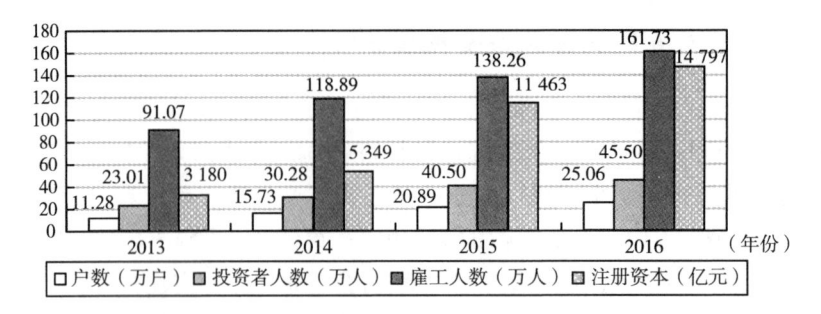

图 3-4 民营企业基本情况（2013~2016 年）

资料来源：根据甘肃省统计局年报计算而得。

连续 3 年的增长率分别为 18.64%、12.34%、8.08%；2013 年末，从业人员 137.48 万人，2016 年末，增长至 208.22 万人，连续 3 年的增长率分别为 23.13%、13.19%、8.68%，2013 年末，注册资金数额 345.27 亿元，2016 年末，增长至 905.90 亿元，连续 3 年的增长率分别为 49.68%、32.95%、31.85%（见图 3-5）。

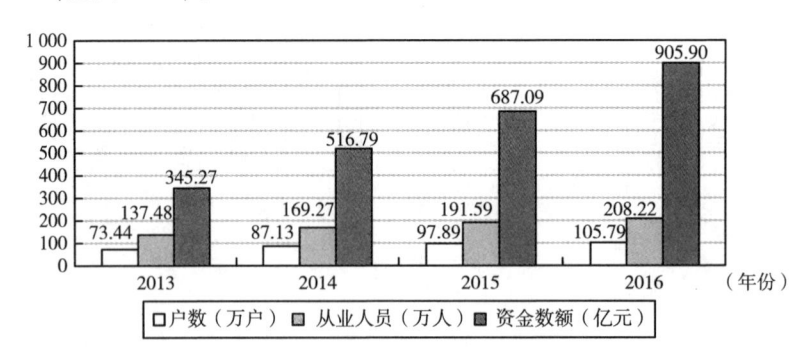

图 3-5 个体工商业基本情况（2013~2016 年）

资料来源：根据甘肃省统计局年报计算而得。

通过以上对住户存款、理财产品、民营企业资金、个体工商业资金的分析可以看出，甘肃省民间资本的供应量相当充分，但由于信息不对称、制度政策约束、资金闲置以及"存差"等因素的影响，导致民间资本资源配置浪费和低效。

四、甘肃省银行业金融机构对民间资本需求现状

（一）甘肃省各项贷款现状分析

甘肃省金融机构人民币发放主要贷款有两项，住户贷款和非金融企业以及

机关团体贷款，2010~2018年，发放的住户贷款占各项贷款的比率为22%~34%，2014年的占比最高，为34%，在此期间的其他年末占比都在22%~27%，而住户存款占各项存款的比率保持在48%~51%，发放的住户贷款占比明显不足，原因主要是金融机构对住户贷款的审批程序严格，门槛较高。相比较而言，发放的非金融企业及机关团体贷款占比高达60%~74%（见图3-6）。住户贷款的年增长率波动很大，增长幅度最大的2014年，增长61.08%，断崖式下滑至2015年的-3.29%，这一数据信号也给甘肃省银行业金融机构住户贷款业务提出了新挑战。相反，2010~2015年，非金融企业及机关团体贷款保持较大幅度的年增长率，2015年为最高水平53.26%，2016~2018年，增长速度逐年放缓。主要原因是随着新常态背景下甘肃省供给侧结构性改革推进，在"去产能""去库存"背景下，2013~2016年进入金融改革阵痛期，虽然甘肃省固定资产投资和民间资本投资总量保持稳步增长，但增速下降，尤其是2015年民间资本投资增速首次出现负增长状态，这一信息表明，如何增强民间资本投资信心、改善民间资本投资环境、撬动民间资本这一杠杆成为当前全省要解决的关键问题。

图3-6 甘肃省金融机构发放人民币主要贷款比例

资料来源：根据中国人民银行兰州中心支行、《甘肃省统计年鉴》、甘肃省政府金融工作办公室数据资料，汇总统计计算而得。

（二）民营经济发展资金需求现状

近几年，甘肃省民营经济的发展总体呈现以下四个新特点。一是民营经济涉及领域广，但整体规模较小。除严格限制准入条件的特殊行业和垄断行业之外，民营企业涉足甘肃省经济社会发展的各个行业和领域，但整体而言，层次较低、规模尚小、发展后劲明显不足。二是发展速度明显加快，但区域发展不平衡状况加剧。[61]2011~2016年，甘肃省民营经济主体增长了92.72%，呈现井喷式发展态势。但甘肃省各地区之间发展极不均衡,在此期间,兰州市民营经济主体增加了89.12万户,而甘南藏族自治州只增加了2 902户。三是县级以下地域国有企业凤毛麟角,民营经济成为地方经济主要支撑力量。甘肃省的国有经济尤其是涉及重要行业的国有骨干企业,主要分布在兰州、金昌、白银、天水、武威等中小城市,多数县域除了金融、电力、烟草、石油、通信等国家重要行业外,其他行业基本是民营经济一统天下。四是从甘肃省各市场经济主体发展趋势来看,民营经济的地位将进一步上升,重要性逐渐体现,国有企业在未来几年大规模扩张的可能性相对较小,特别是骨干国有经济主体发展的困难相对较多,推动甘肃经济社会全面发展,提升民营经济发展速度和效率至关重要,因此,支撑民营经济发展逐年加大的资金缺口,需要大量民间资本投入支持。

(三)金融支持地方经济发展资金需求现状

《甘肃省金融业发展第十三个五年规划》指出,要通过综合施策,引导金融资源大力支持地方经济建设。2016年,甘肃省金融业增加值实现507.02亿元,占甘肃省全年GDP比重的7.09%,增加值比2015年同比增长14.4%,占第三产业比重的13.75%,成为甘肃省支柱产业。社会融资规模增量达到2 720亿元,金融从业人员达到18.8万人。全年金融业纳税114.65亿元,在甘肃省纳税行业中位居第三。2017年末,甘肃省人民币各项存款余额17 660.82亿元,增长1.43%,全年新增存款249.14亿元,存款增速大幅度下滑;各项人民币贷款余额17 404.56亿元,增长11.20%,全年新增贷款1 754.09亿元,甘肃省存贷比为98.55%,全年新增贷款高出新增存款1 504.95亿元,金融支持地方经济发展力度明显增强,资金需求缺口明显加大。

(四)银行业持续推进改革资金需求现状

2017年,甘肃省银行业金融机构的重要资产状况和经营成果指标均显示,需要大量的民间资本投入以推进其持续改革。一是资产负债规模不断扩大。2017年末,银行业金融机构资产总额2 5701.27亿元,较2016年同比增长4.93%;负债总额24 502.96亿元,较2016年同比增长4.44%。主要原因是受总体经济下行、区域内企业经营状况不佳、重要项目建设沉淀资金减少以及去产能去杠杆等因素的影响。二是银行业资产质量下滑。2017年末,甘肃省银行业金融机构不良贷款余额621.04亿元,不良贷款率3.51%,余额较年初增加了297.81亿元,不良贷款率较年初上升了1.48%;全年计提减值损失准备230.14亿元,同比增加49.17亿元。三是银行信贷业务增速放缓。2017年,除交通运输业、精准扶贫、小微企业、保障性住房贷款较快增长外,其他贷款种类增速明显放缓,信贷结构需要持续优化,重点领域和薄弱环节支持力度需要进一步加大,银行资金信贷供给明显不足。四是市场利率依然保持低位,企业融资成本有所下降。2017年,甘肃省企业贷款加权平均利率为5.58%,同比下降3个基点。五是银行业金融机构盈利水平下降。2017年,实现全年利润219.04亿元,同比减少16.16亿元,盈利水平下降6.87%,主要是受不良贷款资金持续攀升、拨备计提资金大幅增加等因素影响。六是银行业金融机构基础设施建设加快推进,金融生态环境持续优化,为了加快金融信用体系建设,取得突破性进展,需要进一步投入研发和维护资金,改进具有数据采集分析、信用体系评价、统计资料分析、信息查询和共享等金融服务功能的"甘肃省信用信息管理系统"[①]。

五、甘肃省民间资本进入银行业金融机构路径选择

民间资本进入银行业金融机构主要通过两种渠道:一种渠道是民间资本对银行业金融机构进行投资入股,成为银行股东;另一种渠道是由民间资本发起设立银行,成立新的民营银行。

(一) 资本进入

随着经济社会的快速发展,民间资本规模也迅速扩大,可通过投资入股的途径增加其在银行业金融机构中的股份,成为现有的银行业金融机构股东。一方面,甘肃省现存的股份制银行和城市商业银行,其民间资本投资基础最好,成本也最小,可以将这两类银行作为民间资本以资本进入银行业金融机构的突破口;另一方面,甘肃省有较多数量小规模的农村信用社,主要为县域内经济社会服务,通过重组改造的方式增加民间资本的入股比例,对于这部分农村信用社民间资本也可以采取兼并收购的方式进入,民间资本以直接参股或控股的方式进入股份制商业银行和城市商业银行的例子比较常见,在全国的商业银行金融机构中,民生银行和浙商银行就是典型的案例,民间资本在民生银行中占股比例达到55.04%,浙商银行的民间资本已经占其总股本的85.71%。由此可见,民间资本进入银行业金融机构的法律障碍已经逐步打破,有的银行业金融机构中民间资本已经成为其资本组成的重要部分。

---

① 根据中国人民银行兰州中心支行、《甘肃省统计年鉴》、甘肃省政府金融工作办公室数据资料,汇总统计计算而得。

(二) 机构介入

民间资本进入银行业金融机构的另一种路径是机构介入。这一路径又可以分为两种途径：第一种途径是由一些资金比较雄厚的大型企业作为发起人设立民营银行，或是新设成立由民营控股的村镇银行；第二种途径是基于一种新型的农村金融机构进行深入改革，成立新的银行机构。在国家有关金融机构改革各项政策支持下，截至2017年末，我国村镇银行机构组建数量已达1 601家，中西部地区占比65%，已经覆盖全国31个省份的1 247个县（市、旗），县域覆盖率达到68%。村镇银行一直以来坚持专注"存贷汇"等基础金融服务，近60%的资产为贷款，近90%的负债为存款，吸收资金主要用于当地经济社会发展，居民开支消费。近两年，村镇银行持续加大涉农和小微企业贷款的投放力度，2017年末，发放农户和小微企业贷款占贷款总额的92%，连续4年保持在90%以上。

2014年12月银监会发布的《关于鼓励和引导民间资本参与农村信用社产权改革工作的通知》中规定：首先，对于监管指标良好、符合组建农村商业银行条件的农村信用社，民间资本可以通过投资入股的方式，参与农村信用社重组改制，发起组建农村商业银行，通过增强其资本实力和盈利能力，疏通民间资本进入农村金融领域，提升农村金融服务水平；其次，对于暂不符合组建条件的农村信用社，特别是监管评级五级以下的，民间资本可通过实施并购重组的方式推动其产权改造，如并购重组后可以达到组建条件的，鼓励该类农村信用社一步到位组建农村商业银行；最后，对于已经完成改制的农村商业银行，鼓励民间资本仍然通过购买新增股份、受让存量股份等投资方式入股农村商业银行，发挥民间资本的最大投资效益，不断优化农村商业银行股权结构，使双方实现共赢。可以看出，近几年国家一系列的金融政策积极鼓励支持民间资本通过多种路径投资入股银行业，主要路径有发起设立新机构、认购新增股份、受让存量股权、实施并购重组等。[62]

总之，由于银行业与其他行业不同，具有特殊性，大型国有商业银行和股份制商业银行在银行业长期垄断多年，积累了丰富的经营实践经验、先进的管理理念，以及稳固的客户资源。甘肃省民间资本进入银行业金融机构，既有发展机遇，也面临严峻挑战。[63] 如果民间资本有序科学地进入银行业金融机构，不仅可以有效地促进银行股权和银行机构的多样化，加快银行业同行之间新的竞争局面，推进银行业持续改革，终将成为甘肃省金融市场中一支重要的新生力量，促进金融业健康快速发展，而且能为实体经济提供质量更高、效益更强的金融服务，促进甘肃省实体经济健康快速发展。

第二节 制约民间投资效率的因素分析

近年来,由于国家对民间投资的高度重视,我国的民间投资取得了快速的发展。甘肃省民间投资的规模逐年增长,民间投资在甘肃省经济增长中的作用越来越大。但是,甘肃省民间投资发展的整体水平依然较低,投资规模小、产业结构不合理、融资渠道狭窄等问题还比较明显。因此,在未来的经济发展中,对甘肃省民间投资效率及其影响因素进行分析衡量,成为亟待解决的问题。本节首先从理论角度诠释了民间投资;其次在对甘肃省民间投资发展现状与趋向走势以及居民投资理财观念做出梳理的基础上,通过数据分析总结出制约甘肃省民间投资效率的因素;最后提出了提高甘肃省民间投资效率的对策措施。

一、关于民间投资效率理论概述

(一) 民间投资的内容及特点

1. 民间投资的内容。民间投资相对政府投资而言,是除政府投资以外的一切投资;民间投资相对国有投资而言,是总投资中除去国有投资的部分,非国有投资即为民间;民间投资是指总投资中扣除国有投资和外资的部分;民间投资实质上指的是固定资产投资,是非国有经济固定资产投资中扣除外资和中国港澳台地区投资的部分。因此,本节讨论的民间投资是指国内投资中的非国有投资,包括集体、民营、联营、股份制、个体等经济类型的投资。

全社会固定资产投资资金来源主要有国家预算内资金、国内贷款、利用外资、自筹资金、其他资金五种形式(见表3-2)。自2010年以来,全社会固定资产投资资金总体资金逐年快速增长,从来源占比来看,自筹资金占比最高,每年都在60%以上(见图3-7)。

表3-2　　　2010~2016年全社会固定资产投资资金来源对比　　　单位:亿元

年份	项目	国家预算内资金	国内贷款	利用外资	自筹资金	其他资金	合计
2010	来源	26 848.19	88 145.53	9 648.30	374 588.04	90 878.85	590 108.91
	占比(%)	4.55	14.94	1.64	63.48	15.40	100.00
2011	来源	29 007.12	90 000.14	10 095.49	457 448.23	99 400.80	685 951.78
	占比(%)	4.23	13.12	1.47	66.69	14.49	100.00

续表

年份	项目	国家预算内资金	国内贷款	利用外资	自筹资金	其他资金	合计
2012	来源	37 281.41	100 668.35	8 916.81	554 235.69	112 253.57	813 355.84
	占比(%)	4.58	12.38	1.10	68.14	13.80	100.00
2013	来源	44 009.83	116 617.38	8 620.63	667 490.26	141 159.84	977 897.94
	占比(%)	4.50	11.93	0.88	68.26	14.44	100.00
2014	来源	51 877.19	127 750.59	8 087.47	758 468.95	134 260.22	1 080 444.41
	占比(%)	4.80	11.82	0.75	70.20	12.43	100.00
2015	来源	60 925.23	120 606.33	5 685.87	828 544.87	147 640.76	1 163 403.05
	占比(%)	5.24	10.37	0.49	71.22	12.69	100.00
2016	来源	71 669.63	133 071.50	4 527.00	826 467.13	193 431.85	1 229 167.10
	占比(%)	5.83	10.83	0.37	67.24	15.74	100.00

资料来源：根据国家统计局年报资料，汇总统计计算而得。

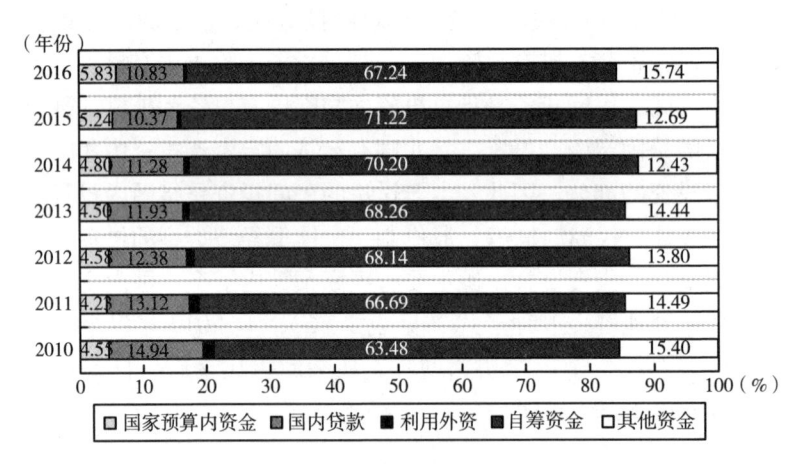

图 3-7　2010~2016 年全社会固定资产投资资金来源占比情况

资料来源：根据国家统计局年报资料，汇总统计计算而得。

2. 民间投资的特点。民间资本规模较小，实力较弱，主要以中小企业为主；从事的行业偏传统，很多民营企业从事工业和批发零售业；有一定的周期性波动；地区间发展不均衡；产业结构分布不合理；发展资本主要依靠自身积累。

（二）投资效率的含义及衡量指标[64]

1. 投资效率的含义。投资效率就是国民收入的增长额与形成这一增长额的基本建设投资的比率。其计算公式为：投资效率＝国民收入增长额/用于固定资产基金和流动生产基金增长的基本建设投资额。这个指标，相当于我国国民经济投资经济效果系数指标。运用投资效率衡量民间资本投资效益时，投资效率越大，民间资本收入的投资占用率越高。投资效率越小，则民间资本收入的投资占用率越低。

2. 投资效率的衡量指标。

（1）现值指数（PI）。现值指数又称获利指数或利润指数，是指投资项目未来现金净流量的总现值与原始投资现值之比。现值指数（PI）＝未来NCF总现值/原始投资额现值。如果投资项目的现值指数大于或等于1，表明该投资项目的投资报酬率高于或等于预定的贴现率，则该项目可以接受。如果投资项目的现值指数小于1，表明该投资项目的投资报酬率低于预定的贴现率，则该项目不可以接受。在多个备选项目的互斥选择中，应接受现值指数大于1最多的投资项目。

（2）内含报酬率。所谓内含报酬率，也被称为内部收益率，是指能够使未来现金流入现值等于未来现金流出现值的折现率，或者说是使投资方案净现值为零的贴现率。内含报酬率法是根据方案本身内含报酬率来评价方案优劣的一种方法。内含报酬率大于资金成本率则方案可行；反之不行，且内含报酬率越高方案越好。

内插法计算内含报酬率的公式为：

$$IRR = r1 + [(r2 - r1)/|b| + |c|] \times |b|$$

其中，IRR表示内含报酬率；r1表示低贴现率；r2表示高贴现率；|b|表示低贴现率时的财务净现值绝对值；|c|表示高贴现率时的财务净现值绝对值。

二、甘肃省民间投资发展现状与居民投资观念分析

（一）甘肃省民间投资发展现状

1. 甘肃省民间投资概况。近些年来，甘肃省民间投资取得了较快的发展，民间投资不仅带动了经济的增长，还有效地缓解了就业压力。然而，虽然甘肃省民间投资有了一定的发展、投资额也逐年增长，但是与其他沿海等地区相比还是有很大的差距。首先，甘肃省是一个以国有经济为主导的省份，国有资本

占据了很大的市场投资份额，致使民间资本发展空间很小。所以市场准入制度制约了民间资本投资的渠道。其次，甘肃省民间投资主要集中在传统行业，例如制造业、建筑业和工业等，而在高新技术行业以及新型服务行业涉及的很少，严重缺乏创新，而且产品加工的技术简单，易于被模仿。最后，民营企业筹集资金的来源比较单一，主要靠自筹，融资渠道窄。虽说国家鼓励银行向民间投资主体贷款，但由于商业银行实行"自主经营，自负盈亏"的原则以及甘肃省金融担保市场的落后，导致银行对很多比较弱小的民间投资主体不敢发放贷款，这严重制约了民间投资。

数据分析显示，2016年，甘肃省民间投资占甘肃省投资的比重比全国低20个百分点，其中个体投资为57亿元，不到浙江、江苏、河南等省份的1/7。另据调查，2016年甘肃省有40.3%的非公有制企业因找不到合适的项目而减少或取消了投资[①]。

2. 甘肃省民间投资趋向走势。由于民间投资带来的益处越来越多，促进民间投资不仅能在一定程度上调整经济结构、转变经济发展的方式，而且有利于不断优化市场环境、增强市场活力等。近年来，甘肃省不断强化民间投资、激活民间投资，在一定程度上放宽了民间资本的准入机制，并通过价格和税收调节机制，鼓励民间投资参与水利、环保和文化旅游业以及高新技术产业、新兴服务业等基础设施建设。

2018年9月，甘肃省发展改革委、甘肃省工商联召开甘肃省民间投资项目推介座谈会，向民间资本推介重点领域项目42个，总投资1 580亿元，拟吸引民间投资1 090亿元。据介绍，此次推荐项目主要涉及交通、市政设施、环保、水利、文化旅游、化工物流、健康养老等重点领域。其中，交通类项目14项，总投资1 336.76亿元；市政设施类项目14项，总投资117.34亿元；环保类项目2项，总投资4.76亿元；水利类项目5项，总投资20.77亿元；文化旅游类项目4项，总投资73.6亿元；化工物流类项目1项，总投资2.5亿元；健康养老类项目2项，总投资24.85亿元。其中，S15庆阳至平凉（四十里铺）高速公路、武威机场高速公路项目、G30清水至嘉峪关高速公路、甘肃（武威）国际陆港污水处理厂及配套管网工程、甘州区全国养老示范基地建设运营项目是国家发展改革委向民间资本推介重点领域项目[②]。

甘肃省发展改革委副主任表示，近年来甘肃通过优化政策保障，放宽市场准入，深入推进"放管服"改革，降低企业经营成本，破解融资难题，推进PPP项目等系列政策措施，不断探索破解民间投资中存在的难题和障

---

①② 《甘肃省统计年鉴》、甘肃省政府金融工作办公室数据资料。

碍，有效激发民间投资活力，促进经济持续健康发展。2017年上半年，甘肃省民间投资由负转正，同比增长0.86%，扭转了2016年下半年以来持续负增长的下滑态势，甘肃省促进民间投资各项工作有序开展，取得了一定实效。

甘肃省将持续深化"放管服"改革，加大投资项目审批和管理改革力度，着力解决制约项目建设的堵点、难点问题，从项目管理转变为项目服务，全方位开放城乡基础设施投融资市场；定期发布民间资本推介项目清单，充分尊重企业家意愿，由其自主决定是否参与项目建设运营，不搞"拉郎配"；大力推进基础设施建设、管理、运营市场化、专业化，通过出让国有资产和资产证券化等方式，积极引导各类社会资本参与，提高社会资本尤其是民间资本参与基础设施项目的占比，促进民营经济稳定健康发展。[65]

（二）甘肃省民间投资观念分析

1. 甘肃省构建民间投资观念的必要性。近来国家出台了《国务院关于鼓励支持和引导个体民营等非公有制经济发展的若干意见》来鼓励和支持民间投资，这体现了国家对民间投资的重视度。但虽说国家强烈激励民间投资，然而民间投资依然受观念的束缚较大，所以说改变人们对民间投资的传统观念，挣脱老式观念的束缚，创新思维与想法，用更加辩证发展新颖的眼光去看待民间资本投资是重中之重。对国家来说是如此，对甘肃省来说更是必要。

相对于国内其他经济较发达的地区，甘肃省民间投资的观念更为落后，因为经济发展水平、地理环境、资本积累、融资渠道、政府政策等多方面的限制，导致甘肃省很多民营企业、商业银行、居民等对民间投资非常谨慎，这在很大程度上制约了甘肃省内民间资本的积累与发展。然而民间投资的发展能为甘肃省带来很多成果。例如加大民间投资能增加就业、增强居民购买力、增强消费信心，加大民间投资还可以提高居民的生活水平、刺激消费、增加收入等。因此，为了加大民间投资，还得从其根本上解决，而投资观念是根本性的问题。所以想要甘肃省民间投资发展壮大，必须先改变传统投资观念，构建新的灵活有力的民间投资观念，这才是关键。

2. 甘肃省民间投资的理财观念。

（1）货币时间价值观念。所谓货币时间价值其实通俗地讲就是货币随着时间的推移而带来的增值，通过投资而带来的资金的增加。

当人们在做任何投资性的事情时，如果能有货币时间价值这样一种观念，那金钱就不会闲置。因为投资之后，随着货币时间价值的推移，意味着财富很有可能发生增值,而不投资只会让资金空置,导致货币贬值。因此,不论是企业还是个人,要是有多余的资金,应该选择投资,而民间投资无疑是很好的选择。因为现在国家正在大力支持民间资本投资,民间投资是很有发展前景和空间的一种投资。

(2) 风险报酬观念。所谓风险报酬就是当人们投资时因为承担了应有的风险而所获得的超过了它时间价值的那部分额外的报酬。

为什么在进行民间投资时要有风险报酬这样一种观念呢?在生活中,不管是哪种投资,规模大的还是规模小的都有一定的风险,例如违约风险、流动性风险、期限风险、通货膨胀等。所以在进行投资时,要用辩证的眼光去看待,不是投资了就有回报的,而是在风险的基础上能获得的报酬。

(3) 资本预算观念。所谓资本预算就是根据确定的投资方案而编制出来的长期资金收支的计划。资本预算具有资金量大、周期长、风险大、时效性强的特点。在投资时,通常用回收期法、净现值法、获利指数法、内含报酬率法来对投资项目进行评价。因此,为了尽可能地减少投资风险,在进行民间资本投资时,要进行资本的预算,通过看净现值是否大于零等方法来判断投资方案是否可行。

三、制约甘肃省民间投资效率因素分析

(一) 经济发展层面

1. 经济发展状况。随着市场大环境的不断改善以及国内经济的迅速发展,甘肃省经济发展水平也在不断提升。继西部大开发倡议和"一带一路"倡议的实施,带动了甘肃省沿线经济,并在一定程度上调整了产业结构、加速经济运行、增强市场信心,激发市场与社会的活力、增加就业等。但是在这样的发展结构下,甘肃省经济发展还存在这一定的问题。例如,工业化经济效率较低、工业市场化程度不高;技术与创新能力欠缺;财政收支缺口大、居民赋税较高、财政收入对资源的依赖性较强等。[66]

以下通过数据详细分析甘肃省经济发展运行的总体情况。经济发展较为乐观的有以下两个方面。

(1) 经济运行整体较稳定 (见表3-3)。

表 3-3　　　　　　　2017 年甘肃省主要经济指标与全国对比

项目	绝对值（亿元）	占全国比重（%）	比 2016 年增长（%）	增速比全国（百分点）
地区生产总值	7 677.0	0.93	3.6	11.23
第一产业	1 063.6	1.63	5.4	2.82
第二产业	2 562.7	0.77	-1.0	12.8
第三产业	4 050.8	0.95	6.5	11.40
社会消费品零售总额	3 426.6	0.94	7.6	10.21
固定资产投资	5 696.3	0.90	-40.3	5.73
进口	218.0	0.20	18.6	8.70
出口	123.7	0.08	-53.4	10.77

资料来源：《甘肃省统计年鉴》、甘肃省统计局年报数据。

（2）经济质量不断提高。一是就业形势总体稳定。2017 年，随着甘肃省不断地切实落实创业就业政策，拓展就业渠道，城镇新增就业人员持续增加。截至 2017 年底，甘肃省城镇新增就业 5.1 万人，同比增长 0.33%，城镇登记失业率 2.7%，与 2016 年相差很小，成为社会稳定的重要基础。二是居民收入稳步增加。数据统计显示，2017 年底，甘肃省城镇居民人均可支配收入 27 763.4 元，比 2016 年增长 8.1%，增速较快。其中，工资性收入 18 459.6 元，增长 10.2%；经营净收入 2 132.1 元，增长 8.7%；财产净收入 2 378.7 元，增长 1.0%；转移净收入 4 793.0 元，增长 3.6%。在 2017 年底，甘肃省农村居民人均可支配收入为 8 076.1 元，比 2016 年增长 8.3%，增速比 2016 年明显提高。其中，工资性收入 2 275.4 元，增长 7.1%；经营净收入 3 556.2 元，增长 9.0%；财产净收入 142.3 元，增长 10.8%；转移净收入 2 102.2 元，增长 8.2%[①]。

经济发展不容乐观的有以下两个方面。

（1）工业企业经济效益较低。一是企业亏损面较大。2017 年，规模以上工业企业中营业利润亏损额 111.6 亿元。与 2016 年相比，亏损面扩大了 174 个百分点。在工业企业 2 136 个单位中，有 647 个企业营业利润亏损，其中，中央企业、国有控股企业亏损最为严重，其亏损率高达 43% ~ 100%。二是企业综合成本高、负债经营。2017 年，规模以上工业企业共发生主营业务成本费用 7 314.1 亿元，负债合计为 7 888.9 亿元。成本费用占营业收入的比重为 86.2%，负债占营业收入的比重高达 92.9%。三是营业利润低、增长慢。数据显示，2017 年，规模以上工业企业各项经济效益指标占比情况为：总资产

---

① 《甘肃省统计年鉴》、甘肃省统计局年报数据。

贡献率8.6%；资产保值增值率105.3%；资产负债率64.5%；流动资产周转次数为每年两次；成本费用利润率3.1%。2017年企业利润总额只有246亿元，应收账款占比也较大。四是核心竞争力亟待加强。工业整体层次较低、技术较低端，容易被模仿超越，新兴工业行业对工业影响较小，核心竞争力有待加强。

(2) 消费需求增长动力不足。2017年，甘肃省实现社会消费品零售总额3 426.6亿元，比2016年增长7.6%。其中，商品零售额2 877.9亿元，比2016年增长7.3%。城镇增速略大于农村，甘肃省乡村实现消费品零售额696.7亿元，增长7.4%；城镇实现消费品零售额2 729.9亿元，增长7.7%，甘肃省社会消费品零售总额增速整体虽呈上升趋势，但增长幅度较小。而同期全国社会消费品零售总额增速非常稳定，基本保持在10.2%左右的水平，比甘肃省社会消费品零售总额增速大约高260个百分点①。[67]

2. 产业结构不合理。甘肃省民间投资主要集中于传统产业，新兴服务业和高新技术产业涉足较少。从产业分布来看，甘肃省的民营企业主要分布在第二产业中的制造业和建筑业，及第三产业中的餐饮业和批发零售业。从行业分布来看，主要集中在一些技术简单、投资不大、易于模仿、便于进入的行业，以及这些行业中的低附加值工序和低档次产品方面。产品多以跟踪和模仿为主，产品科技含量不高，行业竞争力弱。在第三产业中，批发零售贸易和餐饮业企业户数的比重高达74.21%，从业人员比重为71.03%，而计算机应用、信息咨询等科技型企业数量明显偏低。[68]

(二) 政治体制层面

1. 体制机制不活。甘肃省经济发展主要是以公有制为主体，政府对经济的控制较强，导致民间企业自主发展空间较小。政府宏观政策的干预会在一定程度上限制市场的自主性和发挥性，这也在一定程度上阻碍了民间资本的参与。

2. 民营企业创新能力不足。随着经济的不断发展，甘肃民营企业也取得了迅速的发展，但家族化色彩浓厚的经营方式还是比较落后，其在经营管理中缺乏先进的现代企业制度和企业文化，企业战略目标和发展方向也不是非常清晰明确。甘肃省民营企业数量繁多，但几乎都具有效益低、规模小的特点，尤其是代表甘肃民营企业技术创新水平的民营工业企业发展现状更让人担忧。2017年，甘肃省规模以上工业增加值总额为1 603.7亿元，其中，非公有制企

---

① 《甘肃省统计年鉴》、甘肃省统计局年报数据。

业总额只有306.0亿元，仅占总额的19%，且与2016年相比增速明显跌落，回落值高达18%。从以上数据可以看出，甘肃省民营企业发展能力严重不足、缺乏创新与改革。

(三) 社会观念层面

1. 居民对投资观念的欠缺。随着经济的不断发展，甘肃省教育水平也在不断提升，但是与东部等地区相比还是有较大的差距。由于甘肃省大多数居民受教育文化程度的限制，对于投资观念缺乏正确的认识，一般会认为投资是极具风险的事，只是把空闲的资金存入银行等比较保险的机构。而导致这种观念的原因是居民对投资的认识不够，对投资理念的严重缺乏。

2. 人力资源开发不足。随着中国市场经济的不断深化，企业竞争日趋激烈，人力资源作为最具活力、最具发展前景、最具收益的战略资源，成为企业参与竞争和谋求发展的主导因素。人力资源是企业最重要的竞争资源。

由于甘肃省民营企业在人力资源管理方面缺乏革新，管理人员自身学识条件的限制和对人才市场管理的欠缺，还有人力资源管理机构对员工培训投入的不足，以及缺乏有效的鼓励激励机制等问题，导致民营企业对人力资源管理重视程度不够，加上受传统中国人情关系的影响，人力资源管理的目标不清，各种管理手段效果不佳。例如民营企业生产部门效率不高、不能及时补充货源，销售部门应收账款回收情况不理想等问题都可以归结到人力资源管理中去解决。[69]

(四) 区域位置层面

投资环境欠佳是甘肃民间投资发展的桎梏。首先，自然条件差，生态环境恶劣，基础设施不完善等投资硬环境的落后，加大了民间投资的成本。由于历史、地理、自然、气候等客观因素的影响，使得甘肃省在生态环境、基础设施等方面还比较脆弱。例如干旱多灾、水土流失严重，荒漠化程度高，风沙灾害频繁，个别工业城市污染严重，尤其是水资源处于严重匮乏状态，时空分布不均衡等自然环境的问题，使甘肃省丧失了很多投资机会。其次，甘肃省基础设施相对落后，例如，交通不发达，"三流"速度慢，变电容量不足等，这些问题又在一定程度上加大了民间投资的成本，严重影响了民间资本的投资效益，导致甘肃省很难吸引一些企业进行民间资本的投资。最后，人文环境的差异也制约了民间投资的发展。目前甘肃省与其他东部等发展较快的地区相比，科技教育文化水平相对落后，现代文明气息还不够浓厚，从业人口文化程度相对偏低，劳动者综合素质不高，接受新事物能力低，创新思维缺乏。[70]

四、提高甘肃省民间投资效率对策建议

（一）拓宽民间投资领域

鼓励和引导民间资本进入基础产业和基础设施领域、市政公用事业和政策性住房建设领域、社会事业领域、金融服务领域、商贸流通领域、国防科技工业领域，以及进行重组联合和参与国有企业改革。[71]

（二）优化投资环境

甘肃省在以自然条件和基础设施为主的投资硬环境中，虽与东部发达地区相比还是较为落后，但是就投资环境本身而言，起主导作用的往往是包括政治、法律、文化、观念和体制的软环境。甘肃省的实际情况表明，当务之急是要建立一个较为完整且新颖科学的投资软环境，并以立法的形式加以保障，进而带动区域经济的快速发展，促进民间投资。[68]

（三）推动产业升级与创新

1. 抓住时机，走产业创新升级之路。对于某些传统行业或已经出现衰败迹象的周期性行业，应根据自身条件和市场发展前景对其做出分析与规划，看其适合全部还是部分转向新型产业，例如现代农业、工业产业、现代服务业等。

2. 提升民营企业内生价值，走科学化转型升级之路。民营企业转型升级的必走之路是由粗放型生产管理向精细化生产管理转变，主要包括：由经验管理转为信息化管理，把现代信息技术全面应用到企业管理之中；由家族式管理转为专家团队型管理，建立具有现代科学知识和企业经营理念、勇于开拓创新的企业家团队；完善法人治理结构，加强以质量、品牌、安全、财务、营销等为重点的企业内部管理制度建设。

3. 提升民营企业核心竞争能力，走科技创新之路。对于民营企业而言，其具备强大竞争能力的关键就是技术的自主创新。因此，有条件的企业，要在企业的财务预算中设立科技创新基金；企业要引进适合本企业的科技创新人才，不惜成本引进新技术，自主研发新技术、新工艺、新材料、新产品。同时，民营企业要树立品牌意识、加强品牌建设，集中力量，做好主业，创造品牌，永葆品牌优势。企业还要积极创造条件使用政府设立的科技创新投资和各类基金，逐步建立起以民营企业为主体、生产与科学研究相结合的高效协同的

自主创新体系，发展民营科技企业和研发机构，提高民营企业自主创新能力。[72]

五、结论

随着国家对民间资本发展的重视和对民间资本发展前景的预测，未来民间资本将有力地冲击国内市场。对于甘肃省而言，民间投资将带动甘肃经济增长、促进民营经济发展、缓解社会就业压力、推进城市化建设的进程，因此，甘肃省应该着力解决制约民间资本发展的问题，克服在进行革新改造过程中的重重困难，不断推进民间资本投资，促进民间资本的发展壮大，提高投资效率。

第三节 新设民营银行可行性分析及对策研究

近几年来，为了优化民间资本投资结构，充分调动民间投资积极性，促进非公有制经济快速健康发展，党中央和国务院相继出台相关政策规定，依托民间资本实现区域经济社会协调发展。对于西部落后地区来讲，尤其像甘肃省这样欠发达的省份，各级政府亟待思考和解决的重要问题是如何用好用活相关鼓励政策，创造性地挖掘民间资本投资潜力，不断创新制定民间资本进入金融领域的机制，成立民营银行，以支持实体经济健康快速发展。通过对甘肃省银行业的金融机构分布情况、资产负债结构对比、城乡居民人民币储蓄存款对比、城镇居民人均可支配收入与支出对比、经营资金需求现状等方面分析甘肃省新设民营银行的可行性，并提出相关对策建议。

一、甘肃省新设民营银行的相关支持政策

《甘肃省普惠金融发展五年规划（2014—2018年）》，明确提出鼓励民间资本发起设立民营银行。2018年1月，甘肃省颁布的《关于进一步激发民间投资有效活力促进经济持续健康发展的实施方案》提出以政府和社会资本合作（PPP）项目为载体积极鼓励民间资本参与投资，充分激发民间有效投资活力。2018年9月，为贯彻落实国家发展改革委《关于抓紧贯彻落实国务院部署促进民间投资持续健康发展的通知》，甘肃省集中向民间资本推介42个重点领域的项目，总投资1 580亿元，拟吸引民间投资1 090亿元，涉及多个重点领域，

该方案指出，要进一步加大甘肃省基础设施和公用事业领域开放力度，鼓励吸引民间资本投资，决不容许排斥、限制或者歧视民间资本投资行为，原则上要求尽量采取公开招标方式选择最佳社会资本方进行投资，为民营企业和民间资本创造平等竞争机会。

二、新设民营银行相关研究综述

（一）国外研究综述

霍罗和约托普洛斯（Horo and Yotopoulos，1991）分析了菲律宾的农村民间资本，指出民间资本的融资交易双方彼此了解，能够较好地满足借款者的需求。[47]唐（Tang，1995）对我国台湾地区所属企业的融资需求进行研究，验证民间金融的重要作用是能够弥补正规金融体系的不足，关键可以对中小企业的融资需求有效地满足。[48]安德烈亚斯·伊萨克松（Andes Isaksson，2002）指出发展中国家存在金融抑制和金融政策扭曲等问题，正规金融机构很难满足民营企业融资，民营企业寻求资金支持必然转向民间金融市场。盖尔金（Guirkinger，2008）通过分析秘鲁民间金融相关数据，发现由于民间金融活动的交易成本较低，并且能够满足借款者的不同需求，得出民间金融与正规金融能够长期共存的结论。[49]

（二）国内研究综述

牛艳芬（2011）从需求视角出发，研究西部农村金融现状，提出金融需求的制度变迁及路径依赖。[51]单海东（2013）运用博弈理论分析发现正规金融的传统业务和政府补贴扶持相结合的供给模式无法从根本上解决金融的可持续供给，需要新型金融机构参与。余霞民（2016）通过构建完善的金融基础设施来防范完全放开民间资本进入银行业后出现的金融风险，充分发挥金融体系对实体经济的作用。[54]徐忠（2009）、侯晓辉（2011）利用SFA模型验证了市场集中度与银行效率呈显著负相关关系。张健华（2011）提出降低银行业效率的显著影响因素是市场集中度。燕志雄（2007）从委托代理问题的角度提出国有银行引进民间资本的必要性，王聪（2007）认为我国银行的经营效率与股权结构存在显著的负相关关系，金梦萍（2014）运用SWOT分析方法对民营银行的内部优劣势、外部机会威胁进行了分析，指出民营银行应该采取SO+ST战略促进经济的发展。[56]吕臣、林汉川、王玉燕（2015）提出基于共生理论引入民间资本破解小微企业"麦克米伦缺陷"难题，[57]潘静波（2015）

采用行业和产业数据作为面板数据，协整验证投资与经济增长、国有及民间资本投资与各行业经济增长的正相关性关系，实证分析民间资本、金融发展对城镇化发展的作用机制。[58]

三、甘肃省新设民营银行可行性分析

(一) 银行业金融机构分布情况

截至2017年末，甘肃省共有银行业金融机构135家，其中，具有法人银行业金融机构119家，包括2家城市商业银行、84家小型农村金融机构、3家财务公司、1家信托公司、27家新型农村金融以及2家金融租赁公司；共有营业网点机构个数5 224个，从业人数68 981人，资产总额2 5701.27亿元。资产占比方面，大型商业银行占26.75%，位居第一；小型农村金融机构占21.50%，位居第二；城市商业银行占21.03%，位居第三；国家开发银行和政策性银行占17.24%，位居第四（见表3-4）。全年有13家金融机构改制成立农村商业银行，新设立村镇银行4家。

表3-4　　　　　　　2017年甘肃省金融机构情况

机构类别	法人机构数（个）	营业网点数①（个）	从业人数（人）	资产总额（亿元）	资产总额占比（%）
国家开发银行和政策性银行	0	63	1 667	4 432	17.24
大型商业银行②	0	1 375	28 668	6 874	26.75
股份制商业银行	0	130	3 095	1 749	6.81
城市商业银行	2	344	8 104	5 406	21.03
城市信用社	0	0	0	0	0.00
邮政储蓄银行	0	600	2 923	792	3.08
小型农村金融机构③	84	2 288	19 326	5 527	21.50
新型农村金融机构④	27	418	4 656	157	0.61
财务公司	3	3	83	176	0.68

---

① 不包括国家开发银行和政策性银行、大型商业银行、股份制商业银行等金融机构总部数据。
② 包括中国银行、中国农业银行、中国工商银行、中国建设银行和交通银行。
③ 包括农村商业银行、农村合作银行和农村信用社等。
④ 包括村镇银行、农村资金互助社、贷款公司。

续表

机构类别	法人机构数（个）	营业网点数（个）	从业人数（人）	资产总额（亿元）	资产总额占比（%）
信托公司	1	1	309	59	0.23
其他①	2	2	150	529	2.06
外资银行	0	0	0	0	0.00
合计	119	5 224	68 981	25 701	100

资料来源：甘肃省2018年金融运行报告。

（二）银行业资产负债结构对比

截至2017年末，甘肃省人民币各项存款数额17 660.82亿元，其中，占比最大的两项存款为住户存款和非金融企业存款，住户存款金额9 059.52亿元，占各项存款的51.30%，同比增长6.67%，非金融企业存款金额5 073.02亿元，占各项存款的28.72%，同比减少7.64%。2010~2018年，发放的住户贷款占各项贷款的比率在22%~34%波动，2014年的占比最高，为34%，在此期间的其他年末占比都在22%~27%，而住户存款占各项存款的比率保持在48%~51%，发放的住户贷款占比明显不足，原因主要是金融机构对住户贷款的审批程序严格，门槛较高。相比较而言，发放的非金融企业及机关团体贷款占比高达60%~74%。甘肃省银行理财产品中，净值型产品仅有428支，募集资金量只有140亿元，资金占比仅为6.04%；而传统预期收益型产品有6 659支，占理财产品支数的93.96%，募集资金余额1 885亿元，资金占比93.09%。[37]（数据来源：甘肃省历年金融运行报告。）

（三）城乡居民人民币储蓄存款对比

2000~2016年，城乡居民人民币储蓄存款持续增长。2016年末，城镇居民人民币储蓄存款同比增长5.62%，农户人民币储蓄存款同比增长16.48%。多年来，由于甘肃省委、省政府高度重视农民各项增收问题，并且进一步加大对农业和农村的持续投入力度，大力推进精准扶贫工作和农业现代化发展，农村居民收入稳中有升。居民人民币储蓄存款中农户储蓄存款的占比逐年提高，从2010年的13%，提升至2016年的33%；相反，城镇居民储蓄存款的占比从2010年的87%，下降至2016年的67%。2010年末，城镇居民人民币储蓄存款年底余额2 735.52亿元，农户居民人民币储蓄存款年底余额862.72亿元；

---

① 包含金融租赁公司、货币经纪公司、汽车金融公司、消费金融公司等。

增长至2016年末，城镇居民人民币储蓄存款年底余额达5 503.35亿元（见图3-8），农户居民人民币储蓄存款年底余额达2 760.61亿元①。

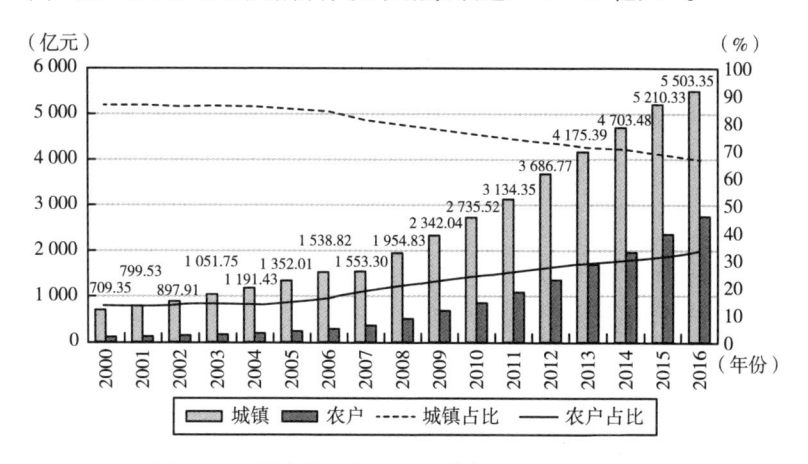

图3-8 城乡居民人民币储蓄存款年底余额占比

资料来源：甘肃省历年金融运行报告、中国人民银行兰州中心支行网站数据、《甘肃省统计年鉴》。

（四）城镇居民人均可支配收入与支出对比

2017年，甘肃省城镇居民人均可支配收入27 763.4亿元，比2016年增长8.1%，从收入构成来看，四项收入全面增长。一是工资性收入仍是城镇居民收入最主要的来源。甘肃省城镇居民人均工资性收入18 459.6亿元，比2016年增长10.2%，占人均可支配收入的66.5%，比重较2016年增加1.3个百分点，主要原因为就业规模扩大。二是创业创新带动经营净收入增长。甘肃省城镇居民人均经营净收入2 132.1亿元，比2016年增长8.7%。政府鼓励发展实体经济，加大对小微企业的扶持力度，积极落实"大众创业，万众创新"等各项优惠政策，有效刺激就业并带动了经营净收入增长，非公经济特别是第三产业发展速度明显加快。三是多因素致财产净收入增长放缓。甘肃省城镇居民人均财产净收入2 378.7亿元，比2016年增长1.0%。股市下跌、银行降息、理财产品利率下调、人民币兑美元汇率持续走低等多因素共同作用，居民投资渠道受限，投资意愿下降，财产净收入增速较2016年有所放缓。四是政策因素助推转移净收入增长。甘肃省城镇居民人均转移净收入4 793.0亿元，比2016年增长3.6%。甘肃省城镇居民人均生活消费支出20 659.4亿元，比2016年增长5.7%，主要消费项目为食品烟酒、居住、交通通信、教育文化娱乐、

---

① 甘肃省历年金融运行报告、中国人民银行兰州中心支行网站数据、《甘肃省统计年鉴》。

医疗保健等方面。生活消费支出占可支配收入的74.4%（见图3-9）。

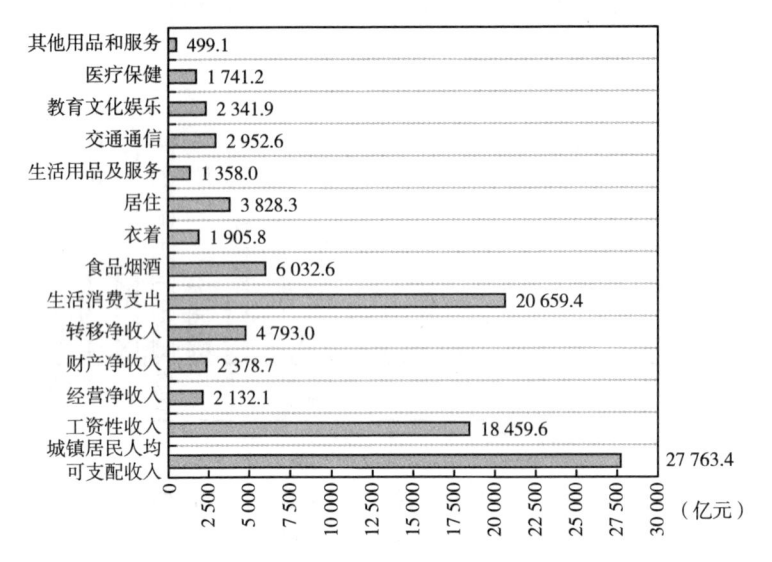

其他用品和服务	499.1
医疗保健	1 741.2
教育文化娱乐	2 341.9
交通通信	2 952.6
生活用品及服务	1 358.0
居住	3 828.3
衣着	1 905.8
食品烟酒	6 032.6
生活消费支出	20 659.4
转移净收入	4 793.0
财产净收入	2 378.7
经营净收入	2 132.1
工资性收入	18 459.6
城镇居民人均可支配收入	27 763.4

图3-9 城镇居民家庭人均收入及支出情况

资料来源：甘肃省历年金融运行报告、中国人民银行兰州中心支行网站数据、《甘肃省统计年鉴》。

（五）内部经营资金需求现状分析

2016年，甘肃省银行业增加值实现507.02亿元，占甘肃省全年GDP比重7.09%，增加值比2015年同比增长14.4%，占第三产业比重13.75%，成为甘肃省支柱产业。社会融资规模增量达到2 720亿元，金融从业人员达到18.8万人。全年金融业纳税114.65亿元，在甘肃省纳税行业中位居第三。

2017年，甘肃省银行业经营呈现以下特点：一是银行信贷业务增速放缓。2017年，除交通运输业、精准扶贫、小微企业、保障性住房贷款较快增长外，其他贷款种类增速明显放缓，信贷结构需要持续优化，重点领域和薄弱环节支持力度需要进一步加大，银行资金信贷供给明显不足。二是市场利率依然保持低位，企业融资成本有所下降。2017年，甘肃省企业贷款加权平均利率为5.58%，同比下降3个基点。三是银行业金融机构盈利水平下降。2017年，实现全年利润219.04亿元，同比减少16.16亿元，盈利水平下降6.87%，主要是受不良贷款资金持续攀升、拨备计提资金大幅增加等因素影响[①]。

---

① 甘肃省历年金融运行报告、中国人民银行兰州中心支行网站数据、《甘肃省统计年鉴》，作者汇总计算而得。

四、甘肃省新设民营银行的相关建议

（一）找准市场定位，寻求差异化、特色化发展途径

一方面，新设立的民营银行与现有国有大型商业银行和股份制商业银行进行竞争，抢占市场，不仅没有发展优势，而且面临着严峻的挑战；另一方面，金融领域投资环境对民间资本投资者来说，较为陌生，而且该行业风险具有较大外溢性，加之部分民间资本投资者进入银行业，很多时候是看到银行业的融资便利性、行业营利性和未来的发展前景。因此，这就要求新设立的民营银行从一开始就必须找准市场定位，寻求差异化、特色化发展途径，利用好甘肃省多民族的地理人文环境，创新性地打造出具有鲜明特色、适合自身发展的金融产品。

（二）重点支持民营经济发展

一是甘肃省的国有经济尤其是涉及重要行业的国有骨干企业，主要分布在兰州、金昌、白银、天水、武威等中小城市，多数县域除了金融、电力、烟草、石油、通信等国家重要行业外，其他行业基本都是民营经济。[61]二是从甘肃省各市场经济主体发展趋势来看，民营经济的地位将进一步上升，重要性逐渐体现，国有企业在未来几年大规模扩张的可能性相对较小，特别是骨干国有经济主体发展的困难相对较多。三是县级以下地域国有企业凤毛麟角，民营经济成为地方经济主要支撑力量。

（三）为甘肃省持续推进银行业改革提供服务

近几年甘肃省银行业改革持续推进，作为新成立的民营银行，应该抓住这一重要时机，支持银行业改革，为甘肃省持续推进银行业改革提供服务。[62] 2017年，国家开发银行、农业发展银行、进出口银行甘肃省分行，突出政策性业务重点，围绕甘肃省经济中长期发展战略，坚持开发性金融功能定位，持续加大对基础设施建设项目、棚户区改造项目、特色优势产业项目、对外经贸发展业务、"一带一路"和"走出去"等重点领域及薄弱环节的支持力度。甘肃省大型商业银行和股份制商业银行机构回归服务实体经济本质，不断完善公司治理，努力提高经营管理水平和风险控制能力。农业银行甘肃省分行持续深化三农金融事业部管理和运行机制改革，不断提升支持县域经济和"三农"服务能力和水平，全年累计发放"三农"和县域贷款263亿元，农村银行业金融机构经营服务水平和支农力度持续提升。

（四）选择合理有效的运行路径

经研究，民间资本进入银行业金融机构在甘肃省需要经历渐进式逐步推进发展过程，在这个过程中，可以划分为两个发展阶段，并且相互叠加。第一个阶段是改革发展初期，民间资本主要是通过投资入股方式成为银行业金融机构股东，这种方式投资比例较小，民间资本可以发挥的作用十分有限。第二个阶段是为进一步促进实体经济健康快速发展，保持甘肃省经济水平持续稳定增长，从法律、政策、规定、机制等方面共同引导鼓励成立民营银行，逐步实现民间资本正规化、合法化。2015年6月，银监会依法正式受理合格的民间资本发起新设民营银行的申请，标志着民间资本进入银行业金融机构步入了前所未有的改革发展机遇期。因此，只有经历这两个循序渐进、相互叠加的发展阶段，民间资本才能成为银行业金融机构不断提高金融服务效率，助力实体经济快速健康发展的现实选择。

根据银保监会文件规定，新成立的民营银行有三种运行方式：[73]第一种方式民营银行可吸收小额存款或发放小额贷款，主要通过设定存款的上限和贷款的上限来实现，这种方式就是最常见的"小存小贷"；第二种方式强调民营银行针对企业法人服务，而不是针对个人，这种方式能够更好地服务中小企业，属于"公存公贷"类型；第三种方式民营银行在一个特定区域或地点深入挖掘客户，也就是在"特定区域存贷款"。

第四节 民间资本参与战略性新兴产业的途径

近年来，我国民间资本快速积累增长，对经济发展的贡献越来越大，据统计，民间资本对中国国内生产总值（GDP）的贡献已经超过60%。然而，由于投资渠道匮乏，造成民间资本盲目流动，给经济健康带来不利的影响。本节以民间资本参与战略性新兴产业的意义为出发点，分析了我国民间资本的投资流向和阻碍民间资本进入战略性新兴产业的原因，以及民间资本参与甘肃省战略性新兴产业的现实状况，从四个方面提出了民间资本参与战略性新兴产业的途径及建议。

一、引导民间资本参与战略性新兴产业的意义

（一）民间资本长期缺乏稳定的投资渠道

以前大多数民营企业主要从事于传统工业，但是伴随着中国经济"调结

构，促升级",大多数传统制造业在最近几年将面临转型升级的困境,从而迫使大量民营企业和民间资本开始寻找新出路。但是,当前大量民间资本并没有都进入实体经济,反而变成游资,扰乱经济秩序,抬高了物价。因此,正确地引导民间资本参与战略性新兴产业对推动我国产业升级和结构转型,加快科技创新将起到巨大作用。[74]

（二）民间资本进入市场门槛高

多年来,我国很多产业被国有企业把持,可以说是垄断,即使国家降低准入门槛,民间资本真正进入也非常困难。但是战略性新兴产业不一样,该产业刚刚起步,民间资本和国有资本处于同一起点,而且可以享受更加公正的对待。因此,战略性新兴产业是市场较开放,多元化主体竞争的新领域,为民间资本的进入提供了重大机遇,进而稳定社会经济秩序,促进国民经济的发展。[75]

二、当前我国民间资本投资流向分析

我国改革开放几十年来,民间资本造就了大批的民营企业,民营企业也累积了大量的民间资本。但无论是与国有资本投资的横向比较,还是与往年民间资本投资的纵向比较,都显示出当前我国民间资本投资明显不足,民营企业家的投资信心还没有完全恢复。[76]随着政府投资的规模和效应的递减,从目前的情况来分析,充沛的民间资本能否被真正有效地全面激活,关乎国民经济的持续稳定增长,但当前我国民间资本的流动存在严重的"瓶颈"。

（一）我国积累了大量的民间资本

我国积累了巨大的民间资本,但由于各种显现的和潜在的原因,民间资本投资的规模化、专业化,规范化水平却不高,存在低档次,粗放型投资的趋势,只考虑那些回报周期短、低水平扩张产能的项目。向高新科技、集约型投资的转变尚不能实现,很多民间投资不能把握国家经济的长期走势和社会的发展需要,不能把自己的资金投向与产业升级的方向、政府引导的目标有机结合,盲目热衷于"短平快"的项目,既不能提高投资收益,也没有满足国家经济发展的需求。

（二）实体经济资金紧张和民营企业资金短缺

实体经济资金紧张,大量缺少资金的民营企业,特别是许多中小民营企业,在向正规银行信贷求而不得的情况下,只能转向求助于民间借贷市场,寻求民间融资方式,[77]但由于缺乏相应的市场监管,民间借贷不仅提高了民间融资的利率,增加民营企业的融资成本,而且进一步加剧了其资金链断裂的风险。

规模巨大的民间资本找不到合适的投资渠道,而需要资金注入的中小企业又找不到资金来源。在此背景下,我国要从破解民间资本投资难和中小企业融资难并存的"两难"困境出发,要正确引导民间资本的投资流向,理顺投资渠道,清除投资过程中的隐形障碍,将民间资本有效转化为产业资本。

三、阻碍民间资本进入战略性新兴产业的原因分析

一直以来,民间资本在新兴产业领域投资比重相对来说较低,到目前为止,民间资本进入战略性新兴产业存在以下三个障碍。

1. 民间资本对新兴产业不熟悉。民间资本对新兴产业的认识浅薄,其主要选择快进快出的产业,或者是虚拟产业。因此,政府需要通过法律法规、规章制度来保障民营企业和民间资本在新兴行业投资中的安全性。

2. 民间资本投资具有谨慎性。民营企业和民间资本对新兴行业不了解,对新兴行业的投资是比较谨慎的,所以国家和政府需要加强对新兴产业的介绍和引荐,让民间资本有信心投资。

3. 战略性新兴产业自身的问题。一方面战略性新兴产业往往投入资金大,回报的周期比较长,但是传统民间资本希望投资到"短平快"或速成的产业上;另一方面战略性新兴产业投资体制不完善,投资不足。[76]国家目前还没有健全的支持战略性新兴产业发展的投资、融资政策。处于成长阶段的新兴产业,很难通过正规银行信贷或上市来获得资金融通。要破除这些方面的障碍,就需要在政府主导下,构建相关的对接平台,引导民间资本转变投资思路,加强新兴产业与民间资本的对接。

四、民间资本参与甘肃省战略性新兴产业的现实困境

2011年,甘肃省发布《鼓励和引导民间资本投资健康发展的实施意见》,明确地指出放宽民间投资发展限制,合理引导民间资本投资,实现资源的优化配置。但是,甘肃省的民间资本在投资战略性新兴产业的过程中还有很多的问题。

（一）民间资本参与甘肃省战略性新兴产业的意愿不强

目前，甘肃省民间投资已在甘肃省投资总额中占据"半壁江山"，2013年甘肃省民间投资占甘肃省总投资比重达47.8%。但是，民间资本存在投资结构不合理、产业链偏低端等问题，大多偏向投资"门槛"较低的传统领域，对战略性新兴产业的投资意愿普遍不高。[77]一方面，战略性新兴产业属于高新技术企业，不仅技术研发周期长，而且需要大量的长期资金，这与民间资本所追求的回报周期短、收益预见性强的投资习惯不符；另一方面，民间资本投资者对战略性新兴产业缺乏正确认识。在宏观层面，投资者不了解这一新兴行业，对战略性新兴产业的界定与相关政策知之甚少；在微观层面，投资者在投资惯性下不熟悉战略性新兴产业的生产经营信息，构成民间资本投资战略性新兴产业的一大障碍。

（二）民间资本参与甘肃省战略性新兴产业缺乏必要的途径

投资渠道畅通是引导民间资本投资甘肃省战略性新兴产业的重要前提条件，也是把投资意愿转化为真实投入的关键枢纽。然而，甘肃省投资渠道闭塞，严重制约了民间资本投入战略性新兴产业的规模。一方面，政府为民间资本提供的可投资途径狭窄单一。在第二批甘肃省鼓励社会资本投资的160个项目中，交通、农业水利、市政等传统领域较多，涉及战略性新兴领域的仅有36项，总投资规模还不及全部投资的10%，仅有的这36项还均为大型民生项目。另一方面，甘肃省金融市场发展滞后，风险投资机制不完善，民间资本参与度低。从国外成熟经验来看，培育战略性新兴产业离不开风险投资。[78]因为风险投资具有成熟的进入退出机制，不仅能长期扶持高新企业，而且能广泛地调动民间资本的积极性。到目前为止，甘肃省风险投资机制还不是特别的完善，风险投资的作用不够明显，吸纳民间资本的能力较弱。

（三）民间资本参与甘肃省战略性新兴产业的风险较高

由于民间资本具有资金分散、谨慎性高和风险抵抗能力弱等特征，甘肃省战略性新兴产业的投资风险较高，从而使得民间资本的参与度不高。一是甘肃省战略性新兴产业技术风险大。甘肃省战略性新兴产业发展时间短，创新性人才缺乏，自主创新能力不足，导致技术研发过程中失败的风险较高。二是甘肃省战略性新兴产业市场风险大。由于战略性新兴产业技术差异大，每一项新成果没有同质产品作市场比较，对产品市场的认可度未知，不能收回成本的风险较高。三是甘肃省战略性新兴产业管理风险大。[78]甘肃省战略性新兴产业企业潜在的管理性风险较高,例如管理层对市场不敏感、经营决策不准确、企业财务管理制度不完善等,这些缺陷阻碍了企业管理层对企业风险的处理与控制。

(四) 民间资本参与甘肃省战略性新兴产业服务环境差

健全的投资融资服务环境有助于促进民间资本进入战略性新兴产业,提高投资的效率。甘肃省金融中介服务体系整体发展落后,无法为战略性新兴产业投融资活动提供有效的服务。一是甘肃省信用体系和担保体系不健全,信用信息公开透明度低,同时信用评估体系缺乏有效监管,导致民间资本对甘肃省战略性新兴产业的投资缺乏信用保障。二是企业信息系统、咨询中介机构、政府审批和监管部门等方面的信息共享机制不够完善,相互之间信息对接不畅,致使民间资本无从获取充分的投资信息,在选择投资项目时显得比较盲目。三是因为审批手续繁杂、准入门槛高以及缺乏公平待遇,从而导致国有资本进入一些发展势头好,收益高的投资项目,而民间资本只能很慢地进入这些投资项目中。

五、促进民间资本参与甘肃省战略性新兴产业的途径

(一) 要进行金融改革,构建有力的财税体系

强有力的财税政策体系对甘肃省战略性新兴产业的发展具有支持作用,好的财税政策能够促进甘肃省战略性新兴产业的发展。政府及相关部门要充分发挥财税政策的功能来支持甘肃省战略性新兴产业的发展,积极争取国家对甘肃省的各项优惠政策,减少不必要的收费,减轻税负,将优惠政策发挥到极致。并且设立对甘肃省战略性新兴产业的各项补贴,尽量降低甘肃省战略性新兴产业发展的压力。创新投资方式,将民间资本引入急需资金的新兴产业,使得投资形成"投入—发展—再投入"的良性循环。[79]

(二) 拓宽民间投资渠道

积极鼓励金融机构为民间资本投资创造有利条件。一方面鼓励金融机构创新金融工具,既可以为民间资本参与甘肃省战略性新兴产业提供新的渠道,还能促使金融机构共同参与的积极性;另一方面可以加快甘肃省风险投资领域发展,尽可能借鉴风险投资成熟的国家和地区的经验,完善风险投资机制。扶持成立一批风险投资公司,打破甘肃省风险投资机构稀少的现状,扩大风投资金

来源，给民间资本创造新的投资方式，提高民间资本投资甘肃省战略性新兴产业的专业性。

（三）降低民间资本的投资风险

降低甘肃省战略性新兴产业的投资风险是引导民间资本参与的关键一步。事实上，提高公司的创新能力，会降低投资风险。第一，甘肃省战略性新兴产业的各个企业应该着眼于长远发展，从根本上提高企业的创新能力。[79]实行人才战略，吸引大量的相关专业型的人才，实行大量优惠政策，留住人才。不仅不让甘肃省人才外流，而且也要吸引外省的优秀人才。依靠人才推动企业的技术进步，掌握核心技术，以技术带动市场，提升产品的竞争力。第二，加强企业内部治理，降低企业管理风险，促进企业健康发展。[80]甘肃省战略性新兴产业企业应该注重企业内部管理，健全风险管理机制，加强企业财务管理，充分发挥会计对企业运营的监督职能，帮助管理层将企业风险降到最低或者是可控范围内。

（四）完善社会化服务环境

完善投资融资的社会化服务体系是改善甘肃省民间资本投资环境的重要部分，对促进民间资本参与甘肃省战略性新兴产业具有重要的意义。

一是要发挥政府宏观调控的作用，在管理审批工作中坚持公正、高效，促使民间资本能够顺利进入甘肃省战略性新兴产业。二是完善征信、担保、咨询、技术法律等相关中介服务，搭建各方互联互通机制，对民间资本投资的可行性、风险性、收益性等各方面进行一整套评估咨询服务。[81]三是建立起严格的信息披露制度和高效的信息服务平台，对接政府部门金融机构、战略性新兴企业、民间资本投资者和监管部门，使得相关主体都能快速及时地获取信息。

六、结语

我国自改革开放以来，民营经济在我国经济发展中成为一大特色，民间资本更是国民经济的活力所在。虽然我国战略性新兴产业已经对民间资本开放，但"可以进入"也只是意味着刚刚开始。面对甘肃省的大量民间资本，如何科学引导，将相关政策落实，既可以避免民间资本进入战略性新兴产业不畅的问题，又可以为甘肃省战略性新兴产业注入活力，这是甘肃省有关部门今后应着重思考的问题。

第四章

小微民营企业融资问题研究

小微企业和民营企业是我国经济和社会发展中的一股重要力量。近年来，国家相继出台了许多鼓励和扶持政策，小微企业和民营企业整体发展环境得到了很大改善，但"融资贵"仍然是小微企业和民营企业发展的重要障碍。

第一节 降低小微企业融资成本的金融服务体系研究

由于目前甘肃兰州小微企业的发展现状以及在当地经济发展中的重要作用，解决甘肃兰州小微企业"融资贵"问题是当务之急。本节通过对甘肃兰州小微企业的注册时间、登记注册类型、行业分布、地区分布等基本情况，以及资产分布状况和资金持有状况的深入分析，说明甘肃兰州小微企业正处于经济社会发展的重要战略机遇期，研究构建包括主要融资经营机构、次要融资经营机构、辅助融资服务机构、信用服务机构及保障服务机构为一体的专业化和多层次、多维度的金融服务体系，是降低甘肃兰州小微企业融资成本的有效途径，从而更好地支持本地经济的发展。

一、引言

党的十八大报告提出"支持小微企业特别是科技型小微企业发展""促进创新资源高效配置和综合集成，把全社会智慧和力量凝聚到创新发展上来"。小微企业是中国企业最为活跃和最具潜力的群体，激发小型微型企业发展活力，对支撑经济发展，深化国家创新体系建设具有十分重要的意义。近年来甘肃兰州小微企业发展势头迅猛，在吸纳劳动力、缓解就业压力等方面做出了巨大的贡献。另外，甘肃兰州正处于经济社会发展的重要战略机遇期，建设现代金融服务体系，提升金融服务的质量和效率，促进甘肃省金融业的稳定发展，可以提升经济社会的资源配置能力，为转变发展方式，优化经济结构，实现甘肃省跨越式发展目标提供支撑。因此，研究构建降低甘肃兰州小微企业融资成本的金融服务体系，对其更好地支持本地经济发展，开拓新的利润增长点具有十分重要的现实意义。

二、文献综述

（一）国外研究

国外学者对小微企业融资成本和金融服务体系进行了研究，主要是研究金融服务体系功能的发挥及金融中介机构在节约信息与交易成本方面的作用。莱文（Levine，1997）、蓬托斯·汉森（Pontus Hansson）和拉尔斯·乔农（Lars Jonung，1997）的研究均显示，金融服务体系的结构不同，发挥的主要功能也有所不同，世界银行的布瓦罗·德布雷（Boyreau Debray，2003）认为，金融服务体系更多元化的省份，经济增长更快。斯蒂格利资（Stiglitz，1981）认为，金融市场上普遍存在信息不对称问题，会导致逆向选择和道德风险问题，增加小微企业的融资成本。

（二）国内研究

国内学者围绕如何解决小微企业"融资贵"的问题，提出了不同的见解。

1. 通过改革金融机构来解决小微企业融资贵问题。张郁（2012）根据小微企业的融资需求特点和城市商业银行经营的特点，提出要破解小微企业融资贵问题，必须把城市商业银行打造成小微企业融资的专营银行，使之成为区域内小微企业融资的主要力量。[82]唐秋风（2014）认为集群化发展对于降低小微企业的融资成本，提高小微企业向金融机构申请贷款获批的概率，以及扩大金融机构对小微企业贷款规模方面具有明显的优势。[83]吴靖烨（2014）基于对无锡市小微企业及各类金融机构的调研，逐一探讨了银行、担保公司、小贷公司、典当行、风险投资公司和第三方理财机构各融资渠道的特点，分析了小微企业融资问题的原因。[84]段应碧（2015）通过与贫困农户贷款的经验比较，提出了降低小微企业金融结构准入、放宽小贷公司融资杠杆比例、为小贷机构减免税收等建议。[85]金荣学、龙小燕（2014）在分析科技型小微企业融资特点和总结其融资模式的同时，从政府、金融机构和金融中介服务机构的角度，提出了完善科技型小微企业金融服务体系创新对策。[86]

2. 通过"融资制度创新"提高小微企业融资力来解决融资贵问题。何健聪（2011）以实地调查数据和资料为依据，从"开源"和"节流"两个角度，观察小微企业的融资情况，分析融资贵的原因，将金融政策、税收政策和其他经济政策综合考量，提出解决当前小微企业融资贵问题的建议。[87]祝健（2013）指出，通过完善银行风险定价机制，探索创新互助抵押贷款、互助合作基金、网络联保贷款融资模式以完善融资制度与优化融资环境，能够有效降低小微企业融资成本，缓解其融资贵问题。[88]高广智（2013）通过对陕西省小微企业融资成本调查研究，提出建立现代企业制度、提高企业核心竞争力、加强与银行的交流沟通、金融机构要建立科学合理的定价机制等针对性政策建议。[89]宋文祥、宋哲（2014）通过介绍国外降低小微企业融资成本的先进经验，结合国内经济金融发展实际，提出推进互联网金融新模式、建立小微企业政策性银行、加快"新三板"市场建设等建议，拓宽直接融资渠道，降低小微企业融资成本。[90]

3. 通过建立征信系统，优化信用环境，促进企业信用合作缓解融资缺口。魏国雄（2010）为解决大企业、大项目与小微企业争抢资源的问题，提出应当把有限的信贷资源进行切分，推出切分信贷计划，以确保小微企业融资供给，对其实行特别利率等鼓励和增加小微企业融资供给的政策。[91]李佳伟（2015）通过总结归纳降低 P2P 融资成本的可行性条件，针对信息效率成本、信用风险成本、网络技术成本三个条件分别提出降低 P2P 融资成本的具体措施。[92]

4. 通过互联网金融的融资降低小微企业融资成本。卢馨（2014）基于传统金融环境下小微企业融资难的现实，研究了互联网金融环境下小微企业的融资成本。用数据证明互联网金融在降低小微企业融资成本上所体现的优势和潜力。[93]

5. 通过金融服务体系为小微企业融资提供支持。汤荣敏（2016）通过小微企业融资现状的分析，对当前小微企业融资难的原因深入探讨，提出构建和优化小微企业金融服务体系的对策和建议。[94]赵玲（2016）提出通过政府推进与市场化相结合，完善多维度金融服务体系，为小微企业的发展提供有力的金融支持。[95]

通过对近几年文献资料进行深入研究，经实践探索和理论研究，总结出构建一个适合区域自身实情的专业化和多层次、多维度的现代金融体系才是降低甘肃兰州小微企业融资成本，解决小微企业融资贵问题的根本途径，是金融改革创新、支持区域经济发展的一个全新思路和一种有效模式。

三、甘肃兰州小微企业融资基本情况

2013年底,甘肃兰州经济总量不断扩大,共有第二产业和第三产业的企业法人单位25 007家,其中,有第二产业和第三产业的小微企业法人单位23 633家,占全部企业法人单位总数的94.5%,比2008年末的14 344家增加了9 298家,增长了39.3%。

从注册时间来看,2001～2005年注册4 359家,占小微企业总量的18.4%,2006～2010年注册8 081家,占34.2%,2010～2013年注册8 148家,占34.5%,从注册时间上不难看出,2001年之后甘肃兰州小微企业发展较快,2010年以后进入迅速蓬勃发展阶段。

从行业分布来看,截至2013年底,在全部小微企业法人单位中,位居前五位的行业依次为:批发业7 103家,占小微企业总数的30.1%;零售业3 671家,占15.5%;制造业310家,占13.1%;租赁和商务服务业2 484家,占10.5%;建筑业1 065家,占4.5%。

(一) 登记注册类型以民营企业和有限责任公司位居前列

2013年底,甘肃兰州有23 633个小微企业法人单位,其中,内资企业占99.46%,外商投资企业占0.3%,港、澳、台商投资企业占0.24%。在内资小微企业法人单位23 507家中,民营企业和有限责任公司分别居前两位,分别占55.8%和25.4%,合计占小微企业法人单位总数的81.24%。(见表4-1和图4-1)

表4-1 按登记注册类型分组的小微企业法人单位统计

注册类型	企业法人单位（家）	小微企业法人单位数（家）	不同注册类型的小微企业法人单位数占比（%）
国有企业	630	595	2.53
集体企业	635	600	2.55
股份合作企业	269	254	1.08
联营企业	62	59	0.25
有限责任公司	6 318	5 971	25.40
股份有限公司	762	720	3.06
民营企业	13 889	13 126	55.84

续表

注册类型	企业法人单位（家）	小微企业法人单位数（家）	不同注册类型的小微企业法人单位数占比（%）
其他企业	2 307	2 180	9.27
合计	24 872	23 505	100.00

资料来源：国家统计局网站、第三次全国经济普查公报。

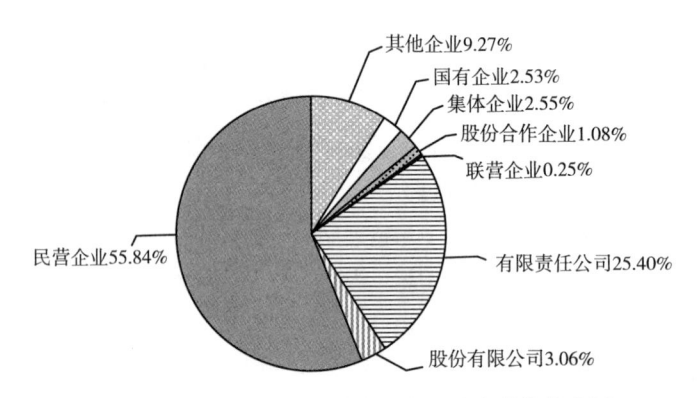

图 4-1　不同类型的小微企业企业法人单位数比例

资料来源：国家统计局网站、第三次全国经济普查公报。

（二）地区分布以城关区和七里河区占绝大多数比重

2013 年底，甘肃兰州小微企业法人单位在八个县区的分布依次为城关区 14 968 家，占 63.3%；七里河区 3 843 家，占 16.3%；永登县 1 084 家，占 4.6%；安宁区 926 家，占 3.9%；西固区 909 家，占 3.8%；榆中县 835 家，占 3.5%；红古区 537 家，占 2.3%；皋兰县 531 家，占 2.3%；城关区和七里河区的小微企业几乎占兰州市的八成。（见表 4-2 和图 4-2）

表 4-2　按地区分组的小微企业法人单位数

地区	法人单位数（家）	法人单位数地区占比（%）
城关区	14 968	63.34
七里河区	3 843	16.26
西固区	909	3.85
安宁区	926	3.92
红古区	537	2.27
永登县	1 084	4.59

续表

地区	法人单位数（家）	法人单位数地区占比（%）
皋兰县	531	2.25
榆中县	835	3.53
总计	23 633	100.00

资料来源：国家统计局网站、第三次全国经济普查公报。

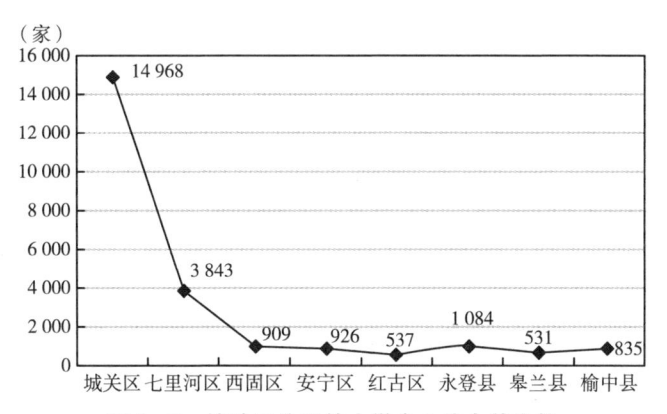

图 4-2　按地区分组的小微企业法人单位数

资料来源：国家统计局网站、第三次全国经济普查公报。

（三）按行业分组的小微企业法人单位数和资产分布状况

截至 2013 年底，甘肃兰州小微企业法人单位资产总计 4 737.42 亿元，占全部企业法人单位资产的 32.9%。其中，位居前三位的行业分别是：租赁和商务服务业 1 595.24 亿元，占 33.7%；工业 810.23 亿元，占 17.1%；房地产开发经营 711.16 亿元，占 15.0%。（见表 4-3 和图 4-3）

表 4-3　　　按行业分组的小微企业法人单位和资产分布状况

行业	企业法人单位（家）	资产总计（万元）	资产占比（%）	单位企业资产（万元/家）
工业	3 357	8 102 300	17.10	2 414
建筑业	1 065	1 589 300	3.35	1 492
交通运输业	449	528 300	1.12	1 177
仓储业	97	882 500	1.86	9 098
邮政业	28	25 400	0.05	907
信息传输业	131	117 000	0.25	893
软件信息技术服务业	500	436 900	0.92	874

续表

行业	企业法人单位（家）	资产总计（万元）	资产占比（%）	单位企业资产（万元/家）
批发业	7 103	6 641 100	14.02	935
零售业	3 671	1 315 700	2.78	358
住宿业	297	285 000	0.60	960
餐饮业	530	191 800	0.40	362
房地产开发经营	509	7 111 600	15.01	13 972
物业管理	490	723 400	1.53	1 476
租赁和商务服务业	2 484	15 952 400	33.67	6 422
其他未列明行业	2 922	3 471 500	7.33	1 188
合计	23 633	47 374 200	100	2 005

资料来源：国家统计局网站、第三次全国经济普查公报资料，作者汇总计算而得。

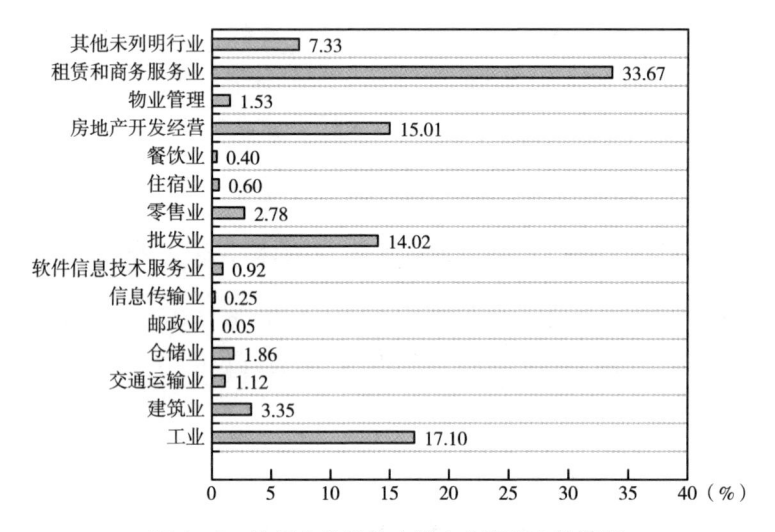

图 4-3 按行业分组的小微企业资产占比情况

资料来源：国家统计局网站、第三次全国经济普查公报资料，作者汇总计算而得。

四、甘肃省降低小微企业融资成本的措施

2015 年，甘肃省政府建立了小微企业互助贷款风险补偿担保基金，主要采取政府提供"风险补偿金"，企业提供"互助担保金"，撬动银行放大比例发放贷款的方式，建立了小微企业互助贷款风险补偿担保"基金池"。甘肃省政府首先与甘肃银行签订协议，开展小微企业互助担保贷款工作试点。2016 年甘肃省小微企业互助担保贷款放贷量明显增长，截至 2016 年底，已累计为

近2 100家小微企业发放互助担保贷款81.8亿元。这一融资模式属全国首创,在一定程度上缓解了小微企业融资难、融资贵问题。

从放贷情况来看,取得了初步成效。首先,从产业领域情况来看,第一、第二、第三产业贷款分布基本平均,第一产业贷款企业643家、贷款金额27.7亿元、占贷款总额的33.9%;第二产业贷款企业434家、贷款金额26.9亿元、占贷款总额的32.9%;第三产业贷款企业1017家、贷款金额27.2亿元、占贷款总额的33.3%。其次,从地域来看,天水、白银、酒泉贷款量位居各市州前三名,分别为35亿元、11.2亿元和10亿元。再其次,从银行情况来看,四家银行放贷量较大,分别为甘肃银行放贷953家,为50.1亿元,建设银行放贷639家,为8.8亿元,农业银行放贷87家,为6.8亿元,兰州银行放贷158家,为6.4亿元。最后,从行业划分来看,重点分布在农林牧渔业、制造业、批发和零售业、建筑业、住宿和餐饮业。其中农林牧渔业贷款企业643家,贷款金额27.7亿元,占贷款总额的33.9%;制造业贷款企业294家,贷款金额17.7亿元,占贷款总额的21.6%;批发和零售业贷款企业613家,贷款金额16.1亿元,占贷款总额的19.7%;建筑业贷款企业77家,贷款金额5.8亿元;住宿和餐饮业贷款企业177家,贷款金额5亿元。

然而,为了降低甘肃兰州小微企业融资成本,彻底解决小微企业融资难、融资贵的问题,使融资在各领域和各产业广泛分布,遍布各地域各州市,获得多家银行积极参与支持,惠及省内众多行业,促使甘肃兰州小微企业更好地支持本地经济发展,开拓新的利润增长点,就必须构建专业化和多层次多维度的小微企业现代金融服务体系。

五、构建甘肃兰州小微企业现代金融服务体系

(一) 专业化和多层次多维度的小微企业现代金融服务体系的模式

专业化和多层次、多维度的小微企业现代金融服务体系由直接从事金融业务服务的企业和间接从事金融业务服务的企业两部分构成。国有银行、股份制银行、城市商业银行、农村商业银行、邮政储蓄银行等作为主要融资经营机构是小微企业主要的融资渠道;证券、保险、租赁、信托、基金管理、财务公司、信用合作组织等非银行金融机构通过发行股票和债券、接受信用委托、提供保险等形式为小微企业筹集部分资金;典当行、担保公司、小额贷款公司等从事金融业务的非金融机构可为小微企业注入大量的民间资本,构成小微企业辅助融资服务机构;信用评级公司、金融风险评估公司、再担保公司等为小微

企业提供信用评级和担保服务；会计师事务所、审计事务所、律师事务所、信息咨询服务公司等为小微企业提供法律环境和咨询保障服务（见图4-4）。

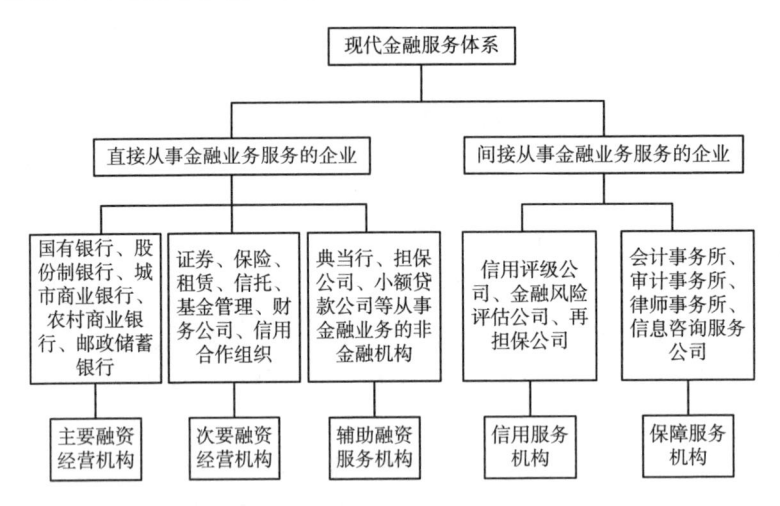

```
                        现代金融服务体系
                              │
            ┌─────────────────┴─────────────────┐
    直接从事金融业务服务的企业              间接从事金融业务服务的企业
            │                                    │
    ┌───────┼───────┐                    ┌───────┴───────┐
国有银行、  证券、保险、  典当行、担保    信用评级公司、    会计事务所、
股份制银行、租赁、信托、  公司、小额贷    金融风险评估      审计事务所、
城市商业银行、基金管理、  款公司等从事    公司、再担保      律师事务所、
农村商业银  财务公司、   金融业务的非    公司              信息咨询服务
行、邮政储蓄信用合作组织  金融机构                         公司
银行
    │           │           │                │               │
主要融资     次要融资    辅助融资        信用服务          保障服务
经营机构     经营机构    服务机构        机构              机构
```

图4-4　专业化和多层次、多维度的小微企业现代金融服务体系

（二）构建专业化和多层次、多维度的小微企业现代金融服务体系的关键

构建专业化和多层次、多维度的小微企业现代金融服务体系，关键是要由具有门类齐全的现代金融机构，结构合理、层次递进的金融市场，功能完善的金融基础设施，规范有序、高效安全的金融发展环境等组成的提供全方位、多层次、创造性、高效率金融服务的现代化综合服务体系。需要注重在动态发展视角下看待金融服务体系与金融生态环境的关系，金融主体和其赖以存在和发展的金融生态环境有机结合，两者之间相互依存、相互制约构成动态平衡系统。

（三）构建专业化和多层次、多维度现代金融服务体系对降低小微企业融资成本的贡献

由财政出资构建专业化和多层次、多维度的小微企业现代金融服务体系，有利于从宏观上解决小微企业融资贵的难题。

首先，可以解决无抵押不贷款的问题。以财政扶持资金作为保证金，由银行为有资质的小微企业发放等同于担保金相应倍数的贷款，由银行与小微企业服务机构共同承担到期无法归还本息的风险，完善小微企业贷款风险补偿机制，为发展前景良好但缺乏有效抵押物的小微企业解决融资难题。

其次，由构建专业化和多层次、多维度的小微企业现代金融服务体系设立"应急基金"有助于破解小微企业"过桥贷"资金的风险。由该现代金融服务体系指导监督小微企业筹资，并将所筹资金存放于银行业金融机构的小微企业"应急基金"，以较低的利率发放给在银行办理续贷过程中出现临时资金短缺的小微企业，降低小微企业资金链断裂风险，维持其健康持续的发展。

最后，在构建专业化和多层次、多维度的小微企业现代金融服务体系设立咨询服务部门，为小微企业的经营管理提供指导性建议，降低小微企业由于缺乏经验在经营过程中遇到的一些风险，以促进小微企业健康发展。

第二节 小微企业融资现状及对策探究

小微企业是中国企业最为活跃和最具潜力的群体，激发小型微型企业发展活力，对支撑经济发展，深化国家创新体系建设具有十分重要的意义。本节从甘肃省兰州市小微企业发展现状出发，分析当前小微企业存在的若干问题，在此基础上提出了相关措施，以降低小微企业融资成本。

小微企业是小型企业、微型企业、家庭作坊式企业、个体工商户的统称。我国小微企业占企业总数的97.3%，它们是国民经济和社会发展的重大基础，在扩大就业、增加税收、促进稳定、发展经济等方面具有举足轻重的作用，因此，扶持小微企业成长，促进小微企业发展意义重大。但是，小微企业面临着融资难、融资贵的困境，已严重制约了其自身发展，能否有效解决此问题是小微企业健康持续发展的关键。本节以甘肃省兰州市小微企业为例，分析当前小微企业发展中存在的问题，在此基础上指出小微企业自身、政府部门，金融机构等方面都要采取相关措施，以降低其融资成本。

一、兰州市小微企业发展现状

小微企业是中国企业最为活跃和最具潜力的群体，激发小型微型企业发展活力，对支撑经济发展，深化国家创新体系建设具有十分重要的意义。甘肃省兰州市小微企业发展势头迅猛，在吸纳劳动力、缓解就业压力等方面做出了巨大的贡献。

第三次全国经济普查结果显示，2013年末，兰州市经济总量不断扩大，全市共有第二产业和第三产业的企业法人单位25 007个，其中，有第二产业和第三产业的小微企业法人单位23 633个，占全部企业法人单位的94.5%，比

2008年末的14 344个增加了9 298个，增长了39.3%。

1. 从开业时间来看。1949年前的仅1个，1950~1991年有596个，1992~1995年有563个，1996~2000年有1 876个，2001~2005年有4 359个，占18.4%，2006~2010年有8 081个，占34.2%，2010~2013年有8 148个，占34.5%，从开业时间上不难看出，兰州市的小微企业发展在1996年之后迈上第一个台阶，2006年之后跨入第二个台阶，2010年则为蓬勃迅速发展阶段。

2. 从从业人员和资产总计来看。2013年末，兰州市第二产业和第三产业法人单位从业人员114.62万人，其中，小微企业从业人员34.61万人，占全部企业法人单位从业人员30.2%。位居前三位的行业是：工业94 236人，占27.2%；批发业46 922人，占13.5%；建筑业43 487人，占12.6%[①]。

二、兰州市小微企业发展存在的主要问题

1. 融资成本高、融资渠道狭窄、融资量少。兰州市小微企业的融资依靠其自身资本利润率的积累。据统计，民营企业运营资金来源的26%是依靠内部留存收益积累的资金，其中小微企业这一比例更高。对于银行等金融机构来讲，仍然存在对大企业"挣贷"，对小微企业"惜贷"的现象，在小微企业看来，银行业金融机构贷款的"门槛高、周期长、担保大"等要求更使其望而却步。

小微企业在经济组织中占有比例非常大，其生产经营灵活的特点造成了小微企业资金占有率低，变现力强，存货周转率高，对提供广泛的就业岗位和增加社会财富都有很大的积极作用。可是由于小微企业一般规模较小、抗风险能力较弱，财务制度不完善，缺乏完整的信用记录，对融资信用的重视程度不够，所以也造成了其不能很好地从金融机构贷款；即使执行国家经济政策对小微企业进行信贷扶持，金融机构也因为上述原因减少对小微企业的融资数量。

2. 产业结构亟待优化。兰州市小微企业大部分集中在批发零售业、建筑业等传统行业，"低、小、散"的现象难于改变，不利于企业规模扩张和产业升级。大部分小微企业属劳动密集型企业，市场竞争力和抗风险能力比较薄弱。

3. 经营管理亟待改善。小微企业的经营管理大部分还停留在家族式管理模式，企业内部管理落后，部分企业管理比较粗放，运作不够规范，财务管理等制度不够健全。行业管理不够完善，容易出现拼量压价的无序竞争。信息渠

---

① 国家统计局网站、第三次全国经济普查公报资料，作者汇总计算而得。

道不够通畅，对各级政府的优惠扶持政策掌握不全，往往符合优惠政策条件而没有积极主动争取。

4. 创新能力亟待增强。小微企业中科技型、创新型企业偏少，技术含量整体不高。企业对科技研发投入较低，缺乏创新人才，在自主创新、产学研合作等方面进展缓慢。技术改造和新产品开发滞后，产品质量和档次不高，很多企业都是代加工或贴牌生产，普遍缺乏核心技术和自主品牌，处在"微笑曲线"的底端。

三、降低小微企业融资成本的相关对策

1. 企业自身。小微企业由于自身的缺陷，尤其是生产经营的漏洞，使得本来抗风险能力就很弱的小微企业经营步履维艰。为此，小微企业要加快自身产业体制改革，实现经营专业化，加强自身品牌建设，重视自身资本的积累和发展，强化自身信用观念，要健全财务制度，规范会计核算方法，真实、客观、有效地反映企业的财务和经营状况，提高财务状况的透明度和可信度。树立牢固的信用意识，通过企业良好的信誉和形象来赢得银行的信任和支持，建立银企之间信息交流与合作平台。企业信息要尽量做到公开化，便于银行等金融机构更好更快地了解企业的经营状况和资金需求情况，以便减少小微企业贷款的隐性费用。

2. 市政府方面。欧美等发达国家的经验表明，中小企业是主要的创新力量，并因而形成了"小的是美好的"的共识。为支持中小企业发展，欧美等国家普遍通过将中小企业发展政策至于国家经济发展的战略高度，设立以政府为主体的中小企业管理机构，建立起包括中小企业基本法在内的完备法律体系，制定涵盖财税、金融、创新的政策措施等方式支持中小企业发展，并取得了良好的效果。但是，兰州市中小企业特别是小微企业仍属于"弱势群体"，其生存环境仍不容乐观，尽管政府提出要大力支持小微企业发展，但小微企业在融资、税费、市场准入、技术创新等方面并没有享受到具有较高含金量的优惠政策。因此，兰州市政府为了加快小微企业的健康发展，还需要做好以下三个方面的工作。

（1）落实扶持政策，加大培育力度。积极应对宏观经济形势，及时制定出台一系列促进小微企业健康发展的政策，通过加强财税支持、搭建发展平台、推进企业兼并重组等措施，帮助企业加快结构调整和转型升级步伐。加强对收费项目的清理规范和收费验审，取消各项不合理收费，切实减轻小微企业负担。

（2）努力缓解小微企业融资难题，建立重点工业项目和企业资金需求库，向金融机构重点推介有资金需求的重点项目以及成长性好的小微企业。切实加强对各类担保机构的监督管理，着力规范融资行为。大力推动小微企业创业基地建设，为小微企业提供创业指导、管理咨询、培训业务等方面的服务，促进小微企业集聚发展。通过举办人才招聘会、人力资源交流大会等形式，帮助小微企业搭建人才引进平台。开展企业家培训交流活动，开阔视野，提升素质，推动企业管理和制度创新。

（3）构建兰州市企业信用评价体系。小微企业贷款需求与银行信贷供给之间的信息不对称是融资难的最主要原因。随着经济的不断发展，兰州市经济个体的数量越来越多，融资需求越来越大，这就需要不断提高交易中的信息的质量。而作为具体的经济个体，银行和企业相互的判断却越来越模糊，交易风险的不确定性也随之增加。对于银行来说，企业信用评价依据信贷记录，而没有发生过信贷关系的企业，银行难以甄别；从企业自身层面来看，财务管理不规范，信息不透明，甚至有个别企业恶意逃废债务，都使得企业难以得到金融机构贷款的支持。对于政府来说，企业的信用信息分散在各个主管部门，无法实现资源共享，统一管理。因此，急需构建兰州市企业信用评价体系，提高信息征集效率，实现资源共享。

3. 金融机构方面。

（1）鼓励金融机构进行金融创新。除了金融产品创新，金融机构应该继续加大贷款方式的创新。鼓励发展"基地+农户""商城+个体"等担保新模式，向小微企业客户宣传公务员担保、动产担保、土地使用权担保、农房抵押担保等新型担保方式。还可以鼓励银行通过与行业组织签订战略合作协议，实现小微企业融资的"批量化"。小微企业不像大企业拥有很多厂房、设备等固定资产，抵押物品少，不易获得贷款。针对这些问题，要鼓励银行业通过与行业协会、同业公会、商会等签约合作，组团支持小微企业。

（2）推进互联网金融新模式——直销银行。互联网金融依托移动支付、云计算、社交网络和搜索引擎，相对于传统金融而言，它打破了地域的局限，让资金可以顺畅地从一、二线高地向三、四线低谷流动，既能满足资金高地的投资需求，又能满足资金低谷的融资需求，有利于增加资金的供给，并在降低银行成本的同时，降低小微企业融资成本。2013年9月18日，北京银行宣布与其境外战略合作伙伴荷兰ING集团联手推出中国第一家直销银行。这种不以柜台为基础，打破时间、地域、网点等限制的新型银行经营模式，通过降低线下开办物理网点的租金和维护费用，包括人工维修、安防等设施的配备，降低了银行的经营成本，因而可以为客户提供更有竞争力的存贷款价格以及更低的手续费率。兰州市可以效仿此做法，大力推进直销银行的建设。

（3）建立利益导向机制引导中小金融机构支持小微企业。兰州银行是一家专门从事中小企业金融服务的区域性中小银行，支持中小企业发展是兰州银行的市场定位和战略选择。在支持小微企业时，具体做法主要有以下三个方面。

第一，探索多种形式的风险防控措施；第二，将产品创新作为赢得客户的源泉；第三，采取"质押+保证金+联保"等方式，即以库存商品进行质押，商户之间3人1组提供联保，质押率为50%，如有必要，则由联保客户之间每人存入一定比例的保证金，而且合计保证金至少可以覆盖借款人的贷款本金，这样大大降低了银行的贷款风险。根据信贷担保方式的不同，兰州银行积极开展产品创新，实施产品"一户一策"政策，满足不同发展阶段，同一客户不同需求，以最大的真诚和最好的态度为其"量身定做"信贷产品。依靠产品、服务和效率，兰州银行给客户带来的综合价值要高于其他银行，客户具有很高的忠诚度，兰州银行在本地小微企业贷款市场份额稳居第一。

由于以城市商业银行为代表的中小金融机构异军突起，为满足中小企业的融资需求、促进中小企业的发展发挥了巨大的作用。因此，在现阶段，支持小微企业发展的有效方式是支持城市商业银行等中小金融机构的发展，但是单纯依靠口号或行政命令难以调动中小金融机构支持小微企业的积极性，如果政策导向不能完全与金融机构的自身利益相吻合，政策的效力就会大打折扣，因而必须建立利益导向机制，引导中小金融机构更好地支持小微企业。建议对专营中小企业服务的中小商业银行，在信贷政策、税收优惠（如小微企业贷款的营业税实行"五免三减半"政策，小微企业贷款拨备税前列支）等方面给予一定的倾斜，鼓励中小商业银行进一步加大对小微企业的支持力度。

第三节　民营企业融资渠道现状及对比分析

回首过往的市场实践经历，不难发现民营企业的地位不可撼动，它为社会主义市场经济提供了新的发展方向。市场经济快速发展的过程中，民营企业的带动作用越来越显著。正如每件事都具有两面性，在民营企业为国家经济发展开阔一条全新的道路时，其缺点和困难也随之而来，占据首位的当属民营企业的融资问题。要使其高质量和迅速地发展，就必须解决融资困难的问题。本节通过对比分析法，分析了甘肃民营企业不同融资渠道的现状及融资困难原因，并提出了相应的建议，希望对甘肃民营企业融资问题能有所帮助。

一、甘肃省民营企业综述

（一）甘肃省民营企业的发展现状

1. 经济规模现状。自 2015 年来，甘肃省的民营企业注册数量逐渐增加，增长速度较快。通过对官方数据的分析，我们不难发现，2011~2015 年，甘肃省民营企业为整个省增加了 1 094.04 亿元的收益，这样快速的经济效益增长，有力地推动了甘肃省的经济建设与发展。除此之外，甘肃省注册的民营企业用户数量也在不断地增加，从 2011 年的 70 多万户增加到 2015 年的 120 万户。4 年的时间经济收益增加了 60.53%，民营企业数量增加了 58.71%。最新的调查显示，截至 2018 年 3 月底，甘肃省民营企业已达 140 万，且呈现继续上升的趋势，占据了市场经济的半壁江山。其对甘肃省经济发展的重要性不言而喻。

2. 产业结构现状。就产业类型来看，目前甘肃民营企业的第一产业逐渐衰退，第二产业高速增长，优势较为明显，而第三产业份额很小。但是如果从每个行业的所占比例来分析，结果就不尽相同，占据首位的则是制造业。2017 年的甘肃省民营企业 50 强榜单显示：绝大部分强劲的民营企业在每一个行业都有所涉猎，无论是传统行业还是新兴行业。总体来看，绝大多数甘肃的民营企业所处行业都是一般竞争性产业，在医疗卫生、交通与运输、教育等产业民间投资数额很小，在公共服务领域，基本属于零涉入阶段。[106]

3. 就业规模现状。甘肃省民营企业的扩增在一定程度上增加了甘肃省人民的就业率，2011~2015 年这 4 年间，约 370 万的人通过民营企业的渠道实现了就业，这对甘肃省的经济发展起到了推动和保障作用，扩大了就业与再就业规模，提高了甘肃省人民的生活水平。

（二）甘肃省民营企业的发展阻碍

1. 自身问题。

（1）资金约束。资金不足是严重约束甘肃民营企业发展一个难题。一方面，甘肃民营企业自有资金较少，信用值低，缺乏担保，财务状况难以达到能够向银行申请贷款的条件；另一方面，不得不提的是由于先天发展较慢，甘肃省的经济条件不够发达，没有大城市那种金融融资机构，在与国企同时争取金融业务时，因其诚信度和影响力的不足往往缺少竞争力，难以达到自己的目的与效益目标。除此之外，民营企业在资金方面往往具有风险大和不稳定的投资特点，在银行的资金贷款中往往会受到限制。[107]

(2) 结构约束。甘肃民营企业中的强劲企业所涉及的产业多数还是集中于第二产业和房地产业。从分布来看，甘肃民营企业仍集中在劳动密集型以及资源密集型产业，产业结构层次不尽合理。

(3) 人才约束。民营企业在选人时，多数采用"拿来主义"，没有招聘计划，往往"现用现招"，而且多数只要求应聘者的学历，很少采用各种综合方法去考察应聘者的职业能力。企业对于人力资源管理意识淡薄，且对其作用存在不充分的认识，固执认为人力并非资源而是成本。另外，家族式管理企业往往在企业内部充斥着本家族成员，而真正的人才在企业中难以彰显本事，也很难得到尊重和归属感。同时绩效考核与评估体系不健全，挫伤人才的积极性，增加了企业人才的流失率。众所周知，人才稳定对于企业的积极意义是非常巨大的，人才流失对企业的消极作用也是非常强的。

(4) 技术约束。由于我国长久以来的发展问题，东部沿海地区相对于西部较发达，甘肃处于我国的西北部，先天条件和地理位置都不占据优势，人才流失严重，民营企业的出现也较晚，不够成熟，较为落后，所以普遍没有强大的技术支撑民营企业的发展。

2. 外部制约。

(1) 经济基础薄弱，经济规模较小。甘肃整体经济总量有限，由于发展落后，甘肃省一直呈现着人民收入少、地方经济困难、商业不发达的景象。由于发展与地域问题，甘肃省是我国在飞速发展过程中暂时落后的一环节，经济基础不足以支撑商业的发展。[108]

(2) 基础设施建设相对滞后。众所周知，一个地方要想高速的发展，必须得到基础设施建设的保障。甘肃省处于我国西部地区，地形和自然条件都不利于基础设施的建设，整个省份发展较慢，主要体现在交通运输和IT通信行业，使甘肃民营企业很难跟上国家乃至世界的经济发展步伐。基础设施的建立还存在问题时，就不难理解政府更没有精力花费在民营企业的建设上。

(3) 政策施行存在难度。因为发展缓慢，政府在处理甘肃省民营企业经营问题时，也没有完善的应对方案，软环境依旧是民营企业发展的制约因素，地理条件不好、交通不便利、资金流动存在众多问题，这些都是民营企业在经营和发展时需要解决的政策问题，然而甘肃省出台的为解决民营企业在市场中问题的政策在具体的实践过程中也存在着不同程度的困难。

(4) 中东部民营企业的大量扩张。中东部地区借改革开放的势头，凭借自身区位与自然条件的优势，得到了优先和充分的发展。在这些企业发展逐渐成熟时，他们渐渐地把西部也作为自己接下来要开阔的市场领域，浙江省民营企业尤为突出,其民营企业占甘肃省民营企业的1/2,有高达28万的非本省份人员在此工作。仅浙江一个省的民营企业数量就如此庞大,可见甘肃省面临的外省竞争对手之多。经济效益的提高为其他省份人民带去的福利要比甘肃省人民高得多,与此同时也形成了资金外流的局面。

二、甘肃省民营企业融资状况分析

(一) 内源融资为主

内源融资占据了甘肃省民营企业融资渠道的主要地位。据官方数据报道,甘肃省民营企业的兴起都是依靠现有的资金链建立的,在没有资金的保障下,其发展有种寸步难行之势。无论其创业处于何种阶段,内源融资都是甘肃民营企业的融资依靠。[109]

(二) 外源融资为辅

1. 间接融资增长迅速但是比重偏小。随着社会经济的发展以及国家政策的扶持,甘肃民营企业的资金链也在发生着改变,在顺应市场做出相应的改变,不能完全依靠内源融资成了其在发展过程中做出的重要的决定,因而民营企业出现了间接融资。但是据统计,银行贷款中超过60%的部分不能满足企业发展的需要,而甘肃民营企业工业总产值占全省的40%~50%,对其贷款仅为5.34%。由于种种原因,其获得贷款的比重还是难以达到满足其需求的程度。

2. 间接融资受限于企业规模,数量特别少。民营企业相对国有企业和外企,在规模上相对较小,很难达到上市公司的融资规模与效益,它作为个体,可以发行公司债券的可能性甚至更低。因为国家对企业债券的发行进行规模管理,并在规模上设定不同指标和担保条件,而且条件十分严格,加之在安排债券发行计划时,最先照顾的是基础设施建设、农业和城市公共建设有关的事项,与很多大型国有企业相比,民营企业通常争取不到发行额度,其融资问题往往会受到规模的限制。

(三) 融资难

客观地说,内源融资是外源融资的保证,内源融资能力与外源融资能力应该是相匹配的,内源融资能力可以判断外源融资的规模及风险。但是,对于甘肃民营企业的规模以及自有资金、融资结构融资行为的现状,融资困难已然是一个无法辩驳的现实。

三、甘肃省民营企业不同融资渠道对比分析

（一）以融资规范程度划分

1. 正规融资渠道——以商业银行为例。在正规渠道的融资过程中，不同性质的企业面对的融资结果往往是不同的，民营企业是所有企业融资时最困难的，以 2015 年的数据为例，甘肃省在工商银行贷款总额高达 1 300 亿元，其中，民营企业的贷款总额为 350 亿元，其他的 950 亿元是其他性质企业的贷款，时隔 3 年后 2018 年的数据，再贷款金额上有所增长，但是民营企业的贷款占银行的总发放比增加幅度确实很小，工商银行甘肃分行全年累计投放民营企业贷款只占了 21.12%，而浙江银行对民营企业贷款占比达 66.24%。中国农业银行甘肃分行近 3 年累计投放民营中小企业贷款 111 亿元，年均增幅达 28%。截至 2018 年末，交通银行甘肃省分行民营企业贷款余额占全行本外币贷款余额也有所增长，中国银行甘肃分行共向甘肃省 3 500 多户民营企业提供了贷款达 187 亿元。

总体来说，甘肃民营企业在贷款规模和覆盖面方面都有很大程度的改善。但是其贷款占各大商业银行的贷款总额的比重相对偏低，各大商业银行对其贷款支持力度依旧需要加强。

2. 非正式融资渠道——以民间融资为代表。非正式金融具有不稳定的特点，但是也是民营企业融资的手段之一。非正式金融可以简单地概括为自身融资、民间借贷、互相担保。自身融资就是依靠自己的钱财进行投资的行为，民间借贷则是指自己没有足够的钱财进行投资，需要依靠其他手段与方法得到钱财进行投资，这种借贷常常通过向第三方借款，如向自己的亲戚朋友借钱，打个欠条定好归还日期以及双方关于借款的条件，或者是向放贷公司借钱，但是这种行为是不可取的，这种行为不是进行投资的正确方法。相互担保这种行为在我国商业发展初期较为流行，一方给另一方作担保。拿自己的财产替对方的公司作抵押，往往在向银行借款的时候需要这样做。但是上述的民间借贷不具有法律保障，很有可能收不回来或者出现利息特别高等现象，对社会稳定产生了很多负面影响。

（二）以资金来源划分

1. 直接融资。

（1）直接融资份额下降。在所有融资的行为与方法中，因为直接融资的

因素，民营企业的直接融资比例逐年下降。目前，国内金融市场格局中，贷款余额所占的比重已攀升到97.8%，而企业直接融资比重在2000年达到峰值后一路下滑。

（2）民营企业直接融资存在体制障碍，直接融资空间十分有限。甘肃省是我国市场经济发展相对较为落后的省份，其市场经济不够完善，政府对民营企业发展的支持也是心有余而力不足。在民营企业融资方面，往往想选择直接融资几乎是不可能的，因为直接融资对民营企业的限制条件比较多，也相对于单一。就甘肃省来说，甘肃省的银行对甘肃的民营企业支持很少，对其发放的贷款金额有限，并且限制条件还很多，银行与民营企业的合作层次还是较低。可是民营企业的发展脱离不了银行的支持，只有银行给予甘肃民营企业足够的支持，其才可以更好地发展。

目前，"规模控制、集中管理、分级审批"是我国企业债券发行债券所遵循的办法，与此同时规定，股份有限公司发行企业债券其净资产额要高于等于3 000万元人民币，有限公司净资产额高于等于6 000万元人民币，同时兼具实力强信誉值高的单位为其担保。这一系列条件也限制了民营企业进入债券市场。

2. 间接融资。相对于直接融资的限制问题，间接融资则可以很好地弥补这一点，它可以有效地解决我国民营企业众多可贷款发放却较少这一问题。

（1）金融机构的地位。金融机构是甘肃民营企业融资的主要机构，企业的发展离不开金融机构，但它在甘肃省民营企业中发挥的作用微乎其微，并不能起到很大的作用，使得甘肃省民营企业发展高度依赖于银行。然而许多的原因使金融机构的贷款更偏向于国有企业，其对民营企业的贷款份额还不是很充足。

（2）融资费用较高。甘肃民营企业具有规模小、数量多的特点，所以其融资需求也呈现总额巨大个体金额很小的特点。这就使得金融机构在对民营企业进行贷款服务时比其他企业更加的谨慎与小心，这使得民营企业往往需要准备比其他类型企业更多的材料来使金融机构增加给其贷款的信心，而对于金融机构来说，往往要花费与其收益不匹配的信息搜寻与更新成本，从而挫伤了很多金融机构包括国有商业银行给予其贷款的积极性。

（3）贷款的抵押担保难以实现。抵押和担保对于降低银行经营风险来说十分重要。但是民营企业由于规模、资金等问题，常常没有合适的担保单位，在与其他类型公司争夺资源时，往往缺少竞争力。

四、甘肃民营企业融资效率分析

企业融资效率主要表现在两个部分：一是交易效率，即成本最低和能及时获得；二是配置效率，即对筹措到的资金进行有效利用，这不但使业绩进一步提高，还使经济效益有效提升。

（一）融资成本高

融资成本伴随着资金使用者收到来自资金所有者给予的资金使用权，并且随着后者要求获得相对应报酬时产生。基于其余所有条件的确定，融资效率与其融资成本两者之间呈现反比例关系。相比较于民营企业，尤其针对中小民营企业，因为存在固定的上市交易成本，发行规模小无法对其造成影响，所以中小民营企业的融资效率一般比较低下。而债券融资的融资成本明显低于股权融资成本。贷款的利率浮动范围基于央行的规定也特别小，致使贷款利率水平在中小民营企业中处在相对较低的水平，但是却并不能承认其融资效率高，从另一个角度来说，由于央行的规定与限制，金融机构针对民营企业贷款在成本颇高的前提下却不能获得一定的补偿，不合乎它的经济效益理念，所以对民营企业给予融资，在金融机构看来缺乏必要的动力，即使给予了，资金总额也不够，还存在较高的难度系数。这反映了民营企业贷款困境的另一个方面。总体来说，股权和债券融资效率对于民营企业的融资成本来说还是很低。

（二）资金偿还能力

金融机构对于民营企业资金偿还能力的考量是在进行融资借贷款时必须要考虑的一点。这往往要考量公司与法人的各方面，例如能力、信誉良好时，对融资效率就不会有影响，民营企业会很快地得到自己的融资，这时，股权融资和内源融资比债券融资的融资效率高。[110]但是很多时候，现实中也会出现信誉良好的人在通过审核后，面临市场投资的变化时选择错误，进而资金偿还能力大打折扣。

（三）资金利用率

资金利用率在现实生活中往往指资金到位率和资金投向两个方面，前者与融资效率呈线性关系，其涵盖公司运营中股票的价格、市场价值等方面。后者资金的投向往往会根据市场的变化做出适当的调整，其没有规律和规则可言，把握时机准确投资是其必要的准则。关于资金利用率的排名依次是内源融资、股权融资、债券融资。

五、提高甘肃省民营企业融资效率的建议

(一) 企业自身

1. 探寻多种渠道融资。甘肃省的民营企业由于市场原因,规模都较小。90%都是中小企业。民营企业资本积累普遍不够,资金链容易断裂,这严重影响了甘肃民营企业的经营发展。因此,企业自身应该充分探寻多种渠道筹集资金。[111]企业应当合理利用所募资金科学安排生产经营,提高盈利能力,使其在外部的信誉能够提高,从而对其外源融资也形成积极效应,为突破甘肃民营企业的融资困境贡献积极力量。

2. 提高自身素质。很多甘肃民营企业融资困难主要是由于其自身实力薄弱,经营很不稳定,管理水平与素质一般较低,所以很多金融机构都处于观望状态或者直接拒绝贷款。要吸引资金持有者的投资,最关键的还是要提高企业自身的素质。现在很多的甘肃民营企业都存在资产负债率太高、资金结构失衡等问题,而且管理制度、会计制度也不完善,效率低下。因此,需要企业全面完善管理制度,健全财务与会计制度,形成高效治理机制,为企业有效融资提供便利。

3. 提升核心竞争力。企业自身核心竞争力已然成为企业生存的决定因素,而核心竞争力水平高低主要在于产品研发能力的高低。一个企业的核心是产品的好坏,而决定产品好坏的主要因素是产品的研发,能够研发出好的产品,是企业能在市场站稳脚跟的必要条件,投资者自然会被这些盈利能力强的企业所吸引。因此,甘肃民营企业一定要重视技术研发,增加技术投资。一味地依赖于低附加值的产品生产与创造,而不重视其产品研发能力,会被优胜劣汰的市场法则所淘汰。

4. 树立良好的信用观念。企业清偿债务的准时性不只取决于自身的偿债能力,还有一部分原因是企业的偿债意愿。很多民营企业到期不按时还款,拖延占用本该偿还的资金,导致其在金融机构的信誉值不断下降,金融机构给其再贷款的意愿大大减弱。甚至很多的欺诈行为给民营企业的形象造成了严重的负面影响。因此,甘肃民营企业应建立良好的诚信意识,按期还款,以期获得更多外部资金。

5. 增强品牌意识,提升认知度。许多甘肃民营企业规模小,管理思想也

相对落后,很多产品都不为大众所熟知,品牌意识淡薄。而树立品牌意识能够提升品牌知名度,增强企业竞争力,给企业带来利润,还能让投资者对企业的信任度提升,所以甘肃民营企业应该重视品牌的树立,提高市场知名度和认可度,吸引投资。

(二)金融机构

1. 提升对民营企业信贷融资的重视度。许多国有企业或者大型公司往往成为金融机构的贷款意愿者,而规模较小的民营企业一般难以引起金融机构的注意。因此,金融机构应转变投资方向,重视对民营企业的投资,增强对信誉良好的民营企业给予贷款支持,促进地方经济的大力发展,而在另一个角度,又能够使其自身增加收益。

2. 建立多层次的银行服务体系。一方面,银行要建立富有成效的管理机制,主动及时去获取与民营企业经营方面有关的信息,缓解信息不对称问题;另一方面,甘肃民营企业在资金链上需要更多的投资与注入,因此,银行要对审批程序等进行合理适当的简化,及时灵活解决民营企业的贷款需求。同时,银行应注重民营企业信息系统的建立,加强信息收集整理工作。此外,银行可以为中小民营企业设立专门的中小金融机构,其在与民营企业的业务来往中具有明显的信息优势和成本优势。

3. 提供多元化金融产品服务。金融机构应当提供多种不同类型的金融产品服务以推动民营企业的向好发展。多种类型的金融产品服务,一方面降低了金融机构的经营风险;另一方面满足了不同民营企业的金融需求,降低了其潜在的违约风险。

(三)政府作为

1. 完善信用评级体系,提高企业信息透明度。信用评级机构在我国发展中所面临着数量少、不完善、不全面、效率低等特点。所以在向银行进行贷款时,完全依靠信用评价也不是万全之策。此外,提升信用评级机构独立性以及提高评级机构的评级技术也是亟待解决的问题。[112]

2. 完善民营企业融资风险分担体系。信贷风险大是目前甘肃民营企业融资难的主要原因,而建立企业信贷担保体系可以缓解这一问题。目前,我国担保行业的相关法律法规还不完善,大量担保机构缺乏运作监管。所以政府应从法律、政策、制度、机制、开展民营企业信用环境建设等方面来解决甘肃省民营企业融资问题。要建立完善的制度体系、法律法规,为降低民营企业的融资风险做到最大的保障。[113]

3. 构建社会中介服务体系。民营企业对我国经济发展的重要性众所周知，但是它在发展壮大的过程中需要突破重重困境，在这个过程中各类服务机构和服务商的支持和帮助是必不可少的。针对甘肃省的民营企业找到最适合的解决方法，为甘肃省民营企业的发展提出新的方案与方法，缓解信息不对称和突破甘肃民营企业的融资困境是十分有用的。[114] 因此，政府有必要使用自身有限的资源去利用无限的社会资源，构建社会中介服务体系，全面加强对甘肃民营企业的服务。

六、总结

甘肃民营企业在得到很大发展的同时，较全国仍处于滞后阶段，在企业经营上往往会出现融资难的问题。因为地理条件和人才流失现象严重，甘肃省民营企业发展还不够成熟与完善，存在许多问题，企业管理者素质低的局面仍旧没有得到彻底改变。很多民营企业管理制度不健全，治理效率与整体素质低下，信誉意识淡薄，其形象受损给融资效率和能力产生了很大负面影响。金融机构的经营理念和偏见以及资本市场的不完善，也成为甘肃民营企业融资的一个负面因素。政府引导作用还需继续加强。要想解决甘肃民营企业的融资困难，需要做到以下三点。一是民营企业要不断提高经营能力；二是金融机构要转变投资方向，敢于向民营企业投资，为民营企业的发展提供更大的空间；三是甘肃省政府要全面支持民营企业的创办，全面完善有关法律法规，为民营经济发展创造规范的市场环境。

第五章

发展普惠金融

第一节 数字普惠金融发展的原因及对农村消费金融的影响

一、普惠金融的起源与研究现状

《2018年中国区域金融运行报告》指出,"普惠金融（financial inclusion）"理念起源于小额信贷,在引入中国之初也被译为"包容性金融"。世界银行在2005年世界小额信贷年提出了普惠金融的概念,将其界定为让每一个有金融需求的人都能够及时、方便、有尊严地以适当的价格获得高质量的金融服务。吴晓灵（2007）对普惠金融的内涵做出了进一步阐述,认为普惠金融要具有价格合理、服务多样、商业可持续等特征;在健全的政策、法律和监管框架支持下,每个发展中国家都应有这样的普惠金融系统。周小川（2013）认为,包容性金融强调通过完善金融基础设施,以可负担的成本将金融服务扩展到欠发达地区和社会低收入人群,向他们提供价格合理、方便快捷的金融服务,不断提高金融服务的可获得性;包容性金融应具有成本合理、服务多样、监管审慎、发展可持续、市场竞争等特点。因此,可以理解普惠金融是立足于机会平等要求和商业可持续原则,以可负担的成本为有金融服务需求的社会各阶层和群体提供适当、有效的金融服务,有助于经济增长,也有利于收入分配均等化。

二、数字普惠金融快速发展的原因

目前,我国数字普惠金融得以快速发展主要有三个原因:首先,互联网和移动网相关基础设施不断优化,使得数字金融拥有良好的硬件设施;其次,利用手机网络终端替代传统的物理网点使得服务成本大幅度降低;最后,通信设备普及和金融服务业推广,加深了消费者对数字普惠金融的认同感。面对这一难得的历史机遇和数字技术红利,我国可以从降低互联网使用成本,加大对数字普惠的教育和宣传,充分揭示数字普惠金融产品和服务的风险,提升消费者对数字普惠金融的信任等角度出发,进一步鼓励金融机构不断创新金融业务,从各个方面推动普惠金融发展。

三、数字普惠金融的含义及本质

(一)数字普惠金融的定义

数字普惠金融的定义最早是在2016年的G20杭州峰会上提出的。在会上通过了由普惠金融全球合作伙伴制定的《G20数字普惠金融高级原则》(以下简称《原则》),作为推广数字普惠金融的首个国际性的共同纲领。这一概念的提出,成功地把普惠金融从1.0时代推向2.0时代。根据该《原则》,数字普惠金融"泛指一切通过使用数字金融服务以促进普惠金融的行动"。具体包括各类金融产品和服务(如支付、转账、储蓄、信贷、保险、证券、财务规划和银行对账单服务等),通过数字化或电子化技术进行交易,例如电子货币(通过线上或者移动电话发起)、支付卡和常规银行账户。在实践中,以中国的支付宝为代表的第三方支付公司通过技术和商业模式的创新,成为数字普惠金融的典型案例。[115]

(二)数字普惠金融是普惠金融的持续深化

从提供服务的主体来看,数字普惠金融既包括传统金融机构的数字化服务,也包括狭义互联网金融企业所提供的服务。[116]数字普惠金融借助先进的数字技术手段,为那些被传统金融机构所排斥的弱势或特殊群体提供金融服务,不仅更加注重金融消费者的成本可负担,也充分考虑金融供给者的商业可持续。数字普惠金融具有共享、便捷、低成本、高效率等特点,可以有效增强金融服务的可及性,降低交易成本,提高风险控制能力,将金融服务边界拓展至更广泛的"长尾市场",降低金融门槛和缓解金融排斥效应,改善城乡经济金融二元分割性，缩减城乡收入差距，助推贫困减缓（宋晓玲，2017）。

四、国际金融组织参与普惠金融监管标准制定的情况

数字普惠金融还处在不断发展阶段，在统一技术标准、跨境跨业监管协调、数据安全、消费者保护、避免"去风险化"导致的金融排斥等方面面临着新的挑战，各国没有统一的监管标准（见表5-1）。国际标准制定机构加大力度推广普惠金融标准，以实现保护金融体系稳定性和完整性以及金融消费者利益的目的。[117]

表5-1　　　　　　国际组织对数字普惠金融的探索研究成果

国际组织名称	时间	成果	主要理论
全球普惠金融合作伙伴组织（GPFI）	2015年9月	发布了《普惠金融全球标准制定白皮书》（简称"白皮书"）	总结了全球金融行业标准制定机构对普惠金融的态度及在其中所起到的重要作用
巴塞尔银行监管委员会（BCBS）	2015年	《巴塞尔有效银行监管核心原则（修改版）》；《与普惠金融相关的机构监管行为》	建议金融机构以巴塞尔协定内的授信5P原则为标准依据，制定风险控制体系，强调控制杠杆、提足拨备，构建全方面风险管理体系，强化公司治理
支付和市场基础设施委员会（CPMI）	2015年9月	CPMI与世行联合发布了《普惠金融的支付问题（征求意见稿）》	指出支付作为金融服务的重要环节，不仅使金融消费者受益，更加充当了金融基础设施中各部分之间的润滑剂。日趋完善的国家支付系统（NPS）将促进国家普惠金融发展，平衡交易账户使用的深度及广度，降低使用成本
金融行动特别工作组（FATF）	2011年6月；2013年	发布《反洗钱和反恐怖融资措施与金融普惠性》的指引；该指引于2013年进行修改，融合到FATF关于《反洗钱、反恐怖融资和反扩散融资国际标准》新四十条建议中	提出普惠金融与反洗钱措施应该互相补充，并最终构建更加安全强大的金融体系；其核心是要在涉及普惠金融发展的目标中全面推行风险为本的方法，支持反洗钱当局制定综合、平衡的反洗钱和反恐怖融资措施

五、数字普惠金融指标体系构建

（一）覆盖广度方面

选取该维度是为了反映数字普惠金融普及度和触达性，在这里，我们选取

每万人拥有的金融机构数、金融从业人员数以及每万平方千米拥有的金融机构数这三个指标对该维度进行测度。从数据可得性角度考虑，这样的指标选取较为合理。[118]

（二）使用深度方面

从实际使用的互联网金融服务情况角度进行充分衡量，主要包括支付服务、保险服务和投资服务三大模块。支付服务方面，本书使用人均存贷款余额占人均城乡居民储蓄之比、人均支付金额、高频度活跃用户数（年活跃150次以上）占年活跃一次及以上之比三个指标；保险服务方面，通过每万人被保险数、人均保险笔数和金额进行测算；投资业务上，通过万人支付宝投资数、人均投资笔数和金额角度来衡量。这样选取的指标，既考虑到指标的全面性，又体现数字普惠金融的内涵特征。

（三）数字服务支持方面

数字服务方面是最大限度上区别于以往普惠金融指标体系的维度，数字技术以低成本和低门槛优势迅速占领金融服务市场，而便利性和成本则是影响用户使用金融服务的主要因素，我们选用移动支付笔数及金额占比反映服务便利性，用小微经营者和个人平均贷款利率反映金融服务的成本因素。

六、数字金融发展对农村金融需求的影响

数据显示，截至2018年6月，我国农村网民规模为2.11亿人，农村地区互联网普及率达到36.5%，农村网民使用手机网络支付的比例为57%（中国互联网络信息中心，2018），很多尚未接触过电脑的农村居民直接开始使用智能手机，以电子支付、手机银行、网络购物为主要媒介的数字金融也已在广大农村地区得到推广。

余文建和焦瑾璞（2016）、马九杰和吴本健（2014）、谢绚丽等（2018）从不同的角度研究数字普惠金融，提出数字技术给金融不甚发达的农村带来了更便捷的金融服务，将低收入人群连接到数字化信息超级高速公路，改进其市场、服务和信息的可得性，使得金融服务能够更精准地被送达到有需要的人群；王曙光和杨北京（2017）研究发现，数字金融通过移动互联网的方式触达农户，快速降低了金融服务的成本，可能会减少传统金融服务需求，具体表现为信贷业务、理财服务、支付结算手段和供应链金融服务上的创新，显著提高了传统金融机构的服务效率；张李义和涂奔（2017）提出数字金融在电子

商务的发展下刺激了农村新型需求的提升,拓展出更多的消费方式和服务方式,催生了大量新型金融服务需求,数字金融发展也开始对农村居民消费结构升级产生显著影响。综上所述,无论是通过对传统金融存量的改变,还是增量水平的替代,数字金融发展都可能对农村金融需求产生了不同方向的影响。

(一) 数字金融的发展降低了农村生产性正规信贷水平和非正规金融需求,即影响总体需求水平整体降低

使用智能手机的群体,生产性正规信贷需求随着数字金融普及显示出更明显的下降。背后的原因可能很多,例如,农户通过数字金融的支付、投资等功能得到了更大的生产回报或加快了资金周转的效率,或者通过数字金融的征信、保险功能降低了信贷风险从而减少了需要贷款的频率。由于调查数据所限,很难进一步识别背后更深层次的原因,但可以肯定的是,以智能手机为代表的移动工具提升了农村金融的效率,使得同等条件下的生产性正规信贷概率降低。尽管数字金融的作用渠道很难被完全清晰地识别,但其主要贡献是解决信息不对称、提高资金流动效率,从而降低生产性金融的成本,使得原有的需求得到一定程度的满足。这并不意味着农村金融受到抑制的问题得到了解决,而是数字金融的发展减缓了这种抑制,在控制其他变量后的数据上表现出农村生产性需求比例降低。

(二) 数字金融的发展促进农村消费性正规信贷需求上升

1. 农村消费性正规信贷需求的上升是一个令人关注的现象,背后是农村消费水平的提升和消费潜力的释放。为了探究可能的渠道,可以尝试从两个角度进行观察:一方面,以教育状况反映的农户人力资本水平显著影响消费性正规信贷获取;另一方面,近年来新兴的网络电商浪潮也在深刻地改变农村群体消费信贷习惯。首先采用户主的受教育年限作为分类标准;其次按照是否网购进行划分,分别进行估计,观察消费性正规信贷增加的动因。另有研究表明,网络购物会促进家庭总消费,主要通过降低信息搜寻成本和扩大市场供给来促进消费升级,这一现象预示着电子商务的发展将有力促进我国内需扩大(秦芳等,2017)。

因此,可以猜测,数字金融对农村消费性信贷的影响会在不同网购行为的群体间产生差异。有网购习惯的农村居民,消费性正规信贷需求显著增加,而无网购行为的群体没有受到影响。这既反映了这一影响在某种程度上确实与网购的兴起息息相关,因为农村居民的消费性正规信贷需求随此增长,也预示了一种更长远的趋势:随着网购潮流从城市蔓延到农村,越来越多的农村居民可

以享受和城里一样丰富的商品服务，他们的消费需求会被进一步激发，信贷需求结构逐步转变，更容易通过消费信贷需求的提升来改善生活质量。[119]

2. 农村居民的消费行为存在"棘轮效应"和"示范效应"。从全国来看，数字普惠金融对我国农村居民消费具有显著的促进作用，农村居民消费变动呈现出对收入变动的过度敏感性，农村居民的消费行为存在"棘轮效应"和"示范效应"；从分地区来看，数字普惠金融对东部地区农村居民消费的影响最显著，对中部地区农村居民消费的影响次之，而对西部地区农村居民消费的影响不显著，农村居民收入对东部、中部和西部地区农村居民消费都具有显著的正向影响，东部、中部和西部地区农村居民消费都存在显著的"棘轮效应"，城镇居民的消费行为对中部和西部地区农村居民消费产生了显著的"示范效应"，而对东部地区农村居民消费不具有"示范效应"。[120]

因此，要提高农村居民的收入；大力发展数字普惠金融，尤其是西部农村地区的数字普惠金融；完善农村居民的社会保障制度，解除他们的后顾之忧，减少他们的预防性储蓄；加快城镇化进程，缩小城乡居民收入差距，扩大农村居民的有效需求。

3. 数字普惠金融的消费促进作用在农村居民家庭、中低收入阶层家庭和欠发达地区居民家庭的作用更强或更加显著。这一促进作用受到户主的受教育程度和认知能力的影响。[121]考虑到数字普惠金融的发展通过缓解居民流动性与便利支付显著促进消费的同时可能增加了居民家庭的债务负担，对此进行比较深入的讨论，结果表明，数字普惠金融的发展确实显著加速了家庭债务的增长，同时数字普惠金融对居民消费支出的促进作用仅仅对中低负债负担家庭的消费支出存在促进作用，但是对高负债和高于平均债务收入比的家庭而言，则存在不显著的消费抑制作用。

综上所述，数字金融的快速发展，深刻地影响了农户的生产和生活，为他们带来便利的同时，也改变了正规信贷需求结构。过去的改革方式主要注重提升金融机构的效率，同时通过政策性金融来补充难以被市场化机构满足的农村金融需求。但在当前农村金融需求被数字金融重塑的背景下，也同时应该考虑建立分层、竞争、有序的农村金融监管体制，注重农村金融需求的变化，推动农村金融改革往自上而下和自下而上相结合的方向发展。

第二节 普惠金融减贫机理分析及助推脱贫攻坚的具体建议

改革开放以来，我国扶贫开发工作取得了显著的成效。国家统计局数据显示，1978~2017年，我国农村地区贫困发生率从30.7%下降到3.1%，贫困人口规模从7.7亿人下降到3 046万人。可见，当前我国农村地区脱贫攻坚难题得到了有效破解，贫困人口规模已实现大幅度减少。然而，截至2018年3月，我国依然存在着334个深度贫困县和3万多个深度贫困村，这些深度贫困地区的贫困人口相对之前已实现脱贫的群体来说，其脱贫难度更大。因此，2020年实现全国范围全面脱贫的任务仍然很艰巨。

一、普惠金融减少贫困相关研究现状

近几年，国内外学者们对减缓农村贫困的方法进行深入研究，匡远配、罗荷花（2010）研究认为政府制定水土保持政策可以显著地提高农户人均收入，有效地促使农村贫困减少。黄可人（2016）提出我国农村贫困呈现多维性特征，需要秉持包容性增长的理念，摒弃以往片面地提高农户收入的减贫思路，推动农村居民收入、文化、生活水平等同步发展，进而全面缓解农村贫困程度。程名望（2014）研究发现健康与教育所体现的人力资本会对农村减贫效果产生显著影响，提出要提高农户健康和教育水平。王娴、赵宇霞（2018）与柳建平、刘卫兵（2018）等认为提高贫困地区农户主体意识及脱贫的主动性，可提高农村减贫效果。此外，学者们还对发展普惠金融促使减贫目标实现的对策进行研究，星焱（2015）强调了政府在发展普惠金融的积极作用，指出政府可以通过完善金融基础措施、健全金融市场机制等措施促进普惠金融发展。何学松和孔荣（2017）研究认为通过建立健全规范农村微型金融机构和民间金融机构的法律法规、进一步提高农业保险覆盖范围、开展金融知识普及教育活动来促进农村普惠金融发展，以更好地发挥减贫效应。张江涛（2017）则认为可以利用互联网技术降低普惠金融业务成本，帮助贫困者获得可持续的金融服务而实现减贫。

二、普惠金融发展水平评价指标的选取

（一）金融服务的渗透性

选取具有人口维度的金融渗透性，能够描述有需要群体对金融服务的可及性，使贫困群体有机会得到金融服务，主要选取的指标为每万人拥有的金融机构数和每万人拥有的金融机构从业人员数。由于我国部分地区地广人稀，可能导致人口维度的金融渗透性较高，但部分偏远地区无法得到有效服务，这时就

需要考虑地理维度的金融渗透性，主要选取的指标为每万平方千米拥有的金融机构数及每万平方千米拥有的金融机构从业人员数。[122]

（二）金融服务的可得性

主要包括的指标为人均存款与人均贷款。从金融供给角度考察金融资源的使用情况，结合居民主要金融资产配置情况，选取人均存款作为主要变量。从金融供给角度考察金融资源的可获取性，考虑我国减贫不仅需要政府补助，更重要的是贫困户通过贷款获取资金，提高贫困者的自我发展能力。选取人均贷款为代理变量。

（三）金融服务使用情况

金融资金是否得到有效利用也应纳入评价普惠金融发展水平的重要指标之列。我国金融行业不仅包括普通金融机构，保险公司也是重要组成部分，保险行业也将与普惠金融高度相关。一方面，保险有助于完善社会保障体系，满足人民群众日益增长的保险需求；另一方面，通过降低相关风险，保险还能促进普惠金融的快速发展。因此，不仅要考虑存、贷款余额占 GDP 比重，还要考虑保险密度与保险深度两个指标。保险密度反映了该地区经济发展的状况与人们保险意识的强弱，具体算法为保险收入/地区人口；保险深度反映了该地区保险业在整个地区经济中的地位，具体算法为保险收入/GDP（见表 5-2）。

表 5-2　　　　　　　　　普惠金融发展水平评价指标

维度	具体指标	计算方法	单位
金融服务渗透性	每万平方千米拥有的金融机构数	金融机构数量/地区面积	家/万平方千米
	每万平方千米拥有的金融机构从业人员数	金融机构从业人员数/地区面积	人/万平方千米
	每万人拥有的金融机构数	金融机构数量/地区人数	家/万人
	每万人拥有的金融机构从业人员数	金融机构从业人员数/地区人数	人/万人
金融服务可得性	人均存款	存款余额/地区人数	元
	人均贷款	贷款余额/地区人数	元
金融服务使用情况	存款占 GDP 比重	存款余额/GDP	%
	贷款占 GDP 比重	贷款余额/GDP	%
	保险密度	保险收入/地区人口	元/人
	保险深度	保险收入/GDP	%

三、普惠金融能够减少贫困机理分析

普惠金融能够减少贫困可以从三个方面进行解释。第一，普惠金融的物质资本效应。普惠金融能够完善金融市场基础设施，有效解决贫困者与金融机构间的信息不对称问题，帮助贫困者获得金融服务的可能性，从而增加贫困者自有资金，为其进行生产提供外生性融资，进而提高收入水平。第二，普惠金融的人力资本效应。普惠金融可以通过多种途径增加人力资本，例如，发展金融教育，提升贫困者的人力资本，增加贫困者就业的能力；对"草根"阶层的征信，培养贫困者的信用能力，提升其道德素养水平。第三，普惠金融的社会资本效应。普惠金融能够帮助贫困者参与社会生产和投资活动，增强其社会认同感，进而增加贫困者的社会资本。例如，通过为合作社、村镇企业等融资扩大生产，带动贫困群体参与到生产过程中，进而提高收入，缓解贫困。[123]

四、普惠金融工作成效显著，为打赢脱贫攻坚战提供重要支撑

（一）普惠金融服务可得性得到提升

截至2017年末，全国银行业金融机构小微企业贷款和涉农贷款余额分别为24.3万亿元和31.0万亿元，同比分别增长16.4%和9.6%。全国建档立卡贫困人口及已脱贫人口贷款余额6 008亿元，同比增长46.2%；产业精准扶贫贷款余额8 971亿元，同比增长48.5%（见表5-3）。央行低成本政策资金引导降低贫困地区融资成本。以宁夏为例，该地区法人金融机构运用扶贫再贷款发放的扶贫贷款执行基准利率，运用自有资金发放的个人精准扶贫贷款加权平均利率低于当地银行业金融机构贷款加权平均利率5.3个百分点。

表5-3　　　　　　　　2017年全国金融精准扶贫贷款情况

指标名称	2017年末贷款余额（亿元）	2017年末贷款余额增速（%）	2017年贷款累计发放额（亿元）
建档立卡贫困人口及已脱贫人口贷款	6 008	46.2	5 154
产业精准扶贫贷款	8 971	48.5	5 685

资料来源：中国人民银行各分行。

（二）普惠金融产品和服务创新进一步丰富

一是农村承包土地的经营权和农民住房财产权抵押贷款试点稳妥推进，67个贫困地区试点县的农村资产得到有效盘活，拓宽了贷款抵押担保物范围和融资渠道；二是鼓励和引导金融机构结合地区产业特点和扶贫项目融资需求，创新开展农机具抵押、林权抵押、应收账款质押等信贷业务，适度延长贷款期限，简化贷款审批流程，为贫困地区特色产业提供优质金融服务；三是着力做好易地扶贫搬迁金融服务，保证易地扶贫搬迁相关资金按要求筹措落实。

（三）金融基础设施建设进一步完善

农村支付清算的网络覆盖范围逐步扩大，网络支付、手机支付等新型支付方式不断推广，银行卡助农取款和农民工银行卡特色服务进一步深化。截至2017年末，我国农村地区银行网点数量12.6万个，每万人拥有的银行网点数量为1.3个；农村地区累计开立单位银行结算账户1 966.5 万户，同比增长7.9%，个人银行结算账户39.7亿户，同比增长11.4%；手机银行高速增长，农村地区手机银行开通数累计5.2亿户，较2016年新增1.4亿户；网上银行开通数累计5.3亿户，较2016年新增1.0亿户（见表5-4）。积极探索助农服务点模式，改善农村金融服务环境，农民足不出村即可获得查询、取现、转账、汇款、缴费、金融知识咨询等服务。例如，中国人民银行长沙中心支行联合湖南扶贫办在省内所有贫困村建设金融扶贫服务站，为贫困村、贫困人口提供信贷、支付、反假货币、金融知识宣传等普惠金融服务，积极打通金融服务进村入户"最后一公里"。截至2017年末，湖南建立金融扶贫服务站6 923家，覆盖了74万户、247万贫困人口，累计发放贷款174.7亿元，布设助农取款等支付服务设备5 501台。

表5-4　　　　2017年末农村金融基础设施建设情况统计

项目	数量	项目	数量
银行网点数量	12.6万个	每万人拥有的银行网点数量	1.3个
开立单位银行结算账户	1 966.5万户	个人银行结算账户	39.7亿户
手机银行开通数累计	5.2亿户	网上银行开通数累计	5.3亿户

资料来源：中国人民银行各分行。

五、普惠金融通过资源配置发挥金融主导功能,实现其减贫效应

金融的核心功能是资源配置,其可以理解为金融信用中介主动化,信用中介只是便利价值运动,而资源配置则是引导价值运动实现的最佳路径。互联网金融促进了金融各个业态的竞争,提升了资金配置效率和能力,满足客户的个性化需求。首先要承认,以互联网金融为代表的新金融业态与商业性金融和政策性金融是一种互补关系,不仅激发了金融市场活力,拓宽了金融视阈,还进一步提升了金融附加值,支持实体经济转型;以 P2P、众筹为代表的互联网金融有效地引导了民间资本投资于我国鼓励的领域,盘活民间存量资金更好地服务实体经济。以互联网金融为核心的新金融在推动普惠金融发展的同时,普遍提高了以资源配置为核心的金融主导功能效率。农村金融市场被普遍认为是蓝海市场,互联网金融作为桥梁能有效地将城市集聚的闲散民间资本向农村引导,实现减贫效应,从而缩小城乡收入差距。[124]

六、普惠金融对于农村地区的减贫效应

农村贫困地区的人群在金融的可获得性方面处于劣势,而数字普惠金融的发展将大大提高农民获得金融服务的可能性。数字普惠金融以其低成本、低门槛以及便捷等特点推动普惠金融全面发展,缩小农村地区与城市地区在金融获得上的成本,最终达到减缓农村地区贫困的目的。[125]

(一) 直接作用

普惠金融对农村贫困减缓的直接作用体现在金融机构提高农村地区不同群体获得不同金融的服务供给上。针对贫困群体,可以降低金融门槛,增加其金融扶持力度,使其获得低成本信贷资金,解决其融资难的问题,也可以通过金融扶持贫困地区产业发展,达到产业脱贫的目的。针对贫困地区受教育难的问题,一方面可以提供专项信贷资金,提高总体受教育水平,进而达到教育脱贫的目的;另一方面也可以为贫困地区设计教育专项保险,保障该地区儿童的受教育权利。针对农村生病致贫的现象,可以设计具有针对性的金融产品,降低医疗成本,减少医疗支出。

(二) 间接作用

普惠金融对于农村地区减贫效应的间接作用体现在两个方面,即经济增长

效应和收入分配效应。

1. 普惠金融的经济增长效应。普惠金融与经济增长相互影响、相互作用。普惠金融的主要目的在于加大金融服务的广度，使其服务范围得以扩大。通过丰富具有针对性的金融产品，增加金融服务网点，使农村偏远地区也能享受到金融服务，通过增加农村储蓄、积累农村资金从而推动农村投资增长。与此同时，农村物质资本积累的正外部性推动了农村当地人力资本、基础设施建设以及技术进步，从而促进了当地的经济发展。而农村的经济增长为减贫提供了重要的物质基础，"涓滴效应"为贫困人群带来收入的增加与福利的提高。当地的经济发展水平也会影响当地普惠金融的发展，经济发展水平落后的地区，其资金相对缺乏，对于普惠金融的支持也相对较少，一般会存在金融设施不足、金融效率低下等问题，且金融排斥现象也会较为严重，使得普惠金融的发展较为缓慢，从而影响普惠金融减贫效应的发挥。

2. 普惠金融的收入分配效应。一方面，普惠金融的发展可使原本被排斥在外的农村贫困人群以较低的成本获得金融服务，从而获得更多的经济机会以增加其收入，普惠金融的发展同时会增加更多政策性金融产品，使得农村贫困人群可以获得更多的财政补贴性贷款，使其增加了资金的积累，最终会推动收入的增加；另一方面，普惠金融的发展可以推动农村地区资金的积累，使农民有相对充裕的资金进行人力资本的投资，改善当地的收入水平，减小收入差距，从而达到减贫的目的。综上所述，数字普惠金融在扩大金融服务范围的同时，也降低了金融成本，从而更好地服务"长尾客户"，最终能够推动普惠金融的发展，达到减少农村地区贫困的目的。但是我国幅员辽阔，不同地区经济发展水平存在较大差异，因此，不同经济发展水平下西部地区数字普惠金融对于贫困减缓的影响不同。

七、金融助推深度贫困地区脱贫攻坚的具体建议

（一）政府机构顶层设计角度

针对普惠金融，尤其是金融助推深度贫困地区脱贫攻坚工作这一普惠金融发展的重点是应找准定位、创新机制、精准施策，推动普惠金融持续健康发展，为脱贫攻坚提供有力的金融支撑。

1. 推动加快建设现代化普惠金融体系，继续宣传引导树立正确的普惠金融理念，加强金融消费者保护和金融知识普及教育。按照党的十九大提出的贯彻新发展理念、建设现代化经济体系的要求，推动加快建设现代化普惠金融体

系，继续宣传引导树立正确的普惠金融理念，加强金融消费者保护和金融知识普及教育。当前，构建普惠金融体系，不仅涉及金融资源的再配置，更涉及手段与目标的协调、市场逻辑与社会伦理的协调等深层次问题。政策层面应当注意普惠金融减贫增收效应的异质性特征。对处在最低收入水平的贫困群体，益贫型经济机会改善所产生的减贫增收效果优于直接增加这部分群体的金融可得性。金融如何撬动贫困群体的初始发展动力？应当是"造血式"扶贫、开发扶贫需要认真思考的问题。金融减贫的机制不单是从资本的视角，更应从能力的视角从源头解决贫困问题，后者实则是对金融减贫的更高要求。[126]

2. 继续发挥政策引导和激励作用，引导金融资源向深度贫困地区、小微企业、创新创业等群体倾斜。应积极推进普惠金融与贫困县产业发展、产业链各环节的有机融合，设计、开发相应的链式融资等产品和工具，通过深入当地产业链各个环节并提供有效的金融服务，一方面有利于系统性化解贫困群体在生产、流通等各环节的资金约束问题；另一方面也逐步提高了贫困群体的自生能力。相反，以直接增加贫困群体金融可得性为靶点的普惠金融发展策略并非是精准、高效的减贫瞄准机制。毕竟，提高贫困群体的生产能力和市场参与程度，缓解生活、生产的脆弱性才是可持续脱贫的关键。

3. 完善普惠金融基础设施建设。持续推进农村支付环境建设，发挥供给对催化和改善农村支付服务需求的推动作用，创新升级助农支付产品，持续提升农村支付服务供需匹配度；进一步完善征信体系，健全农户信用信息征集与信用评级体系，提高中小微企业信用档案建档率，营造守信激励、失信惩戒的信用环境。有效的普惠金融制度是以市场为导向，而不是持久性的金融救助和政策补贴。因此，在全面建成小康社会和扶贫攻坚阶段，普惠金融发展策略应瞄准贫困县的经济、产业发展，与当地的行业扶贫、产业扶贫有机结合，改善贫困群体的经济机会。

4. 鼓励金融创新，提升普惠金融服务水平和商业可持续性。鼓励金融服务提供者创新经营管理，降低成本；以客户为中心，探索移动互联、大数据、云计算、人工智能等信息技术在金融领域的合理运用方式；加快探索数字普惠金融在县域的有效落地路径，让更多贫困地区农户享受到开放、便捷、安全的金融服务。

5. 发挥部门合力，建立健全普惠金融风险分担机制。降低金融机构的服务成本和风险，营造良性、可持续的普惠金融发展环境。加强数字金融运用的指导和监管，平衡好创新和风险管理的关系。

（二）普惠金融机构角度

1. 普惠金融机构践行"普惠金融"理念[127]。普惠金融机构需努力践行"普惠金融"理念，为农户、涉农企业等弱势群体提供所需的普惠金融服务，保护弱势群体合法的金融权益，有利于破解弱势群体难以获得所需的金融服务难题。一方面，不断提高普惠金融服务的广度。不断增加普惠金融机构的网点分布情况，具体可以采用增设普惠金融机构网点、ATM机、金融扶贫服务站等方式，并不断完善农村金融基础设施，从而在全国范围内全面消除金融服务空白乡镇，以更好地为广大农户提供金融服务，提高农户各项普惠金融服务的可得性。另一方面，提高普惠金融服务的深度。普惠金融机构要瞄准贫困农户、涉农企业等目标客户，避免出现目标偏移的现场，能够为目标客户提供所需的、有针对性的金融服务，提高普惠金融的减贫效果。

2. 普惠金融机构创新金融产品和流程。普惠金融机构不断创新金融产品和服务，为贫困农户、家庭农场主、种养大户等不同类型农户提供特色化的金融产品和服务。同时，普惠金融机构不断进行创新金融服务的流程，使得整个流程更加便捷化、人性化，降低农户获得金融服务的门槛，让农户享受更方便快捷的现代化金融服务。例如，普惠金融机构推广使用"小组互保"的贷款模式，农户小组中一人违约将影响全组成员的信用记录，通过农户之间的互相监督而降低其成本。同时，政府相关职能部门可以考虑通过税收优惠政策、补贴政策等方面鼓励与扶持普惠金融机构开展金融产品和流程的创新，提高普惠金融机构提供金融服务的意愿。

3. 普惠金融机构加强金融知识的普及和金融教育。在增加农村各地区普惠金融服务供给的同时，需要提升农户运用各种金融服务的能力，能够有效提高普惠金融减贫的效果。提高农户金融能力最有效的方法之一是普惠金融机构为农户开展金融知识的普及和加强金融教育活动。具体可以通过政府牵头、普惠金融机构实施、基层干部配合的方式，在农户当中开展"金融知识宣传月"等专题活动，提升农户对各类金融产品的认知和使用能力，能够合理运用普惠金融服务来实现脱贫致富的目标。

4. 要持续提高农村金融扶贫的精准性和有效性。无论是对我国农村地区贫困户的减少，还是贫困人口的减少，普惠金融都功不可没。[128]由于多数贫困农户具有文化程度低、劳动技能弱、初始资本低的特点，因此，农村金融机构一方面要勇于承担起金融精准扶贫的战略重任；另一方面要积极创新金融产品，实现自身可持续发展与支农目标间的平衡。为此，一是各金融机构要在农村地区，特别是贫困地区加大普及金融知识的力度，使贫困农户全面了解国家的金融扶贫政策与信贷条件，积极创造与诱发金融需求；二是要找出并分析贫困村、贫困农户致贫的根源，采用多样化并有针对性的金融扶贫路径与金融产品，提高普惠金融扶贫的精准性和政策的有效性；三是要结合当地实际，积极探索多种形式的扶贫贷款方式，充分发挥支农贷款"四两拨千斤"的作用，在有效控制风险的同时，达到"授之以渔"的目标；四是要克服以资产抵押为核心的传统信用评估模式，积极探索并建立针对贫困农户的信用评价体系，并适度降低贷款门槛，扩大金融服务的受惠面。

第六章

发展消费金融，规划信贷资源配置

第一节 互联网消费金融运行模式及风险分析

国外发展经验表明，消费金融发展应与居民的消费能力、收入水平相匹配。一方面，消费金融与居民消费之间可以相互促进、相互发展。消费金融的创新和发展能够带动居民消费需求增长，居民消费为金融机构零售业务发展提供了发展空间。另一方面，消费金融的过度和无序发展，也有可能潜藏较大风险。

党的十九大报告指出"中国特色社会主义进入新时代，我国社会主要矛盾已经转化为人民日益增长的美好生活需要和不平衡不充分的发展之间的矛盾"，这充分表明居民对于消费升级的需求正在增加。在此背景下，积极稳妥地推动消费金融发展，对于满足居民消费升级需求、持续扩大内需、促进我国经济转型发展具有重要的现实意义。

根据人民银行统计，2019 年一季度末，全国本外币住户贷款余额49.71万亿元，同比增长17.6%，增速比2018 年末低0.6 个百分点；一季度增加1.81万亿元，同比增长564 亿元。其中，本外币住户经营性贷款余额10.47 万亿元，同比增长12.2%，增速比2018 年末低0.1 个百分点，一季度增加3 839 亿元，同比增长504 亿元；住户消费性贷款余额39.24 万亿元，同比增长19.1%，增速比2018 年末低0.8 个百分点，一季度增加1.43 万亿元，同比增长60 亿元。

一、消费金融的概念诠释

（一）消费金融的范畴

消费金融范畴，既包括传统商业银行向消费者发放的住房按揭贷款、汽车贷款、信用卡和其他贷款等,以及持牌消费金融公司向消费者提供的家装贷、购物分期等,也包括新兴的互联网消费金融,其往往基于网上购物等消费场景,为消费者提供线上购物分期服务。

(二) 消费金融

消费金融(consumer finance)的含义为消费者金融,是从消费者的角度来考察其所面临的金融问题,即消费者所面临的金融问题为:如何在给定的金融环境中,利用既定的财富来最大限度地满足其各种消费需求,以达到效用最大化。王江(2010)认为消费者的经济目标也就是消费目标,如何在给定的资产下分配投资与储蓄,怎样进行资产配置,是否要申请消费信贷,以及消费过程中会遇到哪些风险,受到什么样的约束等,都是消费者所面临的金融问题。

(三) 消费者信贷

消费者信贷(consumer credit)简而言之是由消费金融公司向消费者提供信贷服务,刺激消费者购买产品和服务,例如住房按揭、个人汽车贷款、大件耐用消费品贷款等,从而使消费者的福利大大提升。这是比较狭义的消费者信贷概念,与目前各种消费服务部门的解释较为接近。坎贝尔(Campbell J Y,2006)认为因不同国家不同业务部门关注焦点的不同,对消费信贷的界定也会大有不同,而不同之处就在于住房支出是否纳入消费金额的范畴之中。

二、我国互联网消费金融的发展现状

早在2013年,我国已经出现网络分期平台,涉及有互联网消费金融业务,但是发展速度缓慢,主要受风控能力和资金实力的限制。电商平台在2014年前还没有介入互联网消费金融中,2014年前的互联网消费金融主要是P2P平台,2014年以后随着电商时代的来临,电商平台不断介入,电商生态的优越性展现了出来,充分体现了线上真实场景消费的优势,电商生态系统迅速占据了互联网消费金融的主导地位,P2P平台的比例不断降低。2017年整个互联网消费金融交易中,电商生态系统规模占比超过70%,电商平台互联网消费金融是互联网消费金融发展的新模式,也是互联网消费金融发展的重要趋势。[129]

近年来,我国消费金融发展较快,并呈现出如下四个特点。

(一) 交易规模快速增长

一方面,传统商业银行主导的消费信贷快速增长。截至2017年末,我国金融机构消费贷款余额达31.5万亿元，是2012年末的3倍，年均增长率约为24.7%。信用卡发卡量和贷款余额持续增长。2012~2017年，我国信用卡发行量从3.3亿张增至5.9亿张，信用卡贷款余额从1.1万亿元增至5.6万亿元。另一方面，互联网企业主导的新兴消费金融快速发展。2013年以来，随着互联网技术和各类金融科技的助推，新兴消费金融在降低交易费用的同时扩张业务规模。Wind数据显示，2013~2016年互联网消费金融业务交易规模从60亿元增长到4 367亿元。

（二）市场主体不断丰富

从服务供给方来看，商业银行、消费金融公司、互联网金融公司等各类市场主体共同拓展消费金融市场，特别是部分电商平台、分期购物平台等机构，依托独特的业务场景推出消费金融产品和服务，部分机构依托网络小额贷款公司进行经营。从服务对象来看，大学生、职场新人、三四线城市居民以及农村人口逐渐成为消费金融的目标客户群，并呈现出年轻化、互联网化、低收入化的趋势。

（三）业务模式多元化、场景化

按运作模式，可以分为线上和线下两类，线上模式注重利用购物和社交场景切入消费金融市场，以大数据技术驱动业务发展；线下模式注重依靠线下地推团队和经营网点占有市场，与各类线下超市、连锁店等合作，开展线下分期业务。按有无消费场景，可以分为两类，第一类是纯网络借贷业务，此类业务不涉及具体的消费场景、借款期限较短，但总体贷款利率较高；第二类是结合具体的消费场景而提供的消费金融服务。当前已有的服务模式涵盖了3C数码产品、租房、家装、教育、医疗、旅游等居民消费支出的大部分领域，各类消费金融产品层出不穷，许多业务模式和服务领域已经走在全球前列。

（四）信贷风控智能化管理

随着科技进步，银行、消费金融公司和新兴消费金融机构越来越重视应用"技术+数据"进行风险管理，改变了传统以人为主的风控模式，更多借助于全面多纬度的数据、通过模型自动甄别分析、实时计算结果，提升量化风险评估能力、提高风险管理的时效性。例如，有的银行基于大数据和云计算风控平台，建设了"准入—授信—反欺诈—贷后监控预警—贷后催收"的全流程贷款管理体系，推出了基于特定消费情景的信贷产品，有的新兴消费金融机构通过机器学习等人工智能技术，结合用户在网上的消费、理财等数据，深入刻画客户特征、洞察客户需求和识别客户风险。

三、我国互联网消费金融与传统消费金融的比较分析

（一）规模比较

目前，我国互联网消费金融在消费金融市场中的信贷余额较小，但在用户规模上拥有巨大的发展潜力。2015年，我国银行机构信用卡发卡数量为4.32亿张，授信总额为7.08万亿元；汽车金融公司发放零售贷款为2 572.87亿元。而我国互联网消费金融市场交易规模为322.8亿元，两者相比差距较大。虽然互联网消费金融的交易规模相对较小，但是服务的消费群体已具有相当规模。截至2015年末，阿里巴巴集团的蚂蚁花呗活跃用户数约为8 000万个，京东白条活跃用户数约为1 000万个。与此同时，我国互联网有着广泛的用户基础。2015年，我国互联网用户数近8亿人，约占我国总人口数的60%[①]，这也说明我国互联网消费金融市场有着广阔的发展空间。

（二）特性比较

一是从业务模式来看，传统消费金融与互联网消费金融业务的具体形式基本相似，但是业务与消费产业结合的方式存在差异。相对来说，互联网消费金融从业机构和汽车金融公司的消费金融业务与消费产业、商户、客户的联系更紧密。二是从运营体系来看，传统消费金融机构与互联网消费金融从业机构在风险控制体系、贷款审查和服务效率上存在差异。相对来说，互联网消费金融从业机构利用新一代信息技术构建了高效、多维的风险控制体系，具有更高的贷款审查和服务效率。三是从市场环境来看，传统消费金融机构与互联网消费金融从业机构主要在目标客户群体、监督管理、信息获取、资金支持等方面存在差异。相对来说，传统消费金融机构的目标客户主要偏向中高端，在业务、风险控制方面受到更多的监管限制，关键信息获取能够依靠人民银行征信系统，从正规银行体系获得融资的渠道比较通畅，可以获得更多的资金支持。而互联网消费金融从业机构的目标客户主要偏向低端，在业务、风险控制方面受到的监管比较少，从人民银行征信系统直接获取客户的信用信息比较少，能够获得商业银行的资金支持比较有限（见表6-1）。[130]

---

① 资料来源：中国人民银行。

表 6-1　　　　　　传统消费金融与互联网消费金融不同点比较

不同点	传统消费金融	互联网消费金融
覆盖人群	主要覆盖有大额消费需求或进行信用卡消费的人群	以进行网购的人群为主，覆盖"白领"、"蓝领"、农民工、大学生和小城镇青年等互联网消费主流群体
获客渠道	依托传统金融商品或线下消费场景被动接受申请	依托互联网平台及在年轻人中高普及率的社交网络在线申请
产品设计	大额消费信贷、信用卡消费信贷，还款方式和期限比较单一和固定	既有车贷、房贷等大额信贷，也有日常生活消费的小额信贷，还款方式和期限灵活多样
服务形式	以延迟支付充分利用货币的时间价值，银行作为资金及资金信息的持有、管理方，是传统业态中资金流通的必经渠道	敲碎商品的价值和使用价值，使之高频率、低额度地进行交换，架空了银行渠道，让市场来影响作为消费品价值一部分的资金价值的定价
服务质量	用户对服务的感受较模式化，主要来自对资金整体的处理方式，用户参与感较少	资金方式灵活多样，用户对服务的感受随消费次数和商品数量的增加而加深
风险控制	依托人民银行征信系统，兼顾工作收入证明、学历等其他数据进行线下审核，风险低，但无法满足多样化消费金融需求	由于线上主要人群的人民银行征信覆盖率不高，所以还运用了电商购物记录、电话缴费账单、网络行为轨迹等大量第三方非结构化数据作为征信评分的输入项，同时还运用了人脸识别、虹膜识别、指静脉识别、语音识别等生物识别技术进行欺诈预防

四、互联网消费金融运行模式分类

（一）电商模式

1. 电商消费金融平台运行模式。

电商模式的开展平台就是互联网金融，借助其主营产品提供个性化服务。电商对于我国 GDP 发展的贡献，其作用不容小觑，精准营销、私人订制、用户大数据等都是未来的新兴领域，也是互联网金融的发展趋势。互联网消费金融的开创者是"京东金融"。2014 年 2 月，"京东白条"问世，其模式是依托于自身的商务平台，使消费者能够先消费，后付款。2015 年 10 月，京东金融的"资产专项计划"在深交所挂牌，这个产品成为整个金融行业首位有影响力的互联网消费金融可交易的证券融资类产品。该产品主要依靠自身的互联网

第六章 发展消费金融，规划信贷资源配置

金融平台，在互联网上销售产品进行商业活动，提供分期购物及小额消费贷款服务。这种交易方式高速便捷，可覆盖到不同的人群、不同的地区，使消费不再受到地域限制，只要有意愿，可随时随地消费，电商消费金融平台运行模式（见图6-1）。[131]

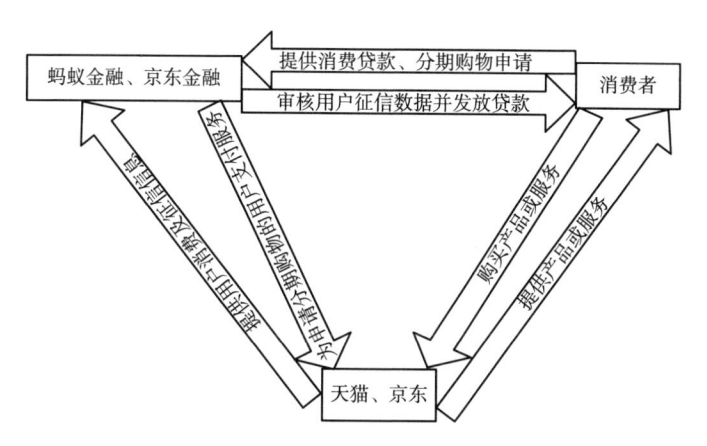

图6-1 电商消费金融平台运行模式

2. 电商平台互联网消费金融存在的问题。

（1）电商平台互联网消费金融的相关界定模糊，监管不足。监管主要是为了降低风险的发生率，减少风险带来的损失。电商平台的个人信贷监管不足，缺乏完善的监管措施。电商平台的信贷和企业信贷不同，电商平台互联网消费金融有很高的创新性，产品有多样化的特点，需要有相应的监管体系，并且随着互联网消费金融不断发展完善，电商平台互联网消费金融涉及的业务领域更多，并且关联性更强，目前监管很难全方位覆盖各个领域，更不能监控交易全过程，影响监管效率。[129]

（2）电商平台互联网消费金融的融资方式单一，财务负担问题增加了经营风险。传统消费金融主体互联网公司、商业银行，都有充足的资金和多样的资金渠道。但电商平台使用自有资金垫付，增加了潜在的经营风险。例如具有典型代表性的京东白条，2014年初期最高授信额度是1.5万元，2016年京东的短期投资、现金、受限资金等大约有354亿元，但只有20亿元流动资金。京东的流动资金相对充足，业务规模庞大，随着业务规模的不断扩张，可流动资金会减少，从而加剧财务负担。许多消费者申请京东白条失败，京东为刺激消费，未来会开放更多的名额，资金周转和经营风险成为京东需要关注的重要问题。再例如另一家具有典型代表性的蚂蚁花呗，其与京东白条消费信贷基本情况对比如下（见表6-2）。

表6-2 蚂蚁花呗与京东白条消费信贷基本情况对比

项目	蚂蚁花呗	京东白条
贷款余额	超过100亿元	150亿元
不良率	不良率和逾期率分别为0.83%和2.62%	3%以下
额度	最高5万元	最高1.5万元
还款	支付宝、借记卡 可以当日还款 提前还款无手续费 可部分提前还款	借记卡还款（信用卡被叫停） 不可当日还款 提前还款无手续费 提前还款需全额还款
费率	3期0.8%/月，12期0.7%/月	0.5%~1%/月
期限	3个月、6个月、9个月、12个月	一般为30天账期，3~24个月分期
场景	淘宝、天猫、口碑等其他合作方	京东商城、其他（主要为自营产品）
活跃用户	——	1000万用户（5000万用户可用白条）
贷款审查时间	即时，或半天	即时，或半天
资金来源	自有资金、小额贷款公司贷款、资产证券化、银行贷款	自有资金、小额贷款公司贷款、资产证券化

（3）电商平台互联网消费金融存在信用违约风险。首先，电商平台发展初期往往缺乏充分的准备，个人违约风险比较大。随着后续的发展，业务规模和覆盖范围不断扩展，风险也会随之增加。其次，我国信用建设还不完善，短期内很难完成个人信用体系建设，而且对个人多角度、全方位的信用评级还比较缺乏，电商和消费者的信息不对称，个人信用信息不完善，可能会出现恶意违约，存在较大的违约风险。而电商平台利用大数据和积累的用户数据，进行个人授信，数据成为风险控制的重要依据。再其次，由于电商平台互联网消费金融无担保、无抵押，存在固有的信用风险。最后，互联网消费是一种短期行为，一些消费者不能正确判断自己的偿还能力，出现非理性消费，也会带来违约风险。

（二）商业银行模式

商业银行在研发及运营消费信贷业务中积累了丰富的信贷风险管理经验；发达的电子渠道和支付体系成为商业银行线上拓展消费金融业务的有力抓手；另外，传统的商业银行在发展消费金融业务的过程中拥有其他互联网企业不可比拟的品牌影响力。[132]

1. 商业银行参与互联网消费金融的主要形式。商业银行是互联网消费金融的重要参与方,其参与形式主要有两种:一是产品创新,即通过金融产品研发,向不符合信用卡等传统产品风险偏好但具有较高信用评级的次优质人群,提供小额信用类消费信贷服务,侧重于客户的培育和成长。这类产品的业务流程相对成熟、清晰,但由于缺乏有效的场景数据支持,对次优质人群的信用评估效率和通过率都比较低,加之营销推广渠道较少,业务整体规模有限。二是资本布局,即通过控股或参股的形式,成立持牌消费金融公司,借助银行的资金、风险控制、品牌和人才优势开展消费金融业务。[133]

2. 商业银行参与互联网消费金融的主要流程。消费者先要用抵押向银行申请贷款,然后银行根据抵押品及信用状况对消费者进行评估,决定是否放贷,若申请成功,待到获得贷款后,消费者便可进行日常消费。该模式的主要运行方式为:消费者向银行申请消费贷款,银行紧接着对消费者信用及还款能力进行评估,通过审核,银行就会给予放款。目前,银行的所有贷款服务包括个人消费贷款和企业消费贷款,企业一般资金周转困难,都会选择去银行贷款,个人则很少为消费去银行贷款。因此,在商业银行贷款中,个人消费贷款占比很低。

3. 银行互联网消费信贷主要模式。国内银行为促进互联网消费金融的发展,采取了一系列的措施,包括优化服务,不断增加网上商品供给,丰富其产品,尽它们最大力量应对互联网金融对其传统业务的冲击,促进网上消费的发展。银行互联网消费信贷主要模式是:银行自己开发产品、搭建平台,基于平台进行信贷服务,消费者可以直接在页面上或者下载手机 App 申请贷款,通过网银进行贷款,还可以通过相关电商进行贷款,从各大银行推出的互联网消费贷款产品分析发现,目标客户基本为银行原有客户,贷款额度最少为几千元,多则可达数百万元。

(三) 消费金融公司模式

1. 消费金融公司的概念。消费金融公司是经金融监管当局批准设立,不以吸收公众存款为经营目标,基于小额、分散原则为境内居民个人提供以消费为目的贷款的非银行金融机构,是互联网消费金融市场的重要开拓者和主要参与者。相较于其他市场主体,消费金融公司具有较强的股东背景、较高的品牌声誉、多渠道融资带来的较低资金成本及专业的风险控制能力,其线下场景覆盖较广、渠道众多、规模较大,并与线上消费平台开展合作以拓展线上业务。

2. 消费金融公司运营特点。消费金融公司作为不吸收公众存款,为个人提供以消费为目的贷款的非银行金融机构,消费金融公司可以直接受理消费者的消费贷款申请,为符合申请条件的申请者发放贷款。另外,消费金融公司还可以与商户开展业务合作,通过在消费环境中嵌入使用消费贷款,将资金直接支付给商户。

但是,消费金融公司资金来源有限,流动性不足导致市场中消费金融机构数量严重不足,无法形成良性市场竞争局面。[134]2009年《消费金融公司试点管理办法》明确指出禁止消费金融公司吸纳公众存款,消费金融公司的资金来源只可以从同行业拆借、向银行贷款、资产转让或者批准发行金融债券等渠道获得。消费金融公司的资金来源不足,流动性支持较差,对我国消费金融的发展提出了一定挑战,而严格的主体资格审查制度,导致我国符合要求的消费金融机构少之又少,基本上只有传统商业银行具有成立消费金融机构资格。截至2017年,我国仅有24家消费金融公司持有牌照,其中,银行系消费金融公司为20家,占总数量的83.33%,非银行系消费金融公司为4家。截至2018年4月,全国获得批复的消费金融公司已达25家,盈利能力、业务规模、客户群体都在不断地扩大。

3. 消费金融公司与商业银行运营模式对比。这类模式与银行类似。但审核标准比银行更宽松,也容易获得更多的贷款。在风控方面与银行相比,其审核标准更为宽松,再加上其资本的逐利性,使得消费贷款较为容易获得。消费金融公司对风控主要也是借助了高科技技术,首先要打通各个信息认证接口;其次进行活体检测,征集存取款支付时的人脸识别,然后进行征信,自动化提取信息,设置好拒贷规则;最后进行用户信用评分,与银行相比,贷款比较容易获得,贷款额度也会更高一些,但消费金融公司的整体实力可能欠缺,不如各种商业银行那样资金雄厚,且广大消费者认为消费金融公司是个人创建,若运营不好会存在"跑路"的风险。因此,在消费者接受程度方面,会显著低于银行。

(四)互联网小额贷款公司、保险公司及提供消费金融产品的互联网金融模式

为电商平台、传统企业或垂直细分市场的线下渠道切入消费金融市场,提供了可选的金融触点。一方面,电商平台和相关企业通过自建互联网小额贷款业务平台、参股消费金融公司或与互联网金融平台合作,实现金融业务的拓展;另一方面,已具备金融业务主体资质的各类互联网小额贷款公司以及互联网金融平台(分期平台或网络借贷平台等)也在积极寻找各种消费场景的切入机会,通过与某类具有较好获客、黏客属性的细分市场(如家庭装修、教育、旅游等)中发展较好的商务平台或产品、服务提供方进行客户资源及数据的对接,并针对其客群特点开发相关的互联网消费金融产品,以实现金融服

务的场景化,从而降低产品信用风险,增强自身盈利能力。

五、互联网消费金融面临的风险分析

我国的互联网消费金融市场尚处于发展初期,仍然面临着许多风险性的问题。大致可将金融中可能存在的风险分为以下四个方面。

(一) 法律与政策风险

互联网消费金融发展速度很快,而法律与政策的完善需要一个过程,因而在现实的互联网消费金融环境中存在着法律政策监管不足的情况。消费金融公司由银保监会监管,目前仅有《消费金融试点管理办法》对消费金融公司的准入与管理做出了规定。法规监管条例颁布的滞后性,在一定程度上制约了互联网消费金融公司产品服务的创新,一些公司可能因而延迟在互联网消费金融领域的拓展,或放弃一些创新型互联网消费金融产品服务。[135]

(二) 消费金融公司的内部风险

互联网消费金融公司的内部风险,一方面来自公司对于用户风险性因素的把控和技术性风险;另一方面则体现为公司内部管理方面的风险。消费金融公司多是提供无抵押担保的信用贷款,面临了较高的风险性问题,因此,对风险的控制十分重要。互联网消费金融公司一般利用用户网络行为数据的分析进行风险性评估,在对借款人进行风险持续性的检测过程中,都存在着信息不对称的问题。另外,还面临着互联网环境下的风险,例如技术层面的风险、网络信息安全问题等;互联网平台开放性特点也带来了网络安全风险问题,我国网络用户的网络安全状况不容乐观。此外,互联网消费金融公司在内部管理制度设计和人员管理方面的不足也会带来各方面的风险隐患。

(三) 消费者违约信用风险

在互联网消费金融中,信用风险指消费者逾期违约不履行债务而给出借人或平台带来损失的可能性。一方面,与传统信贷机构相比,互联网信贷市场方便快捷的借贷业务往往导致抵押物缺少甚至没有的现象,从而无法保证消费者按期履行债务;另一方面,我国始终缺乏完善健全的信用评级机制,互联网消费金融平台无法识别消费者的信用状况。贷款方也对消费者收入、还款能力等私人信息缺乏了解,在此情况下,信息的不对称致使部分资信状况较差的用户可能进行伪装,以较低的利率获得更多的资金。此外,消费者逾期违约无力还

款也易引起信用风险,虽然平台可以利用合法手段(包括但不限于委托债务催讨公司等第三方机构,申请相关部门进行调查、向法院提起诉讼等方式)进行事后的追偿,但是这并不能从根本上消除消费者违约的可能性。因此,在目前互联网消费金融市场风险控制机制不完善的情况下,信用风险无疑对于整个行业的可持续运营产生极为不利的影响。

除此之外,为按期履约,消费者甚至采用"以贷还贷"的方式。例如,利用银行信用卡进行套现借以偿还贷款。针对此现象,招行和交行以个人信用卡的透支应当用于消费领域,而用信用卡对京东商城中京东白条这一贷款产品进行还款属于将透支用于非消费领域为由,先后关停信用卡偿还京东白条的业务,以此杜绝"以贷还贷"现象。京东对此表示回应,"个别银行很封闭,想的是封堵;有些银行很创新,想的是合作"。虽然互联网消费金融需要创新,但是商业银行信用卡偿还分期贷款显然是一种明显的信用风险转嫁行为,行业也应对内在所蕴含的风险有清晰的认识和高效的管理,而且单纯的风险转嫁行为也仅仅使风险的暴露得到暂缓,并非本质上的消除。

(四) 消费金融公司的外部风险

互联网消费金融面临着来自宏观层面的金融市场风险,金融体系的波动会对消费金融市场形成冲击。除此之外,互联网环境下的信贷业务缺乏有效的监管,也未形成健全的消费者权益保护机制,来自互联网消费金融的行业风险也会造成信任危机,进而带来环境风险,例如,最近发生的E租宝事件对整个互联网金融行业造成了不利的影响,可能会降低部分消费者对于互联网金融服务的信任度。主要表现在以下两个方面。

1. 监管主体难以确定。随着互联网消费金融行业的发展,平台所从事的内容不局限于消费信贷业务、理财业务等,同时对于资产证券组合转让、销售等业务也有所设计,并逐渐朝着综合化、交叉性的方向发展。这对处于分业监管格局下的金融监管模式提出了难题,并导致金融监管机构职责不清、法律性质无法明确的情况。[136]

2. 监管对象的不明晰。伴随着互联网消费金融的高速发展,企业主体不再局限于消费金融公司等,电商平台、分期购物平台等主体也纷纷涌入,而现有的政策法规的完善需要一个过程,从而导致监管方对其他从业主体监管方面的忽视,并过度关注消费金融公司,这使得消费金融公司的发展受到传统监管理念和思路的限制无法创新,而其他类主体却可以从中趁机监管套利,不利于行业发展的公平公正、健康规范,以及对于消费者权益的有效维护。

六、互联网消费金融健康发展之路

(一) 拓宽资金渠道,实现消费贷款资产证券化

互联网消费金融发展最根本的是要解决资金来源、拓宽资金来源途径,为确保能够拥有充足的资金来源,互联网消费金融不断扩大经营规模,实现消费贷款资产证券化是重要的解决途径。此外,互联网消费金融发展还需增大普及力度,提高互联网消费金融占传统消费金融的比例,政府应对互联网消费金融给予政策支持,鼓励社会公众接受互联网消费金融,进一步宣传和推广互联网消费金融,当互联网金融消费人数提升,相应的融资也会变得更加顺利。值得注意的是,在推广互联网消费金融时应注重适度原则,提示消费者合理享受信贷服务,尤其是针对青少年,更要限制信息服务数额和次数。[137]

(二) 注重风险防控,健全互联网金融监管制度

风险防控与金融监管是互联网消费金融发展的必经之路,只有借助健全的监管制度,将风险控制在合理范畴之内,才能确保互联网消费金融长期、稳定发展。首先,互联网消费金融应降低欺诈风险。互联网消费金融要加强对客户资质审查,防止客户利用技术手段伪造个人信息。互联网消费金融可以成立反欺诈联盟,对涉嫌欺诈的人员设立"黑名单",形成共同防御、信息共享的风险管理合作机制。其次,以适度监管为原则。对互联网消费金融监管而言,要实施差异化创新监管方式,既不能放任自流,更不能扼杀互联网消费金融创新动力,政府及相关部门应减少对互联网消费金融发展的干预,为其创造宽松的发展环境。最后,健全互联网金融监管制度。互联网金融监管要从消费者利益出发,建立资金安全、信息管理、法律援助等监管机制,要求互联网消费金融机构要做好信息披露,防止存在信息欺诈,更要限制互联网消费金融的宣传推广,防止出现引诱性宣传,注意提醒消费者适度信贷。此外,健全法律援助制度。即便消费者存在违约还款现象,也要对消费者合法权益进行保护,严禁暴力催收行为,坚决以法律方式解决信贷纠纷。

(三) 加大互联网消费金融普及力度

消费金融理念的普及需要来自多方面的努力,政府层面上对于消费金融的鼓励、支持与引导对于消费金融的推广至关重要。为此,不仅需要政府在政策层面加强互联网消费金融的规范和监管,而且还应从多个层面鼓励消费金融领

域的创新。这些举措将有利于推动扩大消费金融的影响力，进而形成良性发展的格局。因为消费金融的发展有利于刺激消费，拉动经济增长，经济环境的改善又能够增强人们对于未来的预期，从而促进消费金融服务习惯的形成。对于互联网消费金融公司来说，利用互联网信息技术手段虽能达到消费金融理念迅速传播的目的，但想要赢得消费者的初始信任并改变观念，接纳消费金融服务，则需要服务本身的深化和创新。

（四）构建多元征信体系，完善法律法规及配套设施

互联网消费金融征信是利用大数据、云计算等先进技术，对消费者数据信息进行收集、分析、评估的，要注重时刻更新消费者数据信息，确定消费者最新的信用状况。随着互联网消费金融日益火爆，在提供分期消费和信贷服务时，要以信用评价为基础，保障双方权益，例如，通过消费者信用卡、购物、转账、理财等数据信息，确定消费者最终的信用额度，从而更好地提供互联网消费金融服务。此外，我国还要完善法律法规以及配套政策。我国应出台互联网消费金融专项法律，明确规定互联网消费金融的资金来源、服务人群和服务方式，并建立监管机制，约束互联网消费金融机构的经营行为，规范互联网消费金融行业发展。同时，还应注重消费者个人信息保护机制，对非法传播消费者个人信息、篡改消费者个人信息的行为进行制裁，营造互联网消费金融发展的良好环境。

第二节　互联网借贷浪潮下大学生信贷消费风险分析

互联网信贷消费已经演变成为一种趋势，大学生成为其重要的消费主体。本书采用问卷调查方法采集数据，对大学生互联网信贷消费的现状、原因，以及存在风险进行分析，提出规范大学生互联网信贷消费的措施建议。

互联网借贷是借贷过程中，资金提供者和借入者通过互联网平台实现认证、记账、清算及交割等所有借款流程的一种创新金融模式。互联网借贷是在传统民间借贷的基础上，对网络技术进行升级，增加商业元素，使借贷市场化、规模化，是我国民间借贷的一种补充形式。互联网借贷以小额贷款为主，放款人和借款者都不需要中介和抵押可轻易达到借贷目的。互联网借贷对缓解企业短期资金周转、扩展个人投融资渠道提供了机遇和平台，在一定程度上释放了金融压力。

一、互联网借贷的产生与发展

互联网借贷起源于欧美国家，2005年3月，全球首个P2P互联网贷款平台Zopa在英国伦敦正式成立，标志着互联网借贷的诞生。在风险管理方面，除了与主流信用评级机构建立联系和设置获取借款的障碍外，Zopa还将就资金的使用向借款人提供咨询，并签署法律合同，移交给专业公司收回。此外，Zopa强调投资多样化，设立安全基金，保障投资者的财务安全。为了确保新兴、快速增长的互联网贷款行业能够保持高质量的发展，同时也为了保护个人和企业消费者的合法权益，2010年8月，Zopa与RateSetter和Funding Circle共同创建了英国P2P金融协会P2PFA，为行业制定自律规则。协会成员逐年增加，为英国P2P行业的稳定发展提供了重要保障。

2007年8月，中国首个纯信用担保的互联网贷款平台——拍拍贷在上海正式成立。2012年，互联网贷款平台在中国兴起并蓬勃发展。[138] 2018年1月8日，互联网借贷公司（P2P互联网借贷第三方平台）发布的《2017年中国互联网借贷行业年度报告》显示，截至2017年12月底，国内互联网贷款行业正常运营平台数量已达到1 931家。经研究发现，中国的互联网借贷发展大致经历了四个阶段：第一阶段以信用借款为主；第二阶段以地域借款为主；第三阶段是风险爆发阶段，即以自筹资金和高利率为基础的风险爆发阶段；第四阶段即现阶段，以调整监管为主阶段。

（一）互联网借贷模式

互联网借贷模式主要有B2C和P2P两种。企业对个人（B2C）是一种由公司为消费者提供的电子商务模式，其经营业务一般以网络零售为主，借助网络平台直接对消费者开展在线销售活动，消费者通过互联网实现购物和支付的链接。这种创新的电子商务模式大大节省了企业和消费者的时间成本，提高了交易效率，为大众所欢迎。B2C电子商务企业主要由购物网站、配送系统和结算系统组成，我国的代表性企业有天猫、京东等。个人对个人（P2P），又称点对点网络贷款，是一种互联网贷款平台收集小额资金向需要资金的个人提供贷款的贷款模式。在这种模式下，借贷利率由双方约定，以金融市场为参照，交易速度快、成本低。P2P是互联网金融产品之一，它也是民间借贷的一种补充形式，以小额度的贷款为主。这种金融模式的出现得益于互联网技术的逐渐成熟和民间借贷的兴起，随着政策效益和政府监管细节的日益清晰，被越来越认可和接受，成为未来金融服务业的发展趋势。

（二）互联网借贷对社会的影响

从宏观经济角度来看，以 P2P 贷款平台为代表的互联网金融市场正在蓬勃发展。不仅解决了中小企业长期的融资问题，也为许多个人投资者提供了一个新的投资渠道。纵观全局，互联网贷款作为一种金融创新模式，有效解决了金融市场的信息不对称问题，缓解了资本供需矛盾，引导社会资金进入经济效益较高的项目和行业，提高资本利用效率。因此，一方面，网络贷款可以提高社会经济实体之间的资源配置效率，促进金融体制改革，从而促进国民经济实现新的增长；另一方面，互联网贷款产品的增加将使整个宏观经济体系面临系统性风险，一旦宏观经济衰退发生，金融风险将迅速蔓延到实体经济，加速实体经济的衰退。

从大学生角度来看，互联网借贷作为一种新型金融模式，它的出现迎合了大学生群体认识和体验新事物的心理需求。当代大学生利用网络贷款的模式主要体现在电子商务平台上，大学生所了解的电商平台推出的互联网信贷消费产品种类较为丰富，众多电商平台的互联网借贷产品的推出，在很大程度上节约了大学生在消费上的时间成本，为大学生日常消费拓宽了资金来源渠道。另外，与传统的实体店相比，互联网信贷消费具有较大的自主选择性和便捷性，能够实现快速和低成本的信贷消费，使具有潜在消费需求但普遍资金不足的大学生迅速适应互联网信贷消费的新模式。但互联网借贷的使用也使大学生消费出现了三个方面的问题：一是消费结构不合理，追求时尚和娱乐消费；二是消费观念不够理性，崇尚超前消费；三是消费金额过高，容易形成经济负担。

二、我国大学生互联网信贷消费现状

为保证数据的真实性和书中内容的科学性，本书相关数据均来自问卷星网络调查，对甘肃省各大普通高等院校的 150 名各个年级的在校大学生进行了调研（见表 6-3），问卷有效率为 100%。

表 6-3　　　　　　　大学生互联网信贷消费调查表频数分析

题项	选项	频数	百分比（%）
1. 您的性别是？	男	63	42
	女	87	58
2. 您的年级是？	大一	29	19.33
	大二	11	7.33
	大三	27	18
	大四	83	55.33

第六章 发展消费金融，规划信贷资源配置

续表

题项	选项	频数	百分比（%）
3. 您的家庭经济状况？	富裕	2	1.33
	较好	5	3.33
	一般	101	67.33
	较困难	42	28
4. 您家庭每月的人均收入为？	≥5 000 元	18	12
	2 000～5 000 元	53	35.33
	1 000～2 000 元	42	28
	≤1 000 元	37	24.67
5. 您每个月的生活费用支出是？	≥3 000 元	6	4
	2 000～3 000 元	8	5.33
	1 000～2 000 元	69	46
	≤1 000 元	67	44.67
6. 您认为自己的消费水平在同学中属于？	很高	5	3.33
	较高	6	4
	一般	108	72
	较低	31	20.67
7. 您生活中的网络消费占总消费支出的百分比是？	0～30%	88	58.67
	30%～50%	41	27.33
	50%～80%	18	12
	80%～100%	3	2
8.［多选题］您所知道的网络信贷消费平台有？			
P2P	未选中	119	79.33
	选中	31	20.67
蚂蚁花呗（借呗）	未选中	13	8.67
	选中	137	91.33
唯品花	未选中	117	78
	选中	33	22
京东白条	未选中	78	52
	选中	72	48
其他	未选中	107	71.33
	选中	43	28.67

续表

题项	选项	频数	百分比（%）
9. [多选题] 您所使用过的网络信贷产品有？			
P2P	未选中	143	95.33
	选中	7	4.67
蚂蚁花呗（借呗）	未选中	26	17.33
	选中	124	82.67
唯品花	未选中	139	92.67
	选中	11	7.33
京东白条	未选中	130	86.67
	选中	20	13.33
其他	未选中	121	80.67
	选中	29	19.33
10. 您选择网络信贷消费的原因是？	（用户未填写）	3	2
	喜欢网络消费	30	20
	体验新事物	29	19.33
	随大流	9	6
	资金周转需要	79	52.67
11. 您使用网络信贷产品一般的借入金额是？	（用户未填写）	3	2
	≥2 000 元	12	8
	1 000～2 000 元	21	14
	500～1 000 元	31	20.67
	≤500 元	83	55.33
12. [多选题] 您借款的用途主要是？			
电子产品	未选中	128	85.33
	选中	22	14.67
化妆品	未选中	121	80.67
	选中	29	19.33
服装	未选中	111	74
	选中	39	26
日常消费用品	未选中	57	38
	选中	93	62
其他	未选中	106	70.67
	选中	44	29.33

续表

题项	选项	频数	百分比（%）
13. 您一般选择的还款方式是？	（用户未填写）	3	2
	一次偿还	113	75.33
	分期还款	26	17.33
	月最低还款额	6	4
	逾期还款	2	1.33
14. 您认为自己还款是否存在困难？	（用户未填写）	3	2
	不会	70	46.67
	偶尔	69	46
	经常	7	4.67
	根本无力偿还	1	0.67
15. 您目前还款的资金来源主要是？	（用户未填写）	2	1.33
	父母	109	72.67
	朋友、同学	4	2.67
	自己赚	34	22.67
	以贷还贷	1	0.67
16. 您认为如今的网络信贷消费模式是否存在风险？	（用户未填写）	1	0.67
	没有风险	6	4
	有一定风险	101	67.33
	风险很大	32	21.33
	不是太了解	10	6.67
17. 您认为发生的风险主要源自？	学生自身	58	38.67
	网络信贷平台	73	48.67
	监管部门	19	12.67
18. 您的父母是否认可这种消费模式？	认可	13	8.67
	观望	25	16.67
	反对	55	36.67
	不了解	57	38
19. 您认为大学生的网络信贷消费行为是否理性？	理性	11	7.33
	一般	38	25.33
	视情况而定	80	53.33
	不理性	21	14

续表

题项	选项	频数	百分比（%）
20. 您认为如今的网络金融行业的监管属于哪个阶段？	初步阶段	87	58
	发展阶段	61	40.67
	成熟阶段	2	1.33
21. 您了解国家新出台的关于互联网金融行业监管的相关制度和条例吗？	不了解	85	56.67
	有一定了解	61	40.67
	了解很全面	4	2.67
22. 您认为未来的大学生在网络信贷平台上会趋向于理性消费吗？	会	52	34.67
	不好说	86	57.33
	不会	12	8
23. 您是否看好网络信贷平台的未来前景？	看好	61	40.67
	不确定	69	46
	不看好	20	13.33
合计		150	100

资料来源：大学生互联网信贷消费调查资料。

（一）大学生的互联网信贷消费模式

大学生的互联网信贷消费模式主要包括 P2P 网络借贷平台、校园分期购物平台和电商平台三种。P2P 网络借贷平台，大众熟知的有拍拍贷、人人贷、宜人贷等；校园分期购物平台是专为大学生而设的金融服务平台，包括分期乐、名校贷、趣分期和优分期等；电商平台主要是阿里巴巴、京东、唯品会等大规模电商，推出了较多的信贷消费产品，例如蚂蚁花呗、蚂蚁借呗、京东白条、唯品花等。

网络购物已经逐渐成为当代大学生购物消费的主要形式，调查数据显示，在三大互联网借贷消费平台中，93.71% 的大学生了解电商平台，而了解 P2P 和校园分期购物平台的学生分别占 20.67% 和 91.33%。而对于这些平台，82.67% 的学生表示使用过支付宝的蚂蚁花呗（借呗），13.33% 的学生使用过京东白条，7.33% 的学生使用过唯品花，另有 4.67% 的学生选择使用 P2P 和其他产品。由此可见，大学生对以电商平台为代表的互联网借贷平台的了解和使用较为普遍。

(二) 大学生进行互联网信贷消费的特征

1. 大学生进行互联网信贷消费的金额较高。进入大学，来自父母的生活费用供给已经不足以支付大学生迅速增长的消费需求，但由于自身暂时并没有其他的经济收入来源，互联网借贷恰好可以弥补大学生此时的资金需求，但网络消费的虚拟性使得大学生对于消费金额并无准确概念，会滋生冲动和盲目消费。数据显示，55.53%的学生使用互联网信贷消费的借入金额在500元以下（含500元），20.67%的学生借入金额在500~1 000元，14%的学生借入金额在1 000~2 000元，8%的学生借入金额达到2 000元（含2 000元）以上（见图6-2）。

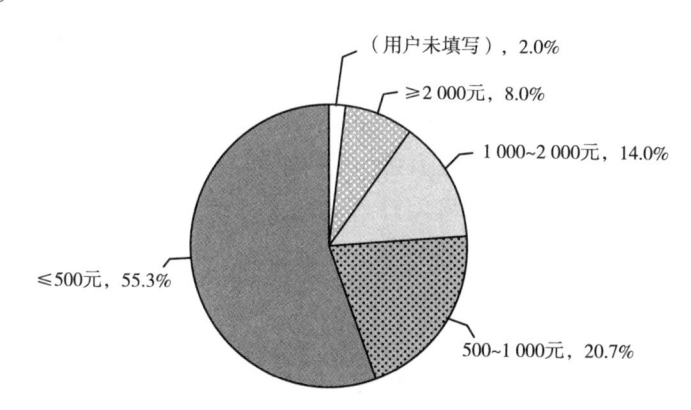

图6-2 大学生消费信贷金额分布情况

资料来源：大学生互联网信贷消费调查资料。

2. 大学生互联网信贷消费具有多元化的结构特征。随着时代的变迁，大学生的消费需求也发生了变化，消费结构开始多样化。除了日常生活所用的必需品，大学生在美容化妆、电子通信、娱乐等非必需的消费方面也越来越多。调查数据显示，62%的学生将信贷消费用在日常消费品上，19.33%的学生用在化妆品上，14.67%的学生用在电子产品上，29.33%的学生选择其他用途，例如健身、户外旅游等。

3. 大学生对互联网信贷消费，还款的资金来源单一，很难独立还款。为及时偿还借款，72.67%的学生会选择寻求父母援助，22.67%的学生会选择自己赚，个别学生会选择求助同学和朋友，个别同学则会铤而走险，选择以贷还贷。家庭条件允许，自是可以支撑借款学生的还款资金需要，但仅有8.67%的学生父母认可这种新型的消费模式，长期依赖父母还贷，必然引起家庭矛盾。而对于家庭无法给予还款资金支持的学生，很难独立解决还款难题，自己兼职赚取的收入无疑是杯水车薪，寻求朋友帮助毕竟也不是常事，长此以往便会有部分学生陷入以贷还贷的危险。

（三）大学生选择互联网信贷消费的原因

1. 生活费用支出增加。随着大学生生活环境和消费观念的变化，大学生早已不能满足以前高中时代简单的消费模式，加之司空见惯的攀比现象，大学阶段对于物质方面的需求大幅提升，导致大学生每个月的生活费用显著增加。在被调查对象中，50%的学生每月生活费在1 000元以下（含1 000元），42.38%的学生每月生活费在1 000~2 000元，4.64%的学生每月生活费在2 000~3 000元，还有2.98%的学生每月生活费高达3 000元以上。如此，大学生的消费需求正在逐步增加，很多大学生表示选择互联网信贷消费缘于日常生活中的实际资金周转需要。

2. 家庭经济条件存在很大的局限性。在302名学生中，仅有4.96%的学生家庭经济状况比较富裕，绝大多数学生的家庭经济状况一般，甚至有一小部分学生家庭存在一定程度的经济困难（见图6-3）。24.67%的学生家庭每月的人均收入不高于1 000元，28%的家庭月人均收入在1 000~2 000元，35.33%的家庭月人均收入在2 000~5 000元，仅有12%的家庭月人均收入能达到5 000元以上（含5 000元）。简而言之，由于家庭经济条件的限制，大学生日常可支配的生活费用仍旧非常有限，实际消费水平远远低于理想中的消费预期，根本不能够有效满足消费需求，校外兼职环境存在不安全因素，而苦于自身并没有其他的收入来源渠道，陷入"缺钱花"的尴尬境地。

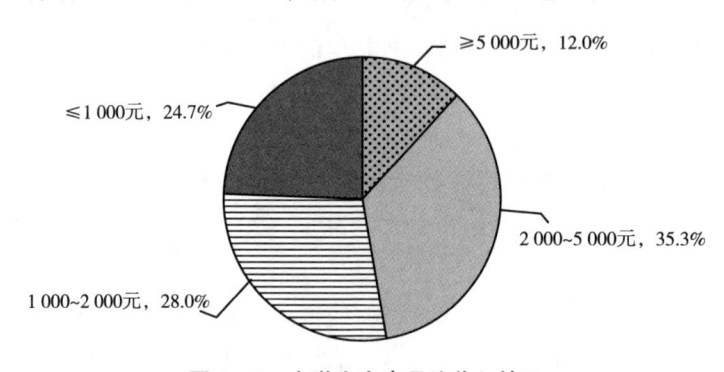

图6-3 大学生家庭月均收入情况

资料来源：大学生互联网信贷消费调查资料。

3. 互联网信贷恰好可以满足学生需求[139]。互联网信贷产品的资金供求期限和数量匹配，不需要银行和其他金融中介机构，直接进行供求交易。金融市场的运作完全以互联网为基础，不受地域限制，交易成本极低，该产品操作简单。大学生只需要提供简单的身份信息，无须提供实质担保和漫长的审核期限就可以获得跟自己消费需求和期限匹配的一定信贷额度，很快完成网络信贷消费，获得便捷高效的购物体验。另外，互联网金融作为一个新生事物，区别于传统较为单一的金融市场环境，符合大学生尝试和体验新事物的心理需要。39.33%的学生是出于体验网络信贷消费和喜欢互联网信贷消费模式而选择了这一形式。

三、大学生互联网信贷消费存在的风险

关于互联网借贷消费过程中可能存在的风险的调查数据显示，38.67%的大学生认为风险源自大学生自身，48.67%的大学生认为风险来自互联网借贷平台，12.67%的大学生认为借贷风险与监管部门有密切的关系（见图6-4）。

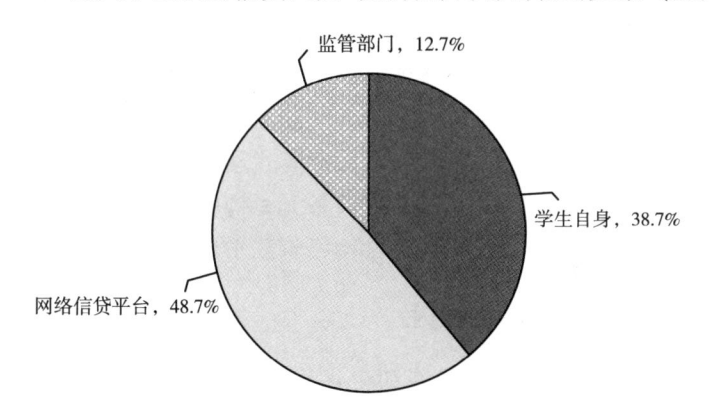

图6-4 大学生认为消费信贷风险来源情况

资料来源：大学生互联网信贷消费调查资料。

（一）大学生自身角度

一方面，由于与传统的金融模式相比，互联网贷款具有门槛低、成本低、服务多、节省时间等优点，对于需要小额贷款的大学生来说，这已成为一个很好的选择，大学生自身没有经济来源，日常消费依赖父母，成为资金短缺群体，成为进行互联网小额贷款的主要借款人。另一方面，在经济利益的推动下，互联网贷款平台不断推出新的商业模式和贷款产品，设计和推出专门针对大学生的小额借贷产品，但许多互联网借贷平台风控制度不完善，技术发展不成熟，管理不规范，无法将平台与客户资金完全分离。因此，存在泄露借款人

个人信息的漏洞问题,更有不法平台为了及时收回贷款或追求高额利息,采用威胁敲诈、暴力催收等极端手段。[140]然而,对于大学生来说,容易受到网络、现实社会一些高消费生活的吸引和诱惑,萌发攀比消费的冲动心理,发生互联网借贷行为,无力还款的压力威胁身心健康。基于上述原因,在大学生在网络信用消费过程中,经常发生"套路贷""校园贷"等恶性贷款事件。

(二) 从互联网借贷平台角度

由于大学生没有正式工作,没有固定收入,自身还款能力较差,对逾期还款和个人信用认识不足,互联网借贷之后,有一些大学生未能及时偿还贷款,为借款平台造成了流动性风险(坏账风险),严重影响了互联网贷款平台合法利益。与此同时,我国的个人信用制度还处于不完善阶段,个人信用记录查询功能缺乏,网上借贷平台在审批借款人信息的过程中,存在一些虚假的信息来欺骗贷款,导致网上贷款平台资金流失。虽然互联网借贷平台数量不断增多,但是其行业内部的平台彼此之间缺乏信息资源的互通共享,很可能造成"拆东墙,补西墙"(跨平台借贷)甚至恶意借贷现象,进而导致互联网借贷平台出现资金链断裂甚至倒闭的结果。另外,一些互联网贷款平台在利益驱动下盲目扩大业务范围和服务目标,在大学校园招聘代理,发展贷款服务。然而,对于还款能力弱的大学生来说,这种贷款业务无疑构成了一种负担,这不仅不利于大学生形成科学的消费观念,而且给网络贷款平台带来了一定的风险。

(三) 从金融市场环境角度

互联网金融业监管政策的发展和变化,将直接影响互联网借贷平台的运行。自互联网借贷产生以来,从原来的监管空白到近年来监管法律和政策逐步完善,基本形成相对严格的网络监管环境。然而,就目前的监管方法和技术而言,在互联网贷款平台、借款利率和借款人资格审核等方面,仍难以实现严格的限制。另外,互联网金融监管政策的微调,可能会导致一些平台面临财务困难和无序退出,会严重扰乱金融市场秩序,引起金融市场动荡(见图6-5)。

四、关于大学生互联网信贷消费的建议

问卷调查得知,大多数大学生对于自身群体将来是否能够做到理性消费持否定意见,对互联网信贷产业的未来前景也充满疑惑,这就说明大学生互联网信贷消费方面需要努力的地方还有很多,本书从以下三个方面提出建议。

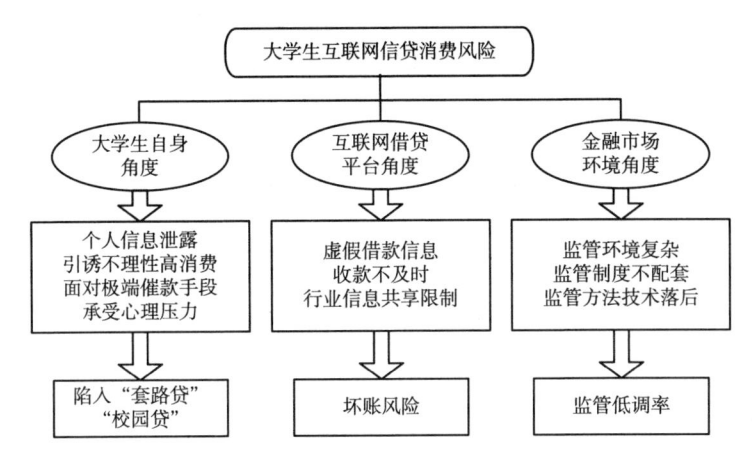

```
                    大学生互联网信贷消费风险
                              │
        ┌─────────────────────┼─────────────────────┐
    大学生自身             互联网借贷             金融市场
      角度                 平台角度              环境角度
        │                    │                    │
   个人信息泄露           虚假借款信息          监管环境复杂
  引诱不理性高消费        收款不及时           监管制度不配套
  面对极端催款手段       行业信息共享限制       监管方法技术落后
    承受心理压力
        │                    │                    │
   陷入"套路贷"            坏账风险             监管低调率
     "校园贷"
```

图6-5 大学生互联网信贷消费风险分析

（一）从大学生自身方面

大学生对自身群体关于互联网信贷消费是否理性的问题上，仅有7.34%的学生持肯定意见，78.66%的学生认为不完全理性，14%的学生认为该行为不理性（见图6-6）。一是由于大学生肩负着家庭希望和社会责任，应保证有足够的精力投入在学习中，在日常消费过程中，应该树立理性消费、诚实守信的意识，充分认识到逾期还贷的严重后果，不与周围同学盲目攀比，量入为出、适度消费。[141]关于大学生对互联网借贷风险的认知程度的调查数据发现，67.33%的学生认为互联网信贷消费有一定风险（见图6-7），21.33%的学生认为风险很大，4%的学生认为没有风险，其余6.67%的学生对其风险表示不是很了解。这表明大学生对网络贷款的风险有一定认识，但这不足以让我们

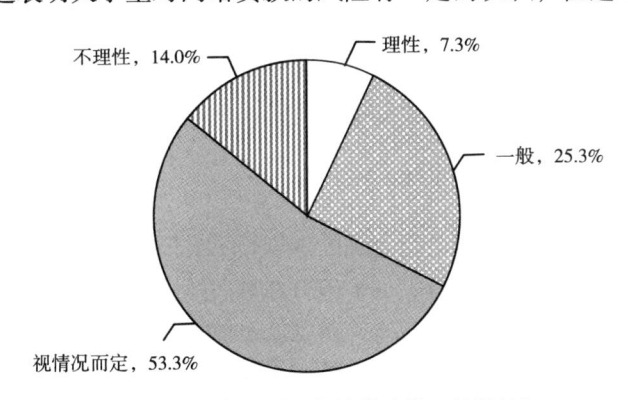

饼图：不理性 14.0%；理性 7.3%；一般 25.3%；视情况而定 53.3%

图6-6 大学生对网络信贷消费理性的认识

资料来源：大学生互联网信贷消费调查资料。

放松警惕。二是对于复杂难辨的社会环境和部分急功近利的不法借贷平台，还是要提高安全意识，高度警惕，在网络平台上不可轻易泄露个人信息和恶意使用他人信息，增强辨别非正规网络借贷平台的能力，防止上当受骗。

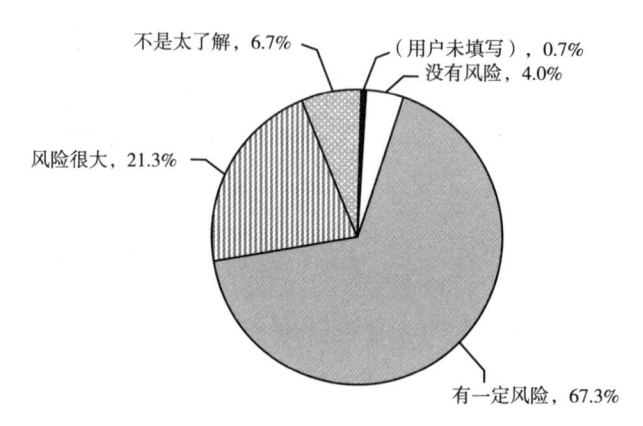

图 6-7　大学生对网络信贷消费风险的认识

资料来源：大学生互联网信贷消费调查资料。

（二）从互联网借贷平台方面

首先，借贷平台在借贷审核工作中，要完善风控制度和管理系统，增强风险防范能力，严格审核程序和要求。适当提高借款准入门槛，严格审核借款人的个人信息、财务信息、历史信用记录和个人其他相关行为记录，设置严密的信用借款额度范围，从借款发放源头防止坏账。其次，收费标准化、透明化，详细列示借款发生的手续费用及利息计算方式，以便借款人选择适合自己资金和风险承受能力范围之内的借贷产品，科学借贷。再其次，规范收款方式、提高收款能力，防范和规避金融风险，用法律手段保障平台的合法经济利益。最后，真正从借款人角度出发，正确评估各个类型的客户情况，进一步提高和优化服务，提供给客户更优质和更安全的产品，实现持续经营和发展。

（三）从政府网络监管部门方面

大学生对当前网络金融监管意识的调查显示，58%的学生认为互联网金融行业的监管目前处在初步阶段，40.67%的学生则认为处在发展阶段，另有1.33%的学生认为现阶段的金融监管制度已足够完善。这样的数据说明政府网络监管部门对于互联网借贷的监管工作并不完善，需要进一步引导和组织完善互联网金融行业相关监管法律及制度，进一步明确监管中的细节问题，并让互联网金融平台和广大民众了解和学习相关的法律和制度，以便遵守和维护自身合法权益。[142]除此之外，要继续深化网络监管中的技术革新，改善和净化网络金融行业环境，完善个人（包括大学生）征信系统，进一步提高全社会的诚信意识，严厉打击互联网信贷恶意欺诈，保障合法合规互联网借贷活动正常进行。

总之，近几年国家出台了一系列互联网借贷行业法律和行政管理制度，新闻媒体也持续报道和披露个别平台的违规借贷行为，足以证明社会对互联网借贷行业的重视和努力。新事物的发展进步总是需要一个相对艰难的过程，我们要客观对待它的存在，相信它会走向完善，更要相信我们通过对它有足够深刻的认识之后，能够做到合理和安全使用，真正享受到互联网借贷带来的利好。

第七章

金融支持创业研究

第一节 大学生创业金融支持路径

一、大学生创业融资现状调查

"大众创业、万众创新"已经成为目前增加就业的时代要求,自主创业也逐渐成为大学生从业的重要选择。但是,根据《2016年中国大学生创业报告》发布的数据显示,目前大学生创业的资金来源中,78%创业者的资金是通过父母亲属资助,11%创业者的资金是通过大学期间勤工俭学积累,7%创业者的资金来自学校、政府部门或社会机构的专项创业基金资助,仅有4%通过金融机构贷款筹集。

根据《2017年中国大学生创业报告》调查结果分析,首先,从大学生创业意愿来看,仅有12.10%的受访者从未想过创业,57.90%的受访者有一定的创业意愿,创业意愿强烈的受访者占30.00%,由此可见,大学生创业意愿持续高涨;其次,从大学生创业最困难的问题来看,15.00%的受访者认为缺乏社会关系是创业最困难的问题,11.60%的受访者认为缺乏管理经验是创业最困难的问题,而61.37%的受访者认为缺乏创业资金是创业最困难的问题;最后,在创业领域的选择上,24.35%的受访者选择高科技创业项目,21.27%的受访者选择经营店面项目,15.27%的受访者选择电商微商项目,12.98%的受访者选择代理加盟项目,12.94%的受访者选择专业服务业项目,10.12%的受访者选择校园服务业,这些行业和项目的选择都需要创业前期资金筹集准备。然而,目前大学生创业的融资渠道受到很大约束,远远不能满足大学生创业活动的需要,严重影响了创业活动的开展。

二、大学生创业金融支持主体

大学生创业金融的支持形式（主体）可概括为个人融资、员工融资、政府或高校创业扶持基金、融资租赁、天使投资、风险投资（VC）、小额贷款公司融资、私人股权投资（PE）、典当行融资、银行贷款、供应商融资、上市融资（IPO）等。[143]

三、大学生创业金融支持路径

改变大学生创业融资难的现状，需要政府部门、金融机构、互联网、电子商务、高等学校、大学生自身共同努力。

（一）政府部门要全面落实政策支持，为大学生创业提供政策护航

1. 健全创业服务机制，给予创业优惠与补贴。政府部门应建成良好的创业服务体系，针对准备创业的大学生，以培训与指导为基础，开辟创业者绿色通道与咨询服务热线，提供多种创业服务。同时，为创业者举办技能培训、项目探究与政策解读等各种活动，帮助创业者学习商业技能。为了鼓励大学生自主创业，相关部门应给予税收优惠，为大学生技术类贷款提供贴息。利用政府优惠政策，从源头上减轻大学生资金压力，保障其市场竞争力。

2. 搭建融资服务平台，设立创业投资基金。创业投资基金专门用于面临资金周转困难的初创企业。利用该资金设置专门的创业急救热线，由政府安排人员与企业对接，并且实时跟踪，帮助企业渡过难关、走上正轨。政府要形成多位一体的网络服务，让高校、银行、大学生与政府有效连接，合理利用微博、微信等大学生喜爱的新媒体，让大学生充分了解小额担保、财政贴息、专项基金融资渠道。

3. 发展公益基金，拓展融资渠道，扩大大学生创业融资范围。[144]针对想贷款却不满足金融机构贷款标准的大学生，打破传统的银行贷款与政府投入等渠道，大力发展面向创业大学生的公益基金，通过资助、回报、再资助的方式，让资助达到可持续发展的要求。高校与政府还可以利用创业大赛等形式吸引平台投资商，让大学生创业项目拿到风险投资。风险投资商与大学生一起承担风险，还能形成以技术为核心、专利入股的融贷体系，让大学生不需要资金投入，而是通过其科研成果的商品化，带来经济效益。

（二）金融机构要健全大学生创业信用体系，降低融资门槛，支持更多的大学生创业融资

1. 完善金融产权制度。银行应积极借鉴国内外银行业先进的发展模式，实现金融主体成分的多元化，大力发展新型金融机构及小额贷款公司等非公众金融机构，增强大学生群体创业金融服务平台建设，实现业务操作电子化与网络化，为不同类型、不同规模的大学生群体创业，尤其是大学生返乡创业，提供创业投资。

2. 响应大学生创业政策支持，简化创业贷款审核和办理程序。金融机构拥有雄厚的资金链，也是当代大学生融资创业的关键渠道。当前，各个银行根据大学生创业现状推出了小额贷款的项目，但银行对于风险把控相对严格，要求贷款人员必须具备良好的信誉，而大学生涉世未深、缺少经验，面对银行贷款存在多种阻力与困难。2018年国务院针对小微企业与创业发展，推出了七种减税方案。对此，银行应高度关注，整合国家创新创业给出的普惠方案，为大学生创业提供贷款帮助。

3. 开发"创业贷"产品，优化金融服务方式。一是创新信贷产品，优化抵押担保形式。例如，浦发银行的"创业卡创业贷"，为企业提供了动态差异的综合金融服务；浙江民泰商业银行的"创业贷"，针对高校毕业创业的个体工商户推出；上海农商银行为当代大学生提供个人生产经营贷款与个人助业贷款等。二是健全金融服务形式。例如，浦发银行的"科技创客贷"准入机制关注的是创业者的非财务分析；建设银行针对大学生创业申请的结算账户免收开户费；交通银行上海分行只需20天就能完成贷款申请与发放，并且对创业贷款进行无息分期。

4. 构建创业融资信用评价体系。从个人运营能力可以看出，诚信对当代大学生创业融资具有重大影响。因此，创业大学生要在生活中不断提高自身信用等级与综合素养，减少信任质疑，降低融资压力。金融机构可通过对当代大学生的个人资产波动、个人盈利、个人偿债、个人运营、个人商业价值进行定量与定性分析，以传统评价为基础，对低碳出行、京东白条、蚂蚁花呗等信用行为进行分析，从而形成合理、科学的大学生创业融资评价指标，为大学生创业融资提供有效的依据。

（三）利用互联网金融众筹构建大学生创业融资新机制

在"大众创业，万众创新"时代，作为一种新型的互联网金融融资方式，众筹采用"团购+预购"的形式，利用互联网和SNS传播的特性向大众筹集项目资金。相较于传统的融资模式，大学生创业者通过互联网众筹平台向各个项目支持人或者风险投资公司展示自己的产品（或服务）创意信息，从而减少投融资双方的交易与沟通成本，拓宽大学生创业融资渠道。在众筹项目运作过程中，大学生创业企业通过众筹平台采集多数投资人或者市场风险投资公司的意见，改进产品设计，从而更好地促进大学生创业。

（四）搭建产业集群电子商务平台，吸引风险投资

一些地区金融市场不发达，活跃度较低，政府需要建设和完善公共服务平台，为优秀的大学生初创企业提供信息查询、创业辅导、投融资辅导、法规标准和技术支持等服务。更重要的是，公共服务平台可以为大学生创业企业和商家提供"全程电子商务"服务，积极调动社会上一些闲置的民间资本参与投资，使民间资本、外资、风险投资机构和金融机构等参与大学生创业投资，并提供一站式注册、财务、物流等服务。引导建立以政府资金为引导、民间资本为主体的适于大学生创业融资的创业资金筹集机制和市场化的大学生创业投融资运行机制，满足大学生创业企业快速成长的融资需求。[145]

（五）高等学校要加强大学生创业培训引导，对大学生创业提供大力支持

1. 强化大学生创新创业教育，使大学生全面掌握创业专业技能与基本知识。面对艰巨、复杂的就业形势，高校要主动推进大学生自主创业，为其打造良好的环境。首先，摈弃落后的观念，积极响应国家号召，将自主创业纳入就业率考核范围，这样不仅能促进高校创新创业，还能提高大学生创业积极性。其次，将创业教育放到大学教育中，进行系统设计。创新创业不仅要体系化，还要有应用价值。通过系统、全面的创业教育，提高大学生创业意识，让其掌握创业的专业技能与基本知识，在创新型人才培养的同时，完成创业教育目标。

2. 建立校园创业基金和创业基地，提供创业资金扶持。针对具有创业想法的大学生刚进入社会、缺少社会经验的情况，学校应对其创业项目给予指导，这也是当代高校创业扶持的重点。高校应为大学生创业提供专门的场所与专项资金。通过校友捐赠与学校财政预算，将专项创业基金用于具有创业想法的学生。学校还可以组织大学生积极参与各类创业竞赛，通过比赛奖金获得创业所需的启动资金。另外，高校还可以为学生提供专门的创业实践机会，减少学生的投资风险。

3. 健全人才培养方案，构建大学生创业评价体系。一是创业项目评估体

系。借助高校专业的资源优势组建团队，专门针对创业项目进行专业的审核与评估，并且为创业者提供意见。二是校园诚信档案。把在校大学生的社团活动、学习成绩、奖惩状况记录在册，最终形成特有的资信证明，让大学生在生活中严以律己，树立好形象，也为金融机构与投资人提供贷款与融资参考。三是创业项目档案体系。高校要及时整理大学生创业情况，通过跟踪了解，掌握初创企业的运转状态，然后从高校的角度，进行创业帮助与支持。

（六）大学生要合理定位创业目标，努力提升科学创新能力

1. 提高创业企业财务管理水平，努力降低创业风险。首先，创业企业要不断优化财务体系。有条件的企业，要从代理做账变成财务人员管理，同时在贷款申请时提供有效的财务资料与报表信息，减少信息不对称，获得更多的银行信任。其次，当银行贷款数额有限时，可以通过增加信用负债，减少资金压力。从大学生创业企业来看，因为企业刚起步，商业信誉不稳固，其他企业的管理层对大学生实践水平多持怀疑态度，导致创业初期很难得到信用负债。从长远发展来看，企业必须诚信经营，通过公司形象与商誉价值，获得信用负债。

2. 理性选择创业项目，提高创业成功的概率。从市场反馈的信息来看，创新性企业能吸引丰厚的创业资金，而成熟企业并不具备技术优势，初创企业能和成熟企业站在同一起跑线。在成熟的行业体系中，市场分化较细，并且已经形成相对均衡的格局，行业利润不大，刚创业的大学生由于没有规模优势，很难立足。因此，大学生创业者要想获得创业基金，就必须创新项目，根据市场与产业需求，对产品与服务进行创新。大学生必须谨慎选择创业项目，从项目中创新，才能吸引投资者，获得投资基金。

3. 谨慎选择创业合伙，建立稳固的创业团队。合伙创业是创业者风险承担力低、资金有限时可选择的创业形式。中小企业在创业初期很难在银行得到贷款，外加严峻的经济形势、市场竞争，行业门槛升高，都加剧了创业者对于资金的渴望。资金受限是很多大学生创业的障碍，而合伙创业则是创业者的首选。合伙创业所组建的团队，能减少创业风险。一个优秀的团队，不仅能取长补短，还能为创业者给予心理支持，结合管理优势与社会资源，缓解创业者的紧张、孤独与资金等压力。

第二节 农户家庭创业概率金融影响因素分析及策略研究

中国作为农业大国，农户是农业生产经营的主要组织形式，推动农户创业

是促进农村经济增长、实施创新驱动发展战略的重要载体。党的十九大报告提出实施乡村振兴战略，大力推进农村"双创"工作尤其是创业活动，充分调动亿万农民的积极性和创造性。

一、农户家庭创业金融支持现状

然而，由于信息不对称、信用担保体系不健全、风险管理体制缺失等原因，农户创业始终面临融资难、融资贵的问题。根据2017年第四季度对2000个村返乡农民工监测数据和人力资源社会保障部数据反映，平均每名返乡创业者能带动四名新的人员就业，表明返乡创业对推动农村经济发展意义重大。为了缓解返乡下乡人员创业融资难问题，2016年11月，国务院发布《关于支持返乡下乡人员创业创新促进农村一二三产业融合发展的意见》，通过多种综合措施解决创业融资难问题，例如财政贴息、融资担保、扩大抵押物范围等。

二、农户家庭创业概率金融影响因素

（一）家庭或个人的财富水平对创业概率影响

家庭或个人的财富水平越高，选择创业的概率越高，地区创业水平也越高。居民为创业所能获得的信贷额度主要决定于家庭财富水平，许多有创业精神但担保资产不足者面临着较为严重的融资约束，我国广大农村贫困偏远地区的居民尤为严重。金融包容能有效地缓解财富水平较高创业者的融资约束，但对财富水平较低的创业者金融支持不足，因此，财富水平与金融包容的交互作用对创业选择的影响是负向的。

（二）移动支付水平对创业概率影响

移动支付与高铁、共享单车、网购被并称为新时代四大发明，这四项技术为人们的生活带来了极大的便利。依托于互联网、大数据等技术的移动支付，有效地降低了金融交易的成本，拓展了金融服务的范围（谢平等，2014）。例如，凭借移动支付使用所产生的信用积分，创业者可以获得蚂蚁借呗、微粒贷等提供的小额借贷服务。这类小额借贷审核手续简单、不需要提供抵押物，节省了创业者为获取银行贷款而付出的成本，可以减轻家庭受到的金融约束，从而对创业产生激励作用。此外，互联网作为交流沟通的有效媒介，提供了信息传播的有效渠道，有助于发掘和把握更多商机，加强了创业成功的示范效应，从而创业（周广肃、樊纲，2018）。

移动支付扩大了消费者基础，打破了创业的地域、空间等限制，减少了店铺租赁购买的成本，因而可以降低创业者的成本，提高其经营绩效。这可能对网络店铺经营者更有利，而在实体店经营中，移动支付可能仅作为收款工具发挥作用，那它是否依然可以对创业家庭经营绩效有促进作用？估计结果表明，仅考虑移动支付对实体店经营绩效的影响，结果依然是稳健的。

（三）金融包容与创业选择的交互作用对创业概率影响

研究表明，要形成金融包容与收入分配的良性互动，应重点解决金融包容的结构性问题，加大农村地区金融改革力度，发展农村新型金融机构和创新信贷技术，推动农村金融步入高效发展阶段，实现城乡金融协调发展，切实解决农村居民融资难、融资贵问题，促进农村居民积极创业，提高农村地区收入水平和促进财富积累，进而缩小城乡收入差距和贫富差距。

（四）农村基础设施建设对创业概率影响

由于农村基础设施的巨大差异，支付便利性对农村家庭创业决策的影响存在差异。这是因为，第三方支付可以通过提高支付便利性而降低交易成本，进而影响创业概率。那么，在金融机构未能触达的农村地区，第三方支付有助于进一步增加其他金融服务的可得性，进而促进该地区的家庭创业。

三、基于金融角度提高农户家庭创业概率的建议

（一）提升家庭普惠金融水平，增强家庭创业意愿

研究结果表明，家庭普惠金融水平对家庭创业决策有显著的促进作用；从家庭普惠金融的构成来看，信贷可得性、保险覆盖面、支付便利性均对家庭创业决策有显著的正向作用。因此，进一步提高家庭普惠金融水平对增强家庭创业意愿、推进"大众创业、万众创新"具有重要的现实意义。首先，进一步强化农村金融市场竞争，鼓励更多金融机构、民间资本和新兴金融科技企业进入农村市场，通过竞争不断提升城乡家庭普惠金融水平；其次，进一步完善市场基础设施，在农村地区加快推进网络、征信、担保等基础设施建设，降低金融机构提供服务的风险和成本；最后，进一步推进农村金融机构改革，完善农村信用社、农村商业银行的治理机制，推动省联社减员增效，发挥四大行"普惠金融事业部"的示范效应。

(二) 提高农村移动支付水平，促进家庭创业的概率的提升

农村移动支付水平对创业成本高和受到信贷约束的家庭创业活动促进作用更大。移动支付显著提高了企业进行创新活动的概率，为经营绩效的改善提供了可能的解释；通过优化创业条件，移动支付使得家庭主动创业的概率提高。一方面，从行业属性的角度来看，移动支付主要对日常消费行业的创业活动及经营绩效产生影响；另一方面，移动支付能够降低创业成本、缓解信贷约束、改善企业的经营绩效，那可能会给更多家庭带来创业的激励，使更多家庭积极响应"大众创业、万众创新"的号召，主动投身创业活动。

(三) 健全社会保障体系，提高家庭抗风险能力

相关研究表明，保险覆盖面对家庭创业决策有显著的正向影响，且对风险中性家庭的促进作用更强。这意味着，家庭的抗风险能力是影响家庭创业的重要因素。因此，有必要进一步健全社会保障体系，增强家庭抗风险能力，为家庭创业提供必要的风险保障。一方面，进一步完善城乡统筹的家庭养老保险和疾病保险，发挥社会保障体系的"兜底"功能；另一方面，在城乡同步推进政策性和商业性保险的发展，充分发挥商业性保险的"主导"作用和政策性保险的"补充"作用。

(四) 促进农村均衡发展，增强农村家庭创业动力

相关研究表明，家庭普惠金融水平对农村地区家庭创业决策的促进作用更大，拥有中低财富的家庭对信贷可得性表现更为敏感，支付便利性对基础设施落后的农村地区家庭创业行为的促进作用更加明显。这表示，由于经济发展水平和基础设施落后，农村地区家庭财富水平较低，创业的难度更大，同时意味着提升其创业可能性的空间也更大。因此，"大众创业"的一个有效着力点就是促进农村均衡发展，增强农村家庭创业动力。具体可以从以下两个方面入手：一方面，围绕乡村振兴战略，大力发展农村经济，促进第一、第二、第三产业融合发展，增加农民收入；另一方面，进一步夯实农村基础设施建设，尤其是农村道路、网络通信、电力供应等方面的建设，为农村电商、互联网支付、特色旅游的发展提供必要条件。

(五) 鼓励科技创新，实现创新支持创业、创业带动就业

"科学技术是第一生产力"，要鼓励科技创新，实现创新支持创业、创业带动就业。积极打造和发展创新创业技术平台，实现信息资源整合，保证创新

创业信息的透明度；加强对科技创新产品的鼓励、扶持力度，举办各类创新创业大赛，为科技创新产品和产业提供展示的平台；鼓励行业领军企业加大科技投资，带动该行业的升级转换；将创新创业知识纳入国民教育体系，加强相关课程体系建设和师资力量培训，鼓励成功的创业者深入课堂与学生分享经验，使大众创业、万众创新的观念深入人心；完善知识产权保护政策，保护创新创业积极性。

（六）降低创业门槛，拓宽融资渠道，鼓励主动创业

营造公平有序竞争的市场环境，进一步转变政府职能，清理、规范收费项目，增加公共产品和服务供给，给创业者提供更多机会；鼓励银行进行金融产品和服务创新，为创业企业提供更好的金融支持，同时，丰富融资渠道，支持互联网金融的发展，加强对网络借贷平台的监管，为创业者提供更好的资金支持；简化创业市场准入程序，提高办事效率，提高创业企业信息透明度；给予有创业意向的家庭或个人提供技术、政策等指导，帮助其完成高质量创业，通过创业解决就业问题。

第八章

发展农村金融，助力乡村振兴

第一节 乡村生态宜居评价指标体系构建与实证研究

乡村生态宜居的实施成效直接影响乡村振兴战略美丽乡村建设目标的实现。构建系统科学、管理有效的乡村生态宜居评价指标体系，是实现农村农业绿色发展，有效解决农民环境宜居问题等战略目标的基础保障。在梳理现有生态宜居相关研究成果和总结实践经验的基础上，从乡村生态宜居总体目标，自然环境宜居、生产环境宜居、生活环境宜居、社会环境宜居四个方面，筛选出21个三级指标，构建出乡村生态宜居评价指标体系，并运用该评价指标体系对10个省份的113个乡村进行了实证评价分析。

一、乡村生态宜居的最重要意义

党的十九大明确提出实施乡村振兴战略，要坚持农业农村优先发展，这一重大决策部署是党中央新时代"三农"工作的总抓手，产业兴旺、生态宜居、乡风文明、治理有效、生活富裕的总要求，反映了亿万农民的期盼。[146] 而生态宜居是乡村振兴战略的硬指标和硬性要求，是守住乡村农民劳动力、实现乡村绿色可持续发展的基本前提。乡村作为农民从事农业生产、乡村基础建设、满足基本生活、开展乡村文化活动的载体，建设生态宜居的家园环境是广大农民最基本、最现实、最迫切的愿望。

二、乡村生态宜居相关研究现状

党的十九大后，乡村振兴战略成为学术界开展科学研究的热点之一，进而带动了乡村生态环境评价方面的相关研究。贾晋等（2018）基于乡村振兴战略研究，提出生态宜居"四率"评价指标，即乡村规划率、道路通达率、生活宜居率以及医疗配套率，得出生态宜居最好的省份并非全部是传统的生态大省，基础设施建设和公共服务配套两个因素更重要。[147]程莉、文传浩（2018）在对乡村绿色发展与乡村振兴内在机理研究的基础上，采用主成分分析法提出在农村生态环境治理上，要保护治理好土壤、水体、大气环境，重点解决废料、垃圾、秸秆、养殖排放等问题，减少农村内源性污染。[148]陈秧分等（2018）从功能视角构建了化学物质投入强度、村庄绿化程度、农村用水安全、农村厕所卫生情况以及农村生活垃圾处理情况五个指标评价乡村生态与闲暇功能。[149]张挺等（2018）采用层次分析法和熵权法的均值作为综合权重，从自然环境宜居、人工环境宜居、社会环境宜居三个方面评价乡村振兴中的生态宜居水平。[150]河南省人民政府发展研究中心"乡村振兴战略研究"课题组（2018）从生产生态环境和居住生态环境两个方面构建了八个指标，评价河南省乡村振兴过程的生态环境。[151]

以上学者的研究对乡村振兴战略实施具有重要的理论意义，但针对具体评价乡村生态宜居的专门研究还不足。乡村生态宜居评价需要从系统性视角进行整体思考和分析，自然环境宜居和生产环境宜居是乡村生态宜居的"硬基础"，生活环境宜居和社会环境宜居是乡村生态宜居的"软基础"，只有实现两者的有效统一协调，才能真正实现生态宜居美丽乡村建设的目标。

三、评价指标的选取和目标值的确定

在评价指标选取和指标目标值确定时，遵循科学性原则、综合性原则、全面性原则、普适性原则和可操作性原则。首先，在研究《乡村振兴战略规划（2018—2022年）》《关于加快推进生态文明建设的意见》《绿色发展指标体系》等一系列国家关于农村生态环境保护和建设指导性政策文件的基础上，通过理论分析法，梳理现有乡村环境指标体系研究成果；其次，根据文献梳理结果，构成预选指标集和目标值集，目标值的设置参考《农业资源与生态环境保护工程规划（2016—2020年）》《乡村振兴战略规划（2018—2022年）》中"美丽乡村"国家标准，并力求符合我国现阶段乡村生态环境的实际情况确定的；再其次，构建出涵盖自然环境、农业产业、农业经济、基础设施、教育卫生保障等领域，包括四个二级指标、21个三级指标及对应目标值的乡村生态宜居评价指标体系；最后，通过德尔菲法以生态环境专家打分的方式筛选指标和目标值。

四、调查对象和数据来源

数据来源于2019年一季度进行的"对中国乡村生态宜居现状追踪调查"结果，调查样本覆盖10个省份，经过筛选之后的样本村共计113个，抽样样本村具有较好的代表性。首先从所选村的省区分布来看，东部地区中浙江省12个，占11%；安徽省12个，占11%；江苏省10个，占8%；中部地区中湖南省13个，占12%；河南省15个，占13%；西部地区中甘肃省20个，占18%；重庆市7个，占6%；四川省7个，占6%；内蒙古自治区8个，占7%；陕西省9个，占8%。其次从地域分布来看，样本基本上涵盖了我国东、西、南、北、中部各个地区。最后从基础建设和经济发展情况来看，基本包括了富裕、中等和贫困地区，具有较好的代表性。对样本村2019年一季度的评价，按照拟定的乡村生态宜居评价指标体系设置基础资料调查表（见表8-1、图8-1）。

表8-1　　　　　描述分析结果——基础指标

名称	样本量	最小值	最大值	平均值	标准差	中位数
1. 水土流失治理率目标是≥50%	113	1	10	4.973	2.855	5
2. 村庄绿化覆盖率目标是≥40%	113	1	10	5.566	2.853	6
3. 全年空气质量优良天数比率目标是≥80%	113	1	10	7.115	2.325	8
4. 清洁能源普及率目标是≥80%	113	1	10	5.46	2.758	6
5. 单位耕地面积农用塑料膜使用量（千克/公顷）目标是≤3	113	1	10	5.292	2.711	6
6. 单位耕地面积化肥使用量（千克/公顷）目标是≤2	113	1	10	5.442	2.686	6
7. 单位耕地面积农药使用量（千克/公顷）目标是≤1	113	1	10	5.398	2.678	6
8. 生产绿色生态农产品比率目标是≥50%	113	1	10	6.283	2.343	6
9. 安全饮用水普及率目标是100%	113	1	10	7.407	2.351	8
10. 旱厕改造率目标是≥95%	113	1	10	5.743	2.966	6
11. 畜禽粪污综合利用率目标是≥95%	113	1	10	7.053	2.552	8
12. 生活垃圾无害化处理率目标是≥95%	113	1	10	5.681	2.854	6
13. 生活污水无害化处理率目标是≥80%	113	1	10	5.522	2.646	6
14. 农村道路硬化率目标是≥95%	113	1	10	7.044	2.62	8
15. 车站辐射率目标是100%	113	1	10	6.345	2.618	7
16. 家庭信息化覆盖率目标是100%	113	1	10	7	2.446	8

续表

名称	样本量	最小值	最大值	平均值	标准差	中位数
17. 每千人口专职教师数目标是 10 名以上	113	1	10	6.257	2.503	6
18. 每千人口卫生技术人员数目标是 6 名以上	113	1	10	6.027	2.641	6
19. 新型农村合作医疗普及率目标是≥95%	113	1	10	7.212	2.433	8
20. 农村养老保险参保率目标是≥85%	113	1	10	7.469	2.323	8
21. 农村人口平均预期寿命目标是 78 岁以上	113	1	10	6.779	2.371	7

资料来源："对中国乡村生态宜居现状追踪调查"结果。

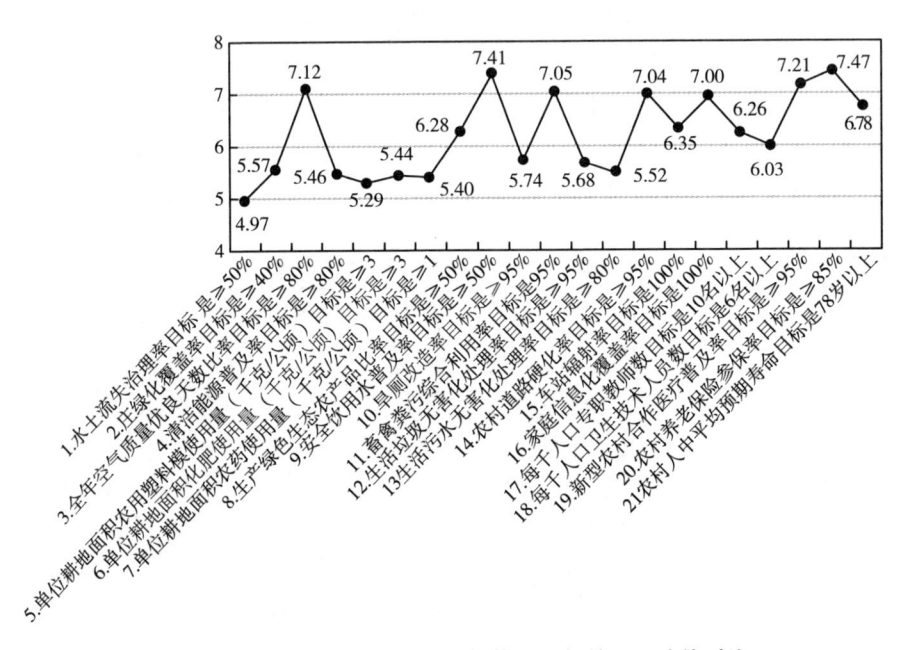

图 8-1　生态环境宜居三级指标描述分析结果平均值对比

资料来源："对中国乡村生态宜居现状追踪调查"结果。

五、评价方法和评价步骤

（一）运用层次分析法计算指标权重

层次分析法（analytic hierarchy process，AHP）适用于多目标决策分析，对本书构建的生态宜居评价指标体系适合采用 AHP 方法计算权重，具体做法是：第一步构造三级指标层次结构模型，最上层是目标层乡村生态宜居指标，用 A 表示；第二步构造准则层指标，即共同反映乡村生态宜居度的四个二级指标，用 C1~C4 表示，C1 代表自然环境宜居、C2 代表生产环境宜居、C3 代表生活环境宜居、C4 代表社会环境宜居；第三步为方案层构造 21 个三级指标，P1~P4、P5~P8、P9~P16、P17~P21 分别是与二级指标自然环境宜居 C1、生产环境宜居 C2、生活环境宜居 C3、社会环境宜居 C4 相关的指标因素；第四步针对每一个指标层次构建判断矩阵，采用 Saaty 提出的九标度法，由生态环境专家进行两两对比判断，计算出每个判断矩阵的最大特征值 λ_{max}、特征向量，并对计算结果进行一致性检验，确保随机一致性比例 CR 均小于 0.1，验证专家对指标的对比判断完全满足一致性要求；第五步计算出方案层到准则层，准则层到目标层的权重（见表 8-2）。

表 8-2　　　　　　　　　乡村生态宜居评价指标体系

一级指标	二级指标	AHP 法权重（%）	三级指标		AHP 法权重（%）	目标值
A 乡村生态宜居	自然环境宜居	C1 11.76	P1	水土流失治理率（%）	1.11	≥80
			P2	村庄绿化覆盖率（%）	6.87	≥40
			P3	空气质量优良天数比率（%）	0.58	≥80
			P4	清洁能源普及率（%）	3.20	≥80
	生产环境宜居	C2 8.48	P5	单位耕地面积农用塑料膜使用量（千克/公顷）	0.41	≤3
			P6	单位耕地面积化肥使用量千克/公顷	0.86	≤3
			P7	单位耕地面积农药使用量千克/公顷	1.76	≤1
			P8	生产绿色生态农产品比率（%）	5.45	≥50
	生活环境宜居	C3 55.34	P9	安全饮用水普及率（%）	18.09	100
			P10	旱厕改造率（%）	12.58	≥95
			P11	畜禽粪污综合利用率（%）	4.06	≥95
			P12	生活垃圾无害化处理率（%）	8.68	≥95
			P13	生活污水无害化处理率（%）	1.88	≥80
			P14	农村道路硬化率（%）	5.96	≥95
			P15	车站辐射率（%）	1.34	100
			P16	家庭信息化覆盖率（%）	2.75	100
	社会环境宜居	C4 24.42	P17	每千人口专职教师数（名）	12.28	≥10
			P18	每千人口卫生技术人员数（名）	3.28	≥6
			P19	新型农村合作医疗普及率（%）	6.35	≥95
			P20	农村养老保险参保率（%）	0.85	≥85
			P21	农村人口平均预期寿命（岁）	1.66	≥78

（二）判断矩阵构建和一致性检验

基于生态环境评估专家给出相对重要程度两两比较判断矩阵（见表8-3、表8-4、表8-5、表8-6、表8-7），计算判断矩阵的最大特征根λ_{max}和其规范性权重特征向量$W = (W_1, W_2, W_3, \cdots, W_n)^T$，为了保证判断矩阵的内在逻辑性，需要对进行一致性检验，计算其致性指标CI，将CI与样本容量为1000的同阶平均随机一致性指标RI比较，确定随机一致性比例CR的值，只有当$CR = CI/RI \leq 0.10$时，判断矩阵才具有满意的一致性，否则就需要对判断矩阵进行调整。样本容量为1000的4阶、5阶、8阶随机矩阵，对应的RI分别为0.90、1.12、1.41。

表8-3　　　　判断矩阵1（A——C）

A	C1	C2	C3	C4	W
C1	1	2	1/5	1/3	0.1176
C2	1/2	1	1/7	1/2	0.0848
C3	5	7	1	4	0.5534
C4	3	2	1/4	1	0.2442

$$\lambda_{max} = \sum_{i=1}^{n} \frac{(BW)_i}{nW_i} = \frac{\sum_{i=1}^{n} \frac{(BW)_i}{W_i}}{n} = 4.187$$

$$CI = \frac{\lambda_{max} - n}{n - 1} = \frac{4.187 - 4}{3} = 0.0623$$

查表：$RI = 0.90$

$$CR = \frac{CI}{RI} = \frac{0.0623}{0.9} = 0.069 < 0.1$$

因此，判断矩阵1乡村生态宜居A——C的一致性检验$CR = 0.069 < 0.1$，具有满意的一致性。按照此方法分别计算各二级指标和对应的三级指标的CR值，进行一致性检验。

表8-4　　　　判断矩阵2（C1——P）

C1	P1	P2	P3	P4	W
P1	1	1/7	3	1/5	0.0943
P2	7	1	9	3	0.5842
P3	1/3	1/9	1	1/5	0.0490
P4	5	1/3	5	1	0.2725

判断矩阵 2 的一致性检验 CR = 0.067 < 0.1。

表 8 – 5　　　　　　　　判断矩阵 3（C2——P）

C2	P5	P6	P7	P8	W
P5	1	1/3	1/5	1/9	0.0480
P6	3	1	1/3	1/7	0.1010
P7	5	3	1	1/5	0.2083
P8	9	7	5	1	0.6427

判断矩阵 3 的一致性检验 CR = 0.064 < 0.1。

表 8 – 6　　　　　　　　判断矩阵 4（C3——P）

C3	P9	P10	P11	P12	P13	P14	P15	P16	W
P9	1	2	5	3	7	4	8	6	0.3268
P10	1/2	1	4	2	6	3	7	5	0.2273
P11	1/5	1/4	1	1/3	3	1/2	4	2	0.0734
P12	1/3	1/2	3	1	5	2	6	4	0.1569
P13	1/7	1/6	1/3	1/5	1	1/4	2	1/2	0.0340
P14	1/4	1/3	2	1/2	4	1	5	3	0.1077
P15	1/8	1/7	1/4	1/6	1/2	1/5	1	1/3	0.0242
P16	1/6	1/5	1/2	1/4	2	1/3	3	1	0.0498

判断矩阵 4 一致性检验 CR = 0.030 < 0.1。

表 8 – 7　　　　　　　　判断矩阵 5（C4——P）

C4	P17	P18	P19	P20	P21	W
P17	1	5	3	9	7	0.5028
P18	1/5	1	1/3	5	3	0.1344
P19	1/3	3	1	7	5	0.2602
P20	1/9	1/5	1/7	1	1/3	0.0348
P21	1/7	1/3	1/5	3	1	0.0678

判断矩阵 5 的一致性检验 CR = 0.054 < 0.1。

六、实证评价与分析

（一）实证总体评价与分析

本书按照一级指标和四个二级指标分别进行了排名。从调查数据来看，

113 个样本村的综合得分为 70.76。其中，自然环境宜居评分 8.10，达到目标值的 68.89%；生产环境宜居评分 5.77，达到目标值的 68.02%；生活环境宜居评分 40.05，达到目标值的 72.37%；社会环境宜居评分 18.01，达到目标值 73.74%。

信度分析用于研究定量数据（尤其是态度量表题）的回答可靠准确性。第一，分析 α 系数，如果此值高于 0.8，则说明信度高；如果此值介于 0.7~0.8，则说明信度较好；如果此值介于 0.6~0.7，则说明信度可接受；如果此值小于 0.6，说明信度不佳。第二，如果 CITC 值低于 0.3，可考虑将该项进行删除。第三，如果"项已删除的 α 系数"值明显高于 α 系数，此时可考虑对将该项进行删除后重新分析。第四，对分析进行总结。

从表 8-8 可知，信度系数值为 0.941，大于 0.9，因而说明研究数据信度质量很高。针对"项已删除的 α 系数"，分析项被删除后的信度系数值并没有明显的提升，因而说明题项全部均应该保留，进一步说明研究数据信度水平高。针对"CITC 值"，分析项对应的 CITC 值全部均高于 0.3，因而说明分析项之间具有良好的相关关系，同时也说明信度水平良好。综上所述，研究数据信度系数值高于 0.9，删除题项后信度系数值并不会明显提高，综合说明数据信度质量高，可用于进一步分析。克服跨地区不同省份乡村调研困难，主要采用计算机等辅助调查技术，结合实地访问调查，收集基础数据，保证数据质量真实可靠。通过对调查基础数据进行标准化处理和模型运算，计算出体系中 21 个三级指标的具体得分。

表 8-8　　乡村生态宜居效果调查表信度及内部一致性分析

调查表题目	维度	校正项总计相关性（CITC）	项已删除的 α 系数	Cronbach α 系数
1. 水土流失治理率目标是≥50%	自然环境宜居	0.588	0.939	0.941
2. 村庄绿化覆盖率目标是≥40%		0.529	0.94	
3. 全年空气质量优良天数比率目标是≥80%		0.41	0.942	
4. 清洁能源普及率目标是≥80%		0.711	0.937	
5. 单位耕地面积农用塑料膜使用量（千克/公顷）目标是≤3	生产环境宜居	0.57	0.94	
6. 单位耕地面积化肥使用量（千克/公顷）目标是≤3		0.623	0.939	
7. 单位耕地面积农药使用量（千克/公顷）目标是≤1		0.704	0.937	
8. 生产绿色生态农产品比率目标是≥50%		0.664	0.938	

续表

调查表题目	维度	校正项总计相关性（CITC）	项已删除的α系数	Cronbach α系数
9. 安全饮用水普及率目标是100%	生活环境宜居	0.631	0.939	0.941
10. 旱厕改造率目标是≥95%		0.636	0.939	
11. 畜禽粪污综合利用率目标是≥95%		0.615	0.939	
12. 生活垃圾无害化处理率目标是≥95%		0.725	0.937	
13. 生活污水无害化处理率目标是≥80%		0.746	0.937	
14. 农村道路硬化率目标是≥95%		0.668	0.938	
15. 车站辐射率目标是100%		0.707	0.937	
16. 家庭信息化覆盖率目标是100%		0.709	0.937	
17. 每千人口专职教师数目标是10名以上	社会环境宜居	0.689	0.938	
18. 每千人口卫生技术人员数目标是6名以上		0.72	0.937	
19. 新型农村合作医疗普及率目标是≥95%		0.671	0.938	
20. 农村养老保险参保率目标是≥85%		0.588	0.939	
21. 农村人口平均预期寿命目标是78岁以上		0.494	0.941	

乡村生态宜居成效评价排名前5的村庄分别是浙江桐乡河山村、重庆开州白水村、贵州桐梓尧龙山村、河南信阳郝堂村、甘肃庄浪刘湾村。其中，浙江桐乡河山村综合得分为89.03，排名第一，自然环境宜居评分为10.43，达到目标值的88.75%；生产环境宜居评分为7.63，达到目标值的90.00%；生活环境宜居评分为49.46，达到目标值的89.38%；社会环境宜居评分为21.49，达到目标值88.00%（见表8-9）。排名靠后的5个村分别是甘肃岷县兹那村、甘肃平凉柴寺村、陕西渭南紫阳村、甘肃静宁张堡村、甘肃省靖远马寨村。其中，甘肃岷县兹那村综合得分为46.25，排名最后，自然环境宜居评分为5.29，达到目标值的45.00%；生产环境宜居评分为3.82，达到目标值的45.00%；生活环境宜居评分为27.67，达到目标值的50.00%；社会环境宜居评分为10.99，达到目标值45.00%。通过实地调研发现，甘肃岷县兹那村气候干燥，自然环境恶劣，有汉族、回族、藏族、东乡族等多个民族聚居，2018年底乡政府组织绿化环境、保护耕地，开始实施乡村振兴活动，目前为止，该村没有形成特色产业，农业资源要素紧缺，尤其缺乏饮用和灌溉水资源，村民仍以小规模山地种植粮食和林果为生，收入结构很单一，收入水平较低。

表 8-9　　113 个样本村乡村生态宜居评价平均得分

村编号	乡村生态宜居	自然环境宜居	生产环境宜居	生活环境宜居	社会环境宜居	村编号	乡村生态宜居	自然环境宜居	生产环境宜居	生活环境宜居	社会环境宜居
1	89.03	88.75	90.00	89.38	88.00	58	71.91	66.25	73.75	75.63	72.00
2	84.63	82.50	82.50	87.50	86.00	59	71.56	76.25	52.50	77.50	80.00
3	84.22	81.25	83.75	86.88	85.00	60	71.25	66.25	65.00	73.75	80.00
4	84.13	86.25	90.00	86.25	74.00	61	70.69	66.25	71.25	71.25	74.00
5	84.06	87.50	83.75	80.00	85.00	62	70.59	63.75	81.25	64.38	73.00
6	83.69	80.00	80.00	88.75	86.00	63	70.47	65.00	72.50	69.38	75.00
7	83.28	82.50	81.25	84.38	85.00	64	70.09	67.50	72.50	69.38	71.00
8	83.28	78.75	80.00	89.38	85.00	65	69.94	63.75	87.50	62.50	66.00
9	83.22	82.50	78.75	85.63	86.00	66	69.50	73.75	58.75	67.50	78.00
10	82.56	77.50	83.75	85.00	84.00	67	68.81	82.50	60.00	63.75	69.00
11	82.44	85.00	85.00	78.75	81.00	68	68.75	67.50	70.00	67.50	70.00
12	81.88	77.50	81.25	83.75	85.00	69	68.59	66.25	52.50	75.63	80.00
13	81.59	82.50	81.25	75.63	87.00	70	67.84	66.25	65.00	68.13	72.00
14	81.56	75.00	77.50	88.75	85.00	71	67.47	58.75	66.25	66.88	78.00
15	81.41	82.50	80.00	83.13	80.00	72	67.34	72.50	72.50	54.38	70.00
16	80.75	82.50	80.00	72.50	88.00	73	67.34	71.25	58.75	69.38	70.00
17	80.06	70.00	82.50	83.75	84.00	74	67.34	68.75	55.00	75.63	70.00
18	79.84	76.25	72.50	85.63	85.00	75	67.31	70.00	53.75	72.50	73.00
19	79.41	87.50	67.50	80.63	82.00	76	66.44	67.50	61.25	70.00	67.00
20	78.75	81.25	66.25	82.50	85.00	77	66.19	68.75	51.25	83.75	61.00
21	78.47	80.00	83.75	78.13	72.00	78	65.63	50.00	63.75	73.75	75.00
22	78.28	68.75	76.25	83.13	85.00	79	65.63	57.50	51.25	73.75	80.00
23	77.97	76.25	77.50	83.13	75.00	80	65.47	63.75	65.00	68.13	65.00
24	77.94	66.25	81.25	81.25	83.00	81	65.19	70.00	66.25	62.50	62.00
25	77.88	76.25	76.25	80.00	79.00	82	65.19	61.25	70.00	62.50	67.00
26	77.25	76.25	80.00	73.75	79.00	83	65.00	65.00	65.00	65.00	65.00
27	77.16	78.75	72.50	79.38	78.00	84	64.84	71.25	52.50	70.63	65.00
28	76.66	78.75	81.25	75.63	71.00	85	64.84	62.50	73.75	58.13	65.00
29	76.66	62.50	68.75	89.38	86.00	86	64.47	56.25	55.00	75.63	71.00
30	76.63	81.25	68.75	77.50	79.00	87	64.22	75.00	57.50	59.38	65.00
31	76.63	76.25	72.50	73.75	84.00	88	64.22	65.00	58.75	63.13	70.00

续表

村编号	乡村生态宜居	自然环境宜居	生产环境宜居	生活环境宜居	社会环境宜居	村编号	乡村生态宜居	自然环境宜居	生产环境宜居	生活环境宜居	社会环境宜居
32	76.31	72.50	78.75	75.00	79.00	89	64.16	56.25	60.00	69.38	71.00
33	76.25	72.50	75.00	77.50	80.00	90	63.97	62.50	53.75	60.63	79.00
34	76.19	83.75	70.00	75.00	76.00	91	63.38	61.25	63.75	62.50	66.00
35	76.06	71.25	75.00	80.00	78.00	92	63.31	65.00	60.00	66.25	62.00
36	75.91	75.00	73.75	76.88	78.00	93	63.19	62.50	55.00	56.25	79.00
37	75.44	70.00	76.25	77.50	78.00	94	62.78	66.25	50.00	66.88	68.00
38	75.41	71.25	76.25	78.13	76.00	95	62.41	67.50	62.50	65.63	54.00
39	75.31	78.75	75.00	77.50	70.00	96	62.34	67.50	58.75	58.13	65.00
40	75.00	75.00	75.00	75.00	75.00	97	61.28	57.50	60.00	55.63	72.00
41	74.88	70.00	70.00	77.50	82.00	98	61.06	55.00	68.75	67.50	53.00
42	74.38	67.50	70.00	80.00	80.00	99	60.94	62.50	62.50	58.75	60.00
43	74.34	70.00	77.50	71.88	78.00	100	60.63	58.75	61.25	62.50	60.00
44	74.28	72.50	70.00	80.63	74.00	101	59.75	61.25	48.75	65.00	64.00
45	74.19	67.50	72.50	78.75	78.00	102	59.69	61.25	57.50	60.00	60.00
46	73.44	51.25	63.75	88.75	90.00	103	59.41	46.25	45.00	64.38	82.00
47	73.31	78.75	70.00	67.50	77.00	104	58.44	53.75	60.00	60.00	60.00
48	73.31	62.50	61.25	82.50	87.00	105	58.13	53.75	58.75	50.00	70.00
49	73.31	78.75	65.00	77.50	72.00	106	57.06	56.25	58.75	61.25	52.00
50	73.06	67.50	72.50	76.25	76.00	107	56.91	47.50	61.25	66.88	52.00
51	73.03	76.25	70.00	66.88	79.00	108	56.66	52.50	51.25	56.88	66.00
52	72.97	66.25	65.00	80.63	80.00	109	56.16	51.25	57.50	56.88	59.00
53	72.78	62.50	65.00	75.63	88.00	110	52.81	55.00	48.75	52.50	55.00
54	72.47	65.00	75.00	76.88	73.00	111	52.19	62.50	48.75	52.50	45.00
55	72.47	62.50	78.75	80.63	68.00	112	48.88	47.50	45.00	50.00	53.00
56	72.38	68.75	71.25	72.50	77.00	113	46.25	45.00	45.00	50.00	45.00
57	71.97	76.25	65.00	70.63	76.00						
平均得分							70.76	68.89	68.02	72.37	73.74

资料来源:"对中国乡村生态宜居现状追踪调查"结果。

(二) 具体实证评价与分析

如果将目标完成率划分为五个等级:90%以上为优秀,80%~89%为良好，70%~79%为中等，60%~69%为合格，60%以下为不达标。

根据实地调查资料分析乡村生态宜居二级指标，自然环境宜居评分排前五名的分别是浙江桐乡河山村、河南确山梅庄村、四川江油小溪坝村、湖南湘西白岩村、甘肃白银顾家善村，平均目标完成率82.75%。在113个样本村中，没有一个样本村的自然环境宜居目标完成率达到90%以上，18个样本村目标完成率在80%~89%，占样本村总数的15.93%，35个样本村目标完成率在70%~79%，占比30.97%，41个样本村目标完成率在60%~69%，占比36.28%，19个样本村目标完成率在45%~59%，占比16.82%。浙江省、湖南省、四川省的样本村的水土流失治理率和村庄绿化覆盖率目标实现值明显高于其他省份，安徽省和河南省的样本村的空气质量优良天数比率和清洁能源普及率目标实现值明显高于其他省份。

在113个样本村中，生产环境宜居评分完成目标值90%以上的样本村有两个，分别是浙江桐乡河山村和安徽安庆长林村，19个村庄目标完成率在80%~89%，占样本村总数的16.81%，36个样本村目标完成率在70%~79%，占比31.86%，29个样本村目标完成率在60%~69%，占比25.66%，27个样本村目标完成率在45%~59%，占比23.89%。相比自然环境宜居指标，生产环境宜居条件不适宜的村庄比率更高，近50%的样本村单位耕地面积农用塑料膜使用量、化肥使用量、农药使用量没有实现目标值约束性值，生产绿色生态农产品比率也较低。

在113个样本村中，生活环境宜居评分完成目标值尽管没有达到90%以上的，但整体目标完成率较高，30个村庄目标完成率在80%~89%，占样本村总数的26.55%，38个样本村目标完成率在70%~79%，占比33.63%，31个样本村目标完成率在60%~69%，占比27.43%，仅有14个样本村目标完成率在50%~59%，占比12.39%，主要影响指标是畜禽粪污综合利用率和生活污水无害化处理率，安全饮用水普及率、农村道路硬化率、家庭信息化覆盖率平均得分最高。

在113个样本村中，社会环境宜居有35个村庄目标完成率在80%~89%，占样本村总数的30.97%，47个样本村目标完成率在70%~79%，占比41.59%，22个样本村目标完成率在60%~69%，占比19.47%，仅有9个样本村目标完成率在45%~59%，占比7.96%。表明90%以上的样本村在每千人口专职教师数、每千人口卫生技术人员数、新型农村合作医疗普及率、农村养老保险参保率等方面社会保障较好，基本能满足乡村整体医疗、教育、养老的需求。9个不达标的样本村中，内蒙古样本村1个，甘肃省样本村8个，社会环境宜居条件明显落后于其他省份。

七、结论与建议

实证分析结果显示,该乡村生态宜居评价指标体系对当前的乡村生态宜居度具有较科学的评价效用,为使该评价指标体系对未来乡村生态环境保护和建设工作发挥更大价值和作用,更好地为美丽乡村建设目标服务,提出以下结论及建议。

(一)生态环境宜居水平存在显著的地域差异

乡村生态宜居成效评价排名靠前的村庄,自然环境宜居、生产环境宜居、生活环境宜居、社会环境宜居排名也相对靠前。浙江省、安徽省、江苏省等东部省份得分最高,四川省生态环境宜居水平高于湖南省和河南省两个中部地区省份,西部地区其他省份存在较大差异,评分依次是陕西省、内蒙古自治区、重庆市和甘肃省,甘肃省生态环境宜居水平得分最低。究其原因,浙江省、安徽省、江苏省的样本村经济最发达,目前已经进入了生态环境先发展、后治理的治理阶段,在农村农业绿色发展、生态环境保护等方面在全国起着表率作用。另外,这些省份财政实力雄厚、自然环境和气候条件先天适宜,农业资源富足、农村人口密集,相比经济发展相对落后、自然环境和气候条件恶劣,农业资源匮乏、人口密度较低的西部和中部地区而言,其对农村地区进行转移支付的能力较强,农村基础设施投入成本较低,这些优势和特点都支撑营造了良好的人居环境。

(二)为实现美丽乡村目标,生态环境宜居方面还有大量建设工作有待完成

当前,我国正处于全国各地区各政府上下贯彻落实乡村振兴战略的关键阶段,美丽乡村目标的实现是乡村振兴工作的重要要求。而以上实证结果显示,113个样本村的生态环境宜居综合得分为70.76,处于中等偏低水平,四个二级指标中,目标值完成优良率排名分别是社会环境宜居、生活环境宜居、生产环境宜居和自然环境宜居,分别为30.97%、26.55%、18.58%、15.93%,按照以上顺序不达标率分别为7.96%、12.39%、23.89%、16.81%。由此可见,目前的生态环境宜居水平对实现美丽乡村目标还有很多工作,还有很长的一段路程。因此,一是要加强乡村与政府、环境、农业、能源、教育、卫生等相关部门对接联系,找准乡村生态宜居和乡村自治的结合点,高效利用政府的扶持政策优势,积极引进民间资本,争取各方建设资金支持;二是要依托专业的生

态环境研究机构和工作团队，组建乡村生态环境宜居评价指标指导小组，科学度量生态环境建设和治理进展，因村制宜，分类指导，为各乡村和各部门精准地提供量化依据和管理咨询服务；三是要建立绿色发展和可持续发展理念，针对乡村生态环境建设工作中的重点突出问题，形成系统有效的解决方案。

总之，本书构建的生态环境宜居评价结果总体上符合各省份的实际情况，表明该评价指标体系是科学可行的，但由于这些微观数难以收集，获得性很受影响，该指标体系对乡村河流水质、受污染耕地安全利用率、农村社会治安等指标的考虑尚且不足，没有纳入指标体系。另外，车站辐射率的目标值的确定还需要进行实地调研，进一步斟酌修改完善。

第二节 金融服务乡村振兴现状与实践

一、乡村振兴战略总体要求

在经历了1978年以来的40年改革开放之后，中国城乡关系和农村发展发生了深刻的变化，特别是随着工业化和城镇化的推进，出现现代化成功国家共同面临的乡村衰落现象，例如乡村人口结构失衡、产业发展滞后、教育问题突出、传统文化衰落严重、社会治理隐患存在、生态环境堪忧、农村居住人口过度减少而导致的空心化和老龄化等，为此，2017年10月党的十九大报告提出了"乡村振兴战略"，并发布2018年中央1号文件《关于实施乡村振兴战略的意见》，印发了《乡村振兴战略规划（2018—2022年）》，这是中国乡村从衰落走向复兴的战略选择。实施乡村振兴战略，是党的十九大做出的重要战略部署，是新时代做好"三农"工作的总抓手。中央提出要始终将农业农村优先发展，按照"产业兴旺、生态宜居、乡风文明、治理有效、生活富裕"的总要求，加快推进农业农村现代化。

二、金融支持乡村振兴战略的内涵

农村金融助力乡村振兴应围绕乡村振兴战略的总体要求，发展乡村普惠金融，支持产业兴旺，发展绿色产业，做好精准扶贫工作。

（一）支持产业兴旺，助力农业变强

产业兴旺是乡村振兴的基础，也是推进经济建设的首要任务。农村金融支

持乡村振兴要按照供给侧结构性改革的要求，构建现代农业产业体系，大力培育新型农业经营主体，以信贷手段培育新型农业经营主体的作用；积极引导社会资本、先进生产技术和管理经验参与乡村振兴，优化产业结构布局，构建节约化、专业化、组织化、社会化相结合的新型农业经营体系；促进农村第一、第二、第三产业融合，重点发挥金融在支持农业产业化经营、农产品加工、农业旅游、农业信息化、农产品仓储物流等方面的作用；促进农村工业发展，打造产业集群，发展精深加工，突出农产品增值。

（二）支持绿色发展，建设美丽乡村

农村金融助力乡村振兴，要将绿色导向贯穿始终，运用绿色金融引导农村产业向绿色发展转变，明确信贷投放重点，支持农业绿色循环低碳生产；坚持创新驱动绿色金融发展，创新绿色产品和服务，为绿色环保领域企业提供多元化、综合化的金融服务；支持农村依托生态资源优势，开发农业多种功能；增加农村金融对农村生态系统的修复、保护以及在农村环境综合治理、农村绿色农业等方面的支持力度，推广节本增效农业生产技术，发展生态产品，打通生态和经济的循环圈。

（三）支持精准扶贫，保障生活富裕

精准扶贫是推动乡村全面振兴的重要任务。尝试构建包括政府、银行、企业、农户、保险在内的多方联动扶贫贷款模式，增加金融扶贫资金投入，设立风险补偿金；合理增加贫困地区农村金融网点，推广电子金融工具，实现贫困地区农村金融广覆盖；拓宽贫困地区和贫困人群直接融资渠道，加大对农村弱势群体的关注力度，重视普惠金融和小额信贷，降低农户获取金融的成本；给予农村金融信贷政策、税收、补贴等优惠措施，深化贫困地区农村金融的再贷款管理，增大贫困地区的再贷款倾斜力度；适度推动农村金融在农村的宣传力度，提高农户的金融意识和风险意识；加强农村金融机构的监管考核，将农村金融深度和密度作为重要的参考指标。

三、金融是实施乡村振兴战略的关键支持要素

金融作为现代经济的核心，是推进乡村振兴战略实施极为关键的支持要素。服务好乡村振兴战略，是金融系统义不容辞的政治责任，是金融支持供给侧结构性改革的重要内容，也是金融业拓展自身发展空间、提升发展质量的重大战略机遇。不论是提升农业发展质量，培育乡村发展新动能；推进乡村绿色

发展，打造人与自然和谐共生发展新格局；繁荣兴盛农村文化，焕发乡风文明新气象；还是构建乡村治理新体系、塑造美丽乡村新风貌、增强贫困群众获得感、强化乡村振兴制度性供给、强化乡村振兴人才支撑等，都将增加金融需求，并创造出新的金融需求。

乡村振兴，离不开资源投入和要素集聚，要解决"钱从哪里来"的问题，金融是关键环节。近些年来，金融系统要紧紧围绕"产业兴、乡村美、农民富"的总目标，践行普惠金融理念，破解"三农"融资难题，构建起优势互补、错位发展、适度竞争的农村金融服务体系，与农业农村实现了良性互动发展。据测算，就全国而言，要达到乡村振兴目标，人均投资将达到3万元左右，如果以2016年底乡村常住人口5.89亿计算，加上通货膨胀因素，总体投入将超过20万亿元。要通过完善金融支农组织体系、强化金融服务产品和方式创新、完善金融支农激励政策，把更多金融资源配置到农村经济社会发展的重点领域和薄弱环节，强化乡村振兴投入的普惠金融保障，满足乡村振兴多样化金融需求。

四、乡村振兴战略对金融需求的现状及特征

真实全面地了解当前农村金融供需状况，对找准金融在推动乡村振兴战略实施中的障碍和问题，研究落实有针对性的政策措施，有效改善"三农"领域金融服务质效具有很重要的现实意义。

（一）乡村振兴战略的主体是农户，其金融需求呈现多层次、差异化的特点

1. 从农户收入结构总体来看。根据调查显示，高收入农户对于增加融资扩大生产规模、投资理财、保险服务、消费金融的需求更为强烈，少数农户对于外汇服务的需求也有明显增长；中等收入农户对银行、投资、保险等综合性金融服务需求的意愿较为强烈；低收入农户对于金融服务的需求主要为传统服务项目和普惠金融服务项目。农户的收入来源呈现多样化，例如，中国人民银行宜昌市中心支行采取"解剖麻雀"的方法，深入辖内秭归县九畹溪镇石柱土家族自治村，随机抽取40户农户开展现场走访和问卷调查。调查表明，当前农户主要收入来源于种植业的占比64%、养殖业的占比33%、农产品加工、运输、办厂、商店等个体经营的占比21%、外出务工的占比51%；加入了协会或专业合作社的占比50%；开办了家庭农场的占比3%；需要当地金融机构在代收代缴、投资理财、外汇业务、兑换币种、个人信用报告查询等提供服务

的农户占比分别为33%、28%、28%、10%。[152]

2. 从保险业务角度来看。农户当前迫切需要的保险产品主要是农作物保险、牲畜保险、农房保险、人身意外伤害险、农村养老保险、农村医疗保险。

3. 从理财等特殊金融产品角度来看。近三成的农户需要当地金融机构提供理财业务、外汇业务和兑换币种等服务。

因此，在乡村振兴时代，农村产业的推进，将主要以适度规模化、专业化、产业化、合作化等模式推进，这时的金融需求，主要来自规模拓展主导的发展型产业发展金融需求、生存质量改善型消费金融需求。

（二）农村新型经营主体成为乡村振兴时代的农村金融需求新主体，信贷需求大幅度增加，融资难、融资贵问题突出

1. 传统农户融资面临严重的信贷"自我配给"。我国历史上长期处于小农经济状态。党的十八大报告中提出，坚持和完善农村基本经营制度，构建集约化、专业化、组织化、社会化相结合的新型农业经营体系，大力培育新型农业经营主体（家庭农场、专业合作社、农业专业大户、农业现代化企业）是夯实建设现代农业微观基础的重要保证。然而，传统农户转变成为新型农业经营主体，不仅是法律主体形式上的转变，更为重要的是经营机制、理念以及配套法律、市场等经营环境的转变。部分传统农户虽然形式上成为家庭农场或组建了专业合作社，但进行融资决策时仍然遵循农户个体自然人模式，面临严重信贷"自我配给"。[153]

2. 农村地区金融需求新型经营主体融资难、融资贵问题突出。近年来，农村地区普惠金融取得长足进展，涉农贷款持续增长，但农村地区金融需求新型经营主体融资难、融资贵问题仍然没有得到根本性解决，金融供给不足仍然是制约农村经济社会发展的重要症结。调研发现，农村地区银行机构的存贷比普遍不高，"农民难贷款""银行贷款难"的现象同时存在，这表面上看是缺资金、缺服务，实际上是缺信息、缺信用。

因此，破解农村金融困局、打通金融服务"最后一公里"，关键是要找到成熟的、可复制推广的商业模式。湖北银监局自2015年起首创"金融服务网格化"战略，借鉴地方政府"网格管理"模式，依托综治网格化信息平台的大数据优势，将乡镇、街道、社区、村组划分为若干网格，每个网格落实责任银行，建立工作站，配备网格员，网格员定期收集农村新型经营主体的金融需求信息，并利用互联网技术同步上传至银行后台服务中心。依托社会综治的海量信息，同时利用大区域金融数据与互联网技术，网格化金融服务为支持三农发展提供了有效支持。[154]

3. 农民专业合作社融资难是影响其发展的主要障碍。合作社的发展显著提升了农户的信贷需求，并改善了农户的融资条件，但是，农民专业合作社融资难已成为影响发展的主要障碍。同时，规模农户产业链融资的获得有利于提升其生产效率，但是，现代农业背景下的规模农户（种养大户、家庭农场）信贷资金严重不足成为制约其扩大再生产的"瓶颈"问题。家庭农场是现代农业经营主体的重要载体，但金融支持的缺乏，其可获得的融资期限短，不足以支持其长期投资，利率过高、手续繁杂增加了其融资成本，制约了家庭农场的快速发展。加大对农村企业、城市涉农企业等经济组织的信贷支持，推动家庭农场、农业龙头企业等新型农业经营主体发展壮大，为农村经济发展提供新动能（骆昭东，2018）。统计数据表明，占总农户数35%的新型农业经营主体创造了突破500亿元的农业产值、约占全市农业总产值的90%。正是基于信贷在支持新型农业经营体系中起到的"输血""造血"功能。

4. 农村产业链发展、农业产业联合体的信贷需求额度逐渐提升。乡村振兴时期，虽然农户仍然是乡村经营的主体，但是，乡村经营更多的是以"公司+农户""公司+合作社+农户""合作社+农户""社会化服务组织+合作社+农户"等各种模式的产业联合体方式推进，农户成为农村产业链发展、农业产业联合体发展的参与者，农户具有规模化经营的外部环境和条件，金融需求特别是信贷需求额度无疑将提升。

从2018年9月底《农业农村部、中国邮政储蓄银行关于加强农业产业化领域金融合作，助推实施乡村振兴战略的意见》（以下简称《意见》）中也可以看到这种趋势的存在。在该《意见》中，中国邮政储蓄银行将与农业农村部合作，重点支持农业产业化龙头企业做强、支持农业产业化联合体培育、支持龙头企业牵头发展农业产业化联合体、支持农业产业化示范基地建设、支持一村一品专业村镇发展。坚持以龙头企业及其上下游的农民合作社、家庭农场、农户等为重点服务对象，提供全产业链综合金融服务。

五、金融供给乡村振兴战略的现状及特征

（一）金融机构参与乡村振兴金融供给量不足，产品服务不能满足农户现实需求

金洋等（2018）对湖北省秭归县石柱村农户进行问卷调查，发现该地区的金融供给有以下四个主要特点。

1. 该地区基础金融服务基本满足需求。农户普遍对基础金融服务认可度

较高，认为当地金融机构网点服务产品能满足服务需求的农户占比为49%，基本能满足服务需求的农户占比为36%；使用银行卡的农户占比为77%，31%的农户反映当地商店能够提供刷卡消费。

2. 信贷服务难于满足发展需求。80%的农户表示有融资需求，有70%的农户认为从金融机构获得贷款比较难。制约农户从金融机构获得贷款的因素主要为无抵押、无担保、贷款条件高、贷款期限短、审批时间长、贷款金额小、贷款手续复杂等；近六成的农户认为小额信用贷款最适应自身融资需要。

3. 保险服务不能满足发展需求。现有保险产品主要集中于人寿险领域和政策性保险产品，有32%的农户享受了人身意外伤害险，92%的农户享受了农村养老保险和农村医疗保险；从农户当前迫切需要的保险产品来看，农户表示需要农作物保险、牲畜保险、农房保险、人身意外伤害险、农村养老保险、农村医疗保险的占比分别为46%、41%、15%、18%、49%、51%。

4. 证券期货服务受到新群体重视。走访调查中发现，一方面少数文化水平较高、家庭收入水平较高的农户，基于投资理财、规避产业风险的需要，对证券期货服务有一定的需求；另一方面，随着新型农业经营主体的蓬勃发展，"市场主体+农户"的经营方式越来越普遍，这类群体利用期货期权等金融工具发现价格、规避风险的意愿较强。

（二）正规信贷渠道获得资金支持较难，非正规信贷仍然是农户满足信贷需求的重要渠道

中国银行体系总体较为发达，金融供给总量相对较为充分，但银行金融企业乡村振兴服务自组织机制难以建立，改革开放以来，中国银行体系有了较快发展，不论是发达地区还是欠发达地区，也不论是贫困县域还是非贫困县域，银行金融机构网点数量都有较快增加。此外，在较多县域范围内，还有贷款公司、租赁公司、财务公司、担保公司等非银行金融机构，甚至还有网络借贷P2P机制的服务，相对而言，金融机构在县域内的竞争是较为激烈的，金融供给相对较为充分。但是，中国农业大学经济管理学院2017年7月开展的"中国农村普惠金融调查"结果显示，农户正规信贷满足率仍然较低，农户信贷配给仍较严重，有诸多农户依旧无法通过正规信贷渠道获得资金支持，非正规信贷仍然是农户满足信贷需求的重要渠道，在705个样本农户中，45.4%的农户需要通过非正规信贷满足需求，银行金融企业针对农户服务的自组织机制仍然没能广泛地建立起来。

（三）农户对金融供给服务满意度评价不高，金融机构还需要进一步加强服务质量和提供更精准的金融产品，提高农户对金融服务乡村振兴战略的满意度

对开展的乡村振兴农村金融服务满意度调查结果显示，一是对金融服务便利性的评价。从当前金融机构网点数量和分布情况来看，农户认为办理金融业务方便的占比达到75%，不方便的占比为25%。二是本地金融服务整体评价。抽样农户对本地金融服务整体评价认为满意的为61%，基本满意的为33%，不满意的为6%。三是经办金融机构质效评价。为农户提供金融服务的机构主要为农行和农村信用社（农商行），表示经常到农村信用社（农商行）办理业务的农户接近60%，到农行办理业务的达41%；农户对经办金融机构服务质效满意的占比为77%、一般占比为23%；从具体评价项目来看，满意度较高的服务项目主要集中于营业大厅秩序、营业大厅设施情况、技术设备现代化程度、业务熟练程度等，不满意的项目主要集中于排队时间、工作人员问题解答、投诉响应、投诉处理、收费透明度、信用贷款满足率、抵押担保贷款满足率、电子银行服务等。金融机构为提高农户满意度还有很多方面需要进一步提升。

六、金融服务乡村振兴战略，提高金融供给水平的具体措施

（一）积极开展田园综合体建设投资，是推进乡村振兴的重要方式，满足田园综合体建设过程中的信贷需求

田园综合体是指以农民合作社为主要载体的集循环农业、创意农业、农事体验于一体的一种可持续发展模式。田园综合体被认为是在农村供给侧结构改革、新型产业发展情况下，实现中国乡村现代化、新型城镇化的一种可持续性模式。其出发点是以一种企业可以参与、有利于城乡一体化、促进乡村多方共建与开发的方式，发挥乡村的多功能性，将乡村打造成基础产业和新兴驱动性产业结合的综合体，培育包括核心产业（特色农产品和园区为载体的农业生产和农业休闲活动）、支持产业（直接支持休闲农产品的研发、加工、推介和促销的企业群及金融、媒体等企业）、配套产业（为创意农业提供良好的环境和氛围的企业群，例如旅游、餐饮、酒吧、娱乐、培训等）、衍生产业（以特色农产品和文化创意成果为要素投入的其他企业群）四个层次的产业群的综合产业链。是2017年2月5日中共中央、国务院公开发布《关于深入推进农

业供给侧结构性改革,加快培育农业农村发展新动能的若干意见》提出来的。

(二) 通过基于产业生态圈、产业金融生态圈的产业链金融服务来实现金融普惠,积极建设互联网金融

随着乡村振兴战略的推进和深入,乡村经济的规模化、专业化、产业化、合作化必将得以强化,以"公司+农户""公司+合作社+农户""合作社+农户""社会化服务组织+合作社+农户"等模式存在的产业链、产业生态圈将逐步成熟,为产业链金融的实现提供了可能,但是,如果要能基于产业链各交易主体间的应收应付产生的净现金流而提供金融服务,特别是提供信贷服务,促进企业信息化、产业信息化、乡村信息化是必要的。[155] 信息化是互联网金融的基础。互联网金融在信息获取、处理、管理和差异化优势方面的特征显著,因此,探讨农村金融如何利用互联网金融的信息比较优势,应该成为农村金融创新关注的重点。已经有研究表明,互联网金融具有明显的信息比较优势,并且,农村互联网技术普及、农村市场化水平提高、农民生活更加集中并且生产更加专业化都会缓解农村金融约束。

普惠金融供给有助于解决传统金融领域长期存在的供给不平衡、不充分问题,推动金融惠及弱势群体和贫困人群,同时,乡村振兴战略的实施也为普惠金融发展提供了一个新的发展契机。罗荷花从收入贫困、教育贫困、权利贫困三个维度探讨普惠金融的减贫机理发现,普惠金融发展对缓解多维农村贫困具有显著的正向影响。顾宁研究了普惠金融与农村减贫的门槛、空间溢出及渠道效应,在门槛与空间溢出方面,普惠金融发展对农村贫困的抑制作用随着农村经济发展水平的提高呈现边际效益递增的特点,且普惠金融发展整体上对农村贫困减缓表现出显著的空间溢出效应;在渠道效应方面,普惠金融减贫的直接渠道与间接作用渠道并存。顾宁、张甜和丁俊伟探究普惠金融的减贫机制,认为普惠金融发展对贫困的抑制作用随着农村经济发展水平的提升呈现边际效益递增的特点,对农村贫困减缓表现出显著的空间溢出效应,且普惠金融发展对农村贫困具有非线性的影响关系,在经济发展的不同区间普惠金融减贫的效用力度存在差异。罗炜琳、刘松涛、胥烨和林丽琼分析普惠金融发展水平对绿色经济效率的影响认为,我国东部地区的绿色经济效率明显高于中西部地区,中西部地区的绿色经济效率均未超过全国平均水平,而普惠金融的发展有助于提高能源效率、碳排放效率、能源碳排放效率和环境能源全要素效率,从而提高绿色经济效率。

大力推进普惠金融改革创新试点。各地区积极开展推进普惠金融发展试点,推动改革创新,加强实践验证。河南兰考县作为全国首个国家级普惠金融改革试验区围绕"全国普惠金融改革先行区、创新示范区、运行安全区"的目标定位，初步形成了"以数字普惠金融为核心，以金融服务、普惠授信、信用建设、风险防控为基本内容"的"一平台四体系"普惠金融模式，有力地助推了当地的脱贫攻坚工作，2017年3月兰考成功脱贫摘帽。浙江宁波市以建设全国首个普惠金融综合示范区为契机，以"普惠"为中心，以融资服务、支付服务为两条主线，全力优化普惠金融信用信息服务、普惠金融（移动）公共服务、助农金融服务三大平台，形成符合当地特色的普惠金融发展"宁波模式"。陕西铜川市宜君县农村普惠金融综合示范区，探索构建基于需求的普惠金融服务体系，形成了"服务创新＋金融扫盲＋便捷设施"的农村普惠金融"宜君模式"。

（三）加强农村金融服务体系创新，并促进金融知识宣传普及

一方面，金融机构要进一步完善扶贫小额信贷、农户小额信贷、创业担保贷款、助学贷款等信贷产品，支持农村群体创业就业求学；深化农房、农地"两权"抵押贷款试点，盘活农村资源资产，拓宽抵押品范围；大力推广"农户＋基地＋公司""农户＋基地＋专业合作社"等模式，完善农村产业发展信贷支持体系；推动农村新型经营主体通过股市、债券、产业基金等方式，拓宽各类农村经济主体融资渠道。另一方面，从长远来看，逐步提高农村经济主体的金融意识、金融素养、金融工具的运用能力，是有效推进乡村振兴战略实施的重要条件之一。一是建机制。要积极建立"各级政府主导、金融部门牵头、相关部门协同、社会广泛参与"的金融知识宣传普及长效机制。二是定规划。各级政府要结合区域实际，制定金融知识宣传普及教育的中长期规划，明确专项经费支持等保障政策。三是重落实。分阶段、有重点、有步骤地持续推进金融知识宣传普及教育活动，不断夯实农村经济金融发展的微观基础。

（四）发展农村社会组织，整合农村金融需求，促进需求组织化与规模化

一般来说，农民小额金融需求是刚性的，而金融机构贷款规模则完全自己规定，拥有自由裁量权，有足够的变通空间。但多年来农村融资难、融资贵的事实已经充分证明，农村金融机构在金融供给规模（贷款规模）上很少做出让步和妥协，而农户为了获得贷款，变得富有足够弹性，自愿接受任何形式的规模整合。这种现象为什么会发生？如果细致分析，可以得到以下两点解释。

一方面，规模经济是农村金融机构的"经营底线"。可以想象，在外部市场有很多盈利机会的情形下，一笔数额相同的贷款，贷给一人和分贷给众人的

经营成本是不同的,后者需要配备更多的机构网点和服务人员,这些农村代办站、代办点、代办员都需要更高的成本来维系。在风险状态给定的条件下,规模越大,成本越低;规模越小,成本越高。因此,理性的农村金融机构都会倾向于大额、大项目贷款,多数情况下,宁愿资金闲置也不愿意做农户小额贷款。规模经济是农村金融机构的"经营底线"。

另一方面,组织化与资金可得性。生产合作社、资金互助社等是介于市场和企业之间的中间组织,是农村具有自治、互助性质的俱乐部。许多农业龙头企业也同样具有成员俱乐部属性。通过其组织、协调、沟通、互助等组织化活动,使得农村小生产集合成大生产,小资本集合成大资本,最终结果形成了生产、交易、融资的规模化,共同参与社会竞争、交易,较好对接了农村金融机构规模经济的偏好,促成了更多的农村金融交易。所以说,农村社会组织在金融供需规模匹配上功不可没。现在来看,农户小额、碎片化金融需求经过适当的组织和整合,不仅富有弹性,而且具有一定的规模经济特征,真正拥有了交易的价值和属性。这一切,都归功于农村社会组织富有成效的组织化活动。[156]

第三节 绿色金融服务乡村建设的投资模式及路径研究

相对于城市,农村的环境污染问题更为严重,环境治理需要大量的资金投入,这就离不开绿色金融的扶持。2018年的中央一号文件明确提出农业农村优先发展、全面振兴乡村的战略,在此新形势下,原有的绿色金融"重城市,轻农村"格局已悄然发生改变,如何构建农村绿色金融体系也就上升为时代命题。但是,当前农村金融机构引入绿色金融业务时,会面临价值驱动力不足、绿色征信成本高、绿色人才稀缺等困难。受环境污染最深的农村在全国整体上受到忽视,专门研究农村接轨绿色金融的文献较少,该领域尚未进入系统性探讨。

一、农村绿色金融的内涵

首先,农村绿色金融首先可以理解为一种农村金融发展战略,是指金融机构在农村金融发展过程中,从农业资源环境保护性利用出发,通过金融业务的运作来推动农业可持续发展战略的实施。其次农村绿色金融是农村金融业务的一部分,是指金融机构在信贷业务过程中,以财务可持续的方式优先支持那些有利于农村资源环境和生态保护、节能增效、资源循环利用的有机农业、生态农业以及其关联产业的发展。再次，农村绿色金融与传统金融中的农村政策性金融有交叉点。因为环境资源是公共品，一般情况下，考虑贷款方的生产或服务是否具有生态效率，难以成为商业金融机构在业务活动过程中的自觉行动。因此，绿色金融战略的实施，需要政府推动，具有政策性金融的部分特征。最后，农村绿色金融，是普惠金融的重要组成部分。虽然从长期而言，绿色金融需求也是一个金融市场需求的元素，也可以在市场规则下实现财务可持续发展，但是，总体而言，绿色金融市场需求，在传统商业金融模式下是受到排斥的，也是推进农村普惠金融发展过程中需要关注的领域。

二、绿色金融与农村金融具有耦合作用

其实，相对于城市金融，农村金融与绿色金融更有一种天然联系，一方面绿色是农业的天然色，绿色金融在农村拥有广阔空间；另一方面，农村不像城市建有一整套环保监管系统，加之村民普遍缺乏环保维权意识，更易受到环境污染的侵害，建立绿色金融体系可以保护农村生活环境。因此，绿色金融与农村金融具有耦合作用，农村相比于城市可能更需要绿色金融的扶持。

三、农村环境污染现状

近年来，随着国家对环境问题的重视以及市民环保意识的觉醒，城市环境得以不断改善。然而，相对于城市，农村环境污染问题却日趋严重，呈现城乡二元环境结构。总的来看，农村污染源主要有三种情况。[157]

（一）农业生产造成的化学污染

我国现代农业普遍采用无机化肥代替传统的有机化肥，为了追求产量，面积使用量往往远超发达国家的安全上限，由此造成对土壤、水流的大面积污染，影响生态环境。当下农村引入的现代化大棚种植技术，一方面可以提升农作物产量；另一方面也给土壤带来"白色污染"。残留在土壤中的农膜碎片，会分解为有害物质侵蚀土壤，直接影响到农产品的质量与产量。

（二）生活垃圾集聚形成的环境污染

农村由于居住分散，基础设施落后，生活垃圾缺乏集中处理场所，往往采用露天堆放的形式，集聚到一定程度就简单焚烧，由此产生大量二噁英等有害

气体。农村日常的生活污水往往就近随意排放，形成对河流的面源污染。另外，随着乡村生活条件改善，不再把秸秆视为燃料、饲料，为节省劳力，收成之后直接予以焚烧，升起的烟雾严重损害周围地区的空气质量，很容易形成雾霾。

（三）乡镇企业排放的工业污染

错落分布于农村地区的乡镇企业大多是中小企业，技术设备陈旧，多从事电镀加工、纺织印染、化工炼油等高污染行业，在生产过程中产生大量工业"三废"，未经环保设备处理便就地随意排放，恶化了周围生态环境。随着城市环保执法的加强，那些无法在城市生存的高污染企业，纷纷向环保监管薄弱的农村地区转移，加重了当地的环境污染。

四、绿色金融服务乡村建设的投资方向

随着我国现代农业发展进程的深入，物质技术装备水平在不断提高，农业资源环境保护力度不断加大，农业资源利用水平稳步提高，农业综合生产能力和农民收入持续增长，农业生态保护建设力度不断加大。但是，农业资源过度开发、农业投入品过量使用、地下水超采以及农业内外源污染相互叠加等因素使得农业可持续发展面临重大挑战。因而，构建农业可持续发展机制和制度体系是我国现代农业发展的目标，也是我国农业、农村绿色信贷目标。[158]

（一）农业生产环境治理问题

一是通过推广高效、低毒、低残留农药、生物农药和先进施药机械，推进病虫害统防统治和绿色防控；二是通过水产养殖池塘标准化改造和生态修复，规模化畜禽养殖场（小区）标准化改造和建设，控制畜禽养殖污染排放，完善污染治理设施建设，综合治理养殖污染及农田污染。

（二）农业生态保护、修复与建设，提升生态功能

包括水土流失综合治理、灾害防控，退耕还林还草，增强林业生态功能；草原生态保护与建设；石漠化治理；通过湿地保护、河湖生态系统功能的有效修复、增强与综合治理，恢复水生生态系统和修复水产养殖生态系统，加强畜禽遗传资源和农业野生植物资源保护，加大野生动植物自然保护区建设力度，遏制生物多样性减退速度，促进和保护生物多样性，修复农业生态。

（三）推进生态循环农业发展

通过推广节肥、节水、节药等节约型农业技术，培育林业经济（林业种植和林业养殖）、"猪沼果""稻鱼共生"等生态循环农业模式，促进农业资源循环利用，实现农业废弃物趋向零排放。

（四）促进耕地资源保护和农田永续利用

包括推进实施数量与质量并重的耕地占补平衡措施，通过深耕深松、保护性耕作、秸秆还田、增施有机肥和种植绿肥等土壤改良方式提升耕地质量，增强农业综合生产能力和防灾减灾能力等。

五、绿色金融服务乡村建设的投资模式

（一）以涉农龙头企业为主导的供应链融资模式

各金融机构应充分调研生态农业发展的金融需求，利用线上线下一体化优势，充分发掘有机蔬菜、林果、中药材、畜牧、乡村旅游等区域性优势绿色产业各个环节的业务机会，覆盖绿色产品研发、生产、加工包装、贮运、销售等各个环节，创新推出多元化的生态农业供应链融资产品。第一，经销商、供应商网络融资模式。利用农村龙头企业的信用引入，为生态产业的龙头企业及其上下游产业链的农户或供应商办理集中信贷授信业务。第二，金融机构—物流合作融资模式。各金融机构与第三方物流公司合作，通过物流监管或信用保证为农村龙头企业的上下游经销商、供应商提供贷款授信。第三，订单融资授信模式。各金融机构采用预付账款和应收账款质押模式，为生态农业企业的上游农户和下游经销商提供贷款授信。第四，金融机构向生态农业产业的龙头企业发放贷款，扩大龙头企业的生产规模和拉动能力，带动生态农业发展。第五，生态产业的龙头企业为其上下游产业链条的农户或供应商提供贷款担保，帮助农户或供应商获得贷款支持。第六，市县当地政府与金融机构合作，以产业投资基金的方式帮助农村地区生态农业产业快速发展。[159]

（二）以金融机构主导的融资模式

该模式以包括银行、小额信贷公司等在内的金融机构为主导，通过不断创新抵押、质押和担保的形式，创新适合从事绿色产业经营的农户、企业的贷款产品。该模式是目前金融机构为从事生态农业的农户、企业提供融资的主要模

式，包括"金融机构+农户/企业""金融机构+抵质押+农户/企业""金融机构+公司担保/农场担保/村委会担保……+农户/企业"等多种子贷款模式。

（三）以互联网金融为主导的融资模式

该模式主要是指我国近年来发展迅速的包括 P2P、众创、众扶、O2O 等在内的众多互联网融资平台，通过"线上""线下"撮合交易，为农村从事生态农业的农户和企业与贷款资金提供者提供直接交易。该模式的融资成本较低，但融资金额较少，融资风险较大。

（四）以"电商平台+金融"为主导的模式

2012 年以来，随着我国电商平台和电商业务的井喷式发展，农村电子商务逐步走进农村千家万户，包括河北、甘肃等地在内的我国各省份纷纷鼓励农村电子商务产业快速发展。同时，我国各金融机构、互联网金融企业逐渐加大与电商平台的合作力度，在农村加快推广第三方移动支付业务，以及基于电商平台的分期消费贷等金融服务供给。"电商平台+金融"融资模式由此而生，该模式主要指金融机构与电商平台合作，借助电商平台，为农村从事生态农业生产的农户和企业提供包括农资购买、农产品网售、网上交易、第三方移动支付等全方位的金融服务。该模式借助电商平台实现了资金、物流、信息的有机融合，为从事生态农业的农户/企业提供了一篮子金融服务支持。

六、农村环境污染严重的主要原因

根据中国生态环境部发布的 2015 年《中国环境统计年报》，全国主要污染物排放数据所示，农业源的单位排放量已经超过工业源，在单位化学需氧量指标上尤甚。相对于城市环境的日趋改善，农村地区污染问题长期无法解决，问题并不能仅仅归结为农民缺乏环保意识这么简单，实具有深层次的制度性原因。[157]

（一）立法的"城市本位主义"

近十年来，国家在环保执法力度上明显得到加强，然而，上官丕亮和殷勇（2011）认为农村环保问题不但未能得到改善，反而成为城市污染转移的牺牲品。作为我国环保基本法的《环境保护法》，毋庸讳言，其立法基点主要就是面向城市环保问题，而对农村实施环保的具体困难考虑不够，没有对农村设立专项特别保护，与城市实施同一环保标准，而许多条文在农村根本无法实施。最明显的例子是，尽管生态环境部发布的《中国环境状况公报》连续数年指出"城市污染向农村转移有加速趋势",城市转移污染成为农村环境恶化的重要原因,然而依旧无法改变此趋势。根本原因在于《环境保护法》对这个现实问题缺乏禁止性规定条文,导致无法有效制止侵害农村环境的行为,在此问题上充分显示了"城市本位主义"倾向。

(二) 监管成本过高

环保要取得成效就需要投入大量资金,而农村乡镇财政大多入不敷出,直接影响基层环保的执行力。相关资料显示,全国有近1/3县级环保局尚未建立观测站,许多乡镇没有配备专职环保员,无法予以实时监控,也就无法真正执行环保法律法规相应条文。此外,农村地区的乡镇企业规模较小,场所分散,环保部门往往因为监控成本过高而放弃监管。

(三) 违法成本偏低

环保立法的处罚条款存在一定的滞后性,对企业违法排污行为的处罚普遍过轻,很难起到阻遏作用。企业作为理性人,尽管知道工业生产过程产生的污染对整体环境破坏性较大,但是该行为具有外部性,当现行体制下收益远大于环保罚款成本时,那么选择违法排污反而成为一种最优策略。考虑到2008年新修订的《水污染防治法》最高罚款上限只有100万元,"违法成本低,守法成本高"确实是我国当前环保工作的真实写照。

(四) 地方保护主义盛行

农村地区污染问题长期执法不力,最明显的就是部分地区的城市污染向农村转移屡禁不止,许多无法在城市生存的污染企业却被农村接收,这就涉及地方保护主义。地方政府最看重的就是拉动本地经济,这些高污染企业又往往是纳税大户,因而为了经济利益还是将其招商进农村。在行政级别上,当地环保部门也隶属于地方政府,以致在查处污染企业时受到种种掣肘,无法严格执法。

综上所述,农村污染问题比城市有过之而无不及,且涉及深层次制度性因素,因此,仅仅依靠现有制度的自我完善已不能改变已有的现状,必须引入新的制度来改善农村污染问题。

七、绿色金融服务乡村建设路径

目前,各地政府也推出了绿色金融支持农林产业发展的政策措施,但总体工作尚处于起步阶段,中小金融机构和市场主体参与能力薄弱、缺乏专业的绿色投资和配套服务机构、社会资本进入农村绿色产业的动力不足,而乡村绿色发展相关项目也普遍存在规模小、区位分散、主体信用信息缺失等问题。这就需要动员和激励广大社会资本提供更多绿色资金,加强市场制度建设和市场参与主体建设,培育和开发更多的农村绿色金融工具,拓展社会资本进入农村和农业的绿色产业渠道。[160]

(一) 完善绿色金融市场体系,推动绿色金融工具创新

目前资金瓶颈仍是绿色低碳发展的一大挑战。中国应推进政府和社会资本合作,加快建立统一规范的多层次绿色金融市场体系,包括银行绿色化转型、绿色信贷、绿色债券、绿色基金、绿色保险、绿色担保体系、碳金融的构建,细化财政、金融支持政策,完善债券、股权、基金、保险市场建设,积极发展排污权交易,加快建立高效的绿色低碳交易市场,推动绿色金融的地方试点工作,满足多元化多层次的投融资需求,提高市场整体竞争力,让市场在资源配置中起决定性作用。

(二) 推动金融机构在绿色金融方面的能力建设,强化金融服务方式创新

1. 出台金融服务乡村振兴的指导意见,明确各大金融机构绿色信贷支持责任。抓紧出台金融服务乡村振兴的指导意见,明确国家开发银行、中国农业发展银行在乡村振兴中的职责定位,加大中国农业银行、中国邮政储蓄银行三农金融事业部对乡村振兴支持力度,强化股份制商业银行和城市商业银行绿色金融服务方式创新,加大对乡村振兴中长期绿色信贷支持。以农发行为例,近年来,农发行坚持绿色金融为导向,将加强农村生态建设、环境保护和生态整治作为重点,引导信贷向绿色、生态产业倾斜。

2017年,我国全年累计发放改善农村人居环境贷款712.87亿元,支持农村污水垃圾处理、农村危房改造等项目1 452个,林业资源开发与保护贷款140.05亿元。

2. 建议金融机构围绕三农领域,加快创新农村绿色金融产品和服务方式。同时,推进构建现代农业产业体系、生产体系、经营体系,支持农田建设,加大力度支持农村土地流转和适度规模经营、农业科技创新、农村流转体系建设等,不断促进农业增效、农民增收,支持促进农村绿色产业健康有序发展。

3. 要引导地区商业银行、农信社向绿色银行转型,设立绿色金融事业部或绿色支行,以金融手段引导新兴绿色产业发展,促进传统产业绿色化改造,

全面助力乡村振兴。

4. 培育绿色金融地方服务主体，夯实绿色金融基础设施，提高金融支持农村建设、农业发展、脱贫致富的精准度。

（三）引导绿色信贷，通过优化信贷结构和产品，拓宽绿色融资渠道，积极为绿色农业发展、农业循环经济、农村污染防治项目提供金融服务

绿色贷款是指金融机构发放给企（事）业法人或国家规定可以作为借款人的其他组织用于支持环境改善、应对气候变化和资源节约高效利用，投向环保、节能、清洁能源、绿色交通、绿色建筑等领域项目的贷款。

1. 今年绿色信贷平稳增长。《2019年一季度金融机构贷款投向统计报告》显示，2019年一季度末，绿色信贷平稳增长。本外币绿色贷款余额为9.23万亿元，余额比年初增长4.3%，折合年增长率约为14%，余额占同期企业及其他单位贷款的9.9%。分用途来看，2019年一季度末，绿色交通运输项目和可再生能源及清洁能源项目贷款余额分别为4.1万亿元和2.28万亿元，比年初分别增长4.8%和1.7%。分行业来看，交通运输、仓储和邮政业绿色贷款余额为3.91万亿元，比年初增长4.9%；电力、热力、燃气及水生产和供应业绿色贷款余额为2.87万亿元，比年初增长2.9%。

2. 今年农村贷款增速回升。2019年一季度末，农村（县及县以下）贷款增速回升。2019年一季度末，本外币涉农贷款余额为33.71万亿元，同比增长6.8%，增速比2018年末高1.2个百分点；一季度增加1.2万亿元，同比多增1 054亿元。农村（县及县以下）贷款余额为27.51万亿元，同比增长7.6%，增速比2018年末高1.6个百分点，一季度增加1.02万亿元，同比多增1 490亿元；农户贷款余额为9.56万亿元，同比增长12.8%，增速比2018年末低1.1个百分点，一季度增加3 992亿元，同比多增267亿元；农业贷款余额为4万亿元，同比增长0.6%，增速比2018年末低1.2个百分点，一季度增加1 047亿元，同比少增198亿元[①]。

3. 根据乡村振兴的发展和需求特点，加快产品和信贷模式创新，增加绿色产品的金融供给。深化"三位一体"农民合作经济组织体系改革，对于专业合作社、农业产业化龙头企业等新型农业经营主体，推出"农合贷"和土地承包经营权抵押贷款，破解融资担保难题。同时，加大与政府部门合作，破解群众转贷难题，促进新旧动能转换。同时，优化授信和审批流程，在信贷准

---

① 《2019年一季度金融机构贷款投向统计报告》。

入、项目评估、贷款审批、放款审核等环节设立绿色信贷的专项通道，积极引导信贷资金流向绿色制造业、生态旅游业及节能环保产业等绿色产业，大力支持休闲农业、乡村旅游、农村电商、特色小镇等领域的信贷需求。

（四）适时推进绿色债券等证券市场绿色产品和市场主体支持乡村振兴

根据人民银行颁布的《绿色债券支持项目目录》规定，绿色债券募集资金主要投向节能、污染防治、资源节约循环利用、清洁交通、清洁能源、生态保护和适应气候变化等方面，为企业提供低成本资金，促进经济、社会、生态全面协调可持续发展。应发挥绿色债券工具的特点，政策性引导绿色债券为中长期乡村振兴、绿色农林业项目提供融资便利，提升投资者对中长期绿色项目的信心。鼓励金融机构进行绿色金融债的发行并更多关注乡村振兴领域。

（五）积极通过绿色基金民间资本进行绿色投资

鼓励更多地方政府设立绿色基金，以国家绿色产业为政策导向，引导社会资本支持绿色城市和乡村振兴，促进农村绿色产业健康、有序发展。绿色基金可以有效提高社会资本参与环保产业的积极性。未来也可以考虑设立担保基金，包括绿色中小企业信用担保、绿色债券、绿色PPP项目担保等，并通过市场化与差别化的担保政策、补贴政策、税收优惠政策等进行综合调整。担保基金可以涵盖绿色中小企业信用担保、绿色债券、绿色PPP项目担保等，以担保的完善推进绿色产业融资的风险管理与激励机制创新。

（六）鼓励加快绿色保险市场发展

一方面，保险资金具有资本存量大、现金流稳定、存续期长的特点，对于建设资金需求量大的轨道交通工程、绿色建筑、公共建筑节能改造、新能源汽车产业基地、绿色产业园区等重点绿色项目来说是优质的资金选择；另一方面，利用保险的产品创新对绿色项目进行绿色发债，对绿色信贷进行再担保，可以提高市场投资者的信心。

（七）结合绿色金融试点有效实施推进乡村振兴的金融方案

在推进绿色金融改革和创新试点中，应鼓励地方政府实施适合地方农村发展的绿色金融实施方案，建立地方乡村和农业绿色项目库，利用地方特色打造绿色金融服务品牌。改善三农金融服务组织体系，强调建设绿色农业实验区域，支持循环农业示范乡镇、低碳排放、农业园区循环化改造，为绿色金融支持乡村振兴提供有效路径。

（八）把握乡村振兴战略，利用"互联网+绿色金融工具"助力农村小微企业发展

《2019年一季度金融机构贷款投向统计报告》显示，2019年一季度末，普惠小微贷款增长持续加快。人民币普惠金融领域贷款余额为15.57万亿元，同比增长14.4%，增速比2018年末高1.9个百分点；一季度增加7 193亿元，同比多增2 692亿元。普惠小微贷款余额为10.05万亿元，同比增长19.1%，增速比2018年末高3.9个百分点，一季度增加5 529亿元，同比多增2 899亿元；农户生产经营贷款余额为5.18万亿元，同比增长6.6%；创业担保贷款余额为1 132亿元，同比增长8.6%；助学贷款余额为1 028亿元，同比增长13%。建档立卡贫困人口贷款余额为3 104亿元。考虑已脱贫不脱政策的情况，建档立卡贫困人口及已脱贫人口贷款余额为7 126亿元，同比增长12.2%，一季度增加163亿元。

乡村振兴的主要着力点包括农村环境治理、农村规划和道路建设、观光农业和旅游开发，互联网金融的发展为绿色金融产品创新和服务拓展了广阔空间，绿色信贷数据库和绿色项目数据库的有效搭建，有助于将绿色金融与普惠金融有效结合起来，共同推动乡村振兴。

（九）加大对绿色金融及政策的宣传力度

针对农村融资主体对绿色金融产品和政策缺乏了解的问题，建议在农村地区加大对绿色金融及政策的宣传力度，对农村企业和农户加强引导，宣传循环经济和生态环境保护的重要性，在农村范围普及绿色金融产品基础知识，定期举办讲座、发放宣传资料、有奖答题等，实现在农村全体农户和企业中普及金融产品知识，激发其绿色发展意识，充分发挥绿色金融在农村经济发展中的支持作用。[161]

参考文献

[1] 蔡则祥, 武学强. 新常态下金融服务实体经济发展效率研究——基于省级面板数据实证分析 [J]. 经济问题, 2017 (10): 14-25.

[2] 李扬. "金融服务实体经济"辨 [J]. 经济研究, 2017 (6): 4-16.

[3] 石建勋, 王盼盼. 以习近平新时代中国特色社会主义经济思想指导金融发展 [J]. 经济纵横, 2018 (10): 11-17, 2.

[4] 胥刚. 论绿色金融——环境保护与金融导向新论 [J]. 中国环境管理, 1995 (4): 13-16.

[5] 巴曙松, 沈长征. 国际金融监管改革趋势与中国金融监管改革的政策选择 [J]. 西南金融, 2013 (8): 7-11.

[6] 郑铉. 金融服务实体经济的制度创新逻辑 [J]. 中国发展, 2016 (1): 25-29.

[7] 马骏. 绿色金融体系建设与发展机遇 [J]. 金融发展研究, 2018 (1): 10-14.

[8] 欧阳宸. 推动绿色金融创新, 为实体经济发展服务（上）[N]. 中国经济时报, 2016-09-02 (13).

[9] 王观. 为实体经济服务是金融的本分——访中国人民银行副行长陈雨露 [J]. 中国经济周刊, 2018 (5): 36-37.

[10] 马骏. 明年GDP增速预计为6.8% [N]. 金融时报, 2015-12-21 (T02).

[11] 管晓明. 绿色金融的可持续发展——基于环境信息披露的视角 [J]. 金融市场研究, 2018 (3): 78-86.

[12] 安国俊, 敖心怡. 中国绿色金融发展前景 [J]. 中国金融, 2018 (2): 47-49.

[13] 王兆星. 大力发展绿色信贷促进经济可持续发展 [C]//国际货币评论（2017年合辑）, 中国人民大学国际货币研究所, 2017.

[14] 赵子赫. 浅析绿色金融与可持续发展 [J]. 中国国际财经（中英文）, 2017 (19): 229.

[15] 钱水土,周晓珍,何凉.绿色金融助推"一带一路"可持续发展研究[J].浙江金融,2017(11):17-23.

[16] 徐忠,郭濂,冯殷诺.绿色金融的可持续发展[J].南方金融,2018(10):3-14.

[17] 曹军新.构建可持续经济发展指数[J].中国金融,2015(20):48-49.

[18] 张晓玫,潘玲.我国银行业市场结构与中小企业关系型贷款[J].金融研究,2013(6).

[19] 简泽.银行债权治理、管理者偏好与国有企业的绩效[J].金融研究,2013(1).

[20] 纪志宏.存贷比地区差异研究——基于商业银行分行数据的研究[J].金融研究,2013(5).

[21] 董琦.我国货币政策传导途径区域化差异分析[J].经济纵横,2011(15).

[22] 郭菊娥等.我国应对美国金融危机的货币政策实施效果评价[J].西安交通大学学报,2009(11).

[23] 盛松成.社会融资规模与货币政策传导[J].金融研究,2012(10).

[24] 王宏伟.资金供求企业信用货币政策与贷款定价[J].征信,2013(3).

[25] 刘志军,彭晟.大型商业银行网点规划及选址策略[J].银行家,2018(2).

[26] 胡志浩,陈涛峰.商业银行网点转型的理论思考及转型趋势分析[J].农村金融研究,2019(3).

[27] 张雪芹.GIS结合层次分析法在银行网点选址研究中的应用[J].绿色科技,2017(18).

[28] 卢礼.银行网点的选址分析[J].北京测绘,2017(2).

[29] 章莹."互联网+"背景下商业银行选址研究[J].传播力研究,2019,3(6).

[30] 罗勇.立足敏捷开放,推动直销银行向智能银行迈进[J].银行家,2019(2).

[31] 李昊伦.基于城市规划视角下的兰州市银行网点公共布局研究[D].兰州:兰州大学,2016.

[32] 贾琳琳,李晓璐.兰州市银行业的空间分布特征及其影响因素

[J]. 干旱区资源与环境, 2017, 31 (12).

[33] 娄潇, 于焘. 浅议"无人网点"运营效能及后续发展策略 [J]. 中国金融电脑, 2018 (9).

[34] 马渺肆. 影响客户选择银行网点的关键因素分析 [J]. 农银学刊, 2017 (6).

[35] 王剑. 关于"互联网+"背景下城市商业银行网点规划的探讨 [J]. 时代金融, 2018 (36).

[36] 张朋. 互联网理财产品对商业银行理财业务的影响 [D]. 青岛: 山东大学, 2017.

[37] 巩月明. 甘肃省银行理财市场发展情况分析 [J]. 甘肃金融, 2018 (7).

[38] 莫海燕. 余额宝对我国商业银行的影响分析 [J]. 现代营销 (下旬刊). 2018 (12).

[39] 潘雨琪. 余额宝对我国商业银行业务发展的启示与影响 [J]. 经贸实践, 2018 (11).

[40] 岳雪. 余额宝的发展对商业银行个人理财业务的影响 [J]. 时代金融, 2017 (29).

[41] 叶潮流, 余新宏, 孟倩倩. 余额宝对商业银行业务影响的实证分析 [J]. 湖北经济学院学报 (人文社会科学版), 2017, 14 (2).

[42] 杨琦. 互联网金融理财产品的创新优势及发展探究 [J]. 金融与经济. 2015 (5).

[43] 袁港. 互联网理财产品对银行业的影响——以余额宝为例 [J]. 全国流通经济. 2018 (3).

[44] 李温昕. 互联网金融对商业银行的影响及对策分析 [J]. 金融经济. 2017 (12).

[45] 周孟亮, 李俊. "适应性"农村金融改革与民间资本突围 [J]. 郑州大学学报 (哲学社会科学版), 2014, 47 (1): 87-92.

[46] 王智勇. 关于民间资本出路的若干思考 [J]. 甘肃金融, 2014 (10): 21-23.

[47] Floro S. L, Yotopoulos P. A. Informal credit markets and the new institutional economics: the case of Philippine agriculture [M]. Boulder: West view Press, 1991.

[48] Tang Shui-Yan. lnformal credit markets and economic development in Taiwan [J]. World Development, 1995 (5).

[49] Guirkinger Catherine. Understanding the Coexistence of Formal and Informal Credit Markets in Piura, Peru [J]. World Development, 2008 (8).

[50] 王曙光, 王东宾. 双重二元金融结构、农户信贷需求与农村金融改革——基于11省14县市的田野调查 [J]. 财贸经济, 2011 (5): 38-44, 136.

[51] 牛艳芬. 金融需求视角下的西部民族地区农村金融体系构建 [D]. 北京: 中央民族大学, 2011.

[52] 刘希章, 李富有. 民间资本供求博弈、缺口测度与趋向判定 [J]. 当代财经, 2016 (3): 54-64.

[53] 张娟, 耿弘, 卜胜娟, 廖毕丰. 基于灰色聚类分析的风险评价方法研究——以江苏民间资本进入金融领域风险评价为例 [J]. 数学的实践与认识, 2016, 46 (8): 74-84.

[54] 余霞民. 民间资本进入金融领域的风险分析——以银行业为例 [J]. 宁波经济 (三江论坛), 2016 (7): 29-32.

[55] 李富有, 郭小叶, 王博峰, 张海燕. 民间资本脱实入虚对地区实体产业效率的影响研究——基于对我国30个省份民营工业13年企业面板数据的实证分析 [J]. 陕西师范大学学报 (哲学社会科学版), 2017, 46 (1): 129-141.

[56] 金梦萍, 唐果. 我国民营银行的战略选择 [J]. 经营与管理, 2014 (6).

[57] 吕臣, 林汉川, 王玉燕. 基于共生理论破解小微企业"麦克米伦缺陷"难题 [J]. 科技进步与对策, 2015, 32 (2): 91-95.

[58] 潘静波. 民间资本投资与行业经济增长的实证研究——基于浙江省行业及产业面板数据的协整分析 [J]. 浙江学刊, 2015 (4): 169-173.

[59] 韩叙, 夏显力, 石宝峰. 民间资本进入、金融深化与城镇化发展的实证研究 [J]. 大连理工大学学报 (社会科学版), 2016, 37 (1): 64-69.

[60] 李淑华, 方来. 临夏回族自治州民间金融与区域经济发展的实证分析 [J]. 兰州大学学报 (社会科学版), 2018, 46 (3): 24-32.

[61] 甘肃省大力促进民间投资相关政策落实情况评估课题组, 刘进军, 何元峰, 李冰心, 马小飞. 甘肃省促进民间投资相关政策措施落实情况调研报告 [J]. 甘肃行政学院学报, 2018 (1): 93-99.

[62] 徐春培, 李晓海. 改革的关键是"引智"和"引制"——银监会合作部负责人就《关于鼓励和引导民间资本参与农村信用社产权改革工作的通知》答记者问 [J]. 中国农村金融, 2015 (2): 12-14.

[63] 余霞民. 民间资本进入金融领域的风险分析——以银行业为例 [J]. 宁波经济（三江论坛），2016（7）：29-32.

[64] 沈洪涛. 初级财务管理 [M]. 大连：东北财经大学出版社，2016（3）.

[65] 王斌. 甘肃推荐重点领域项目拟吸引民间投资 [J]. 中国经济导报，2018（3）.

[66] 姚慧琴. 中国西部发展报告 [M]. 北京：社会科学文献出版社，2015（1）.

[67] 朱志文. 甘肃经济发展分析与预测. [M]. 北京：社会科学文献出版社，2016（1）.

[68] 简楚豫. 甘肃省民间资本投资的国际经验借鉴 [J]. 中国市场，2012（35）.

[69] 郭香港. 民营企业人力资源管理问题及对策研究 [D]. 湘潭：湖南科技大学，2010.

[70] 任洁. 优化环境推动甘肃省民间投资发展 [J]. 甘肃省经济管理干部学院学报，2004（4）.

[71] 国务院关于鼓励和引导民间投资健康发展的若干意见 [Z]. 国务院，2010.

[72] 温友祥. 甘肃省民间企业转型升级的主要路径 [N]. 甘肃日报，2015.

[73] 张强，胡金焱. 植入民间金融部门的 DSGE 模型与货币政策规则有效性分析 [J]. 山东大学学报（哲学社会科学版），2016（6）.

[74] 国务院关于鼓励和引导民间投资健康发展的若干意见 [Z]. 2011.

[75] 国务院关于加快培育和发展战略性新兴产业的决定 [Z]. 2011.

[76] 发改委关于鼓励和引导民营企业发展战略性新兴产业的实施意见 [Z]. 2011.

[77] 周德文. 充分利用民间资本加快发展战略性新兴产业 [J]. 财经界，2012（6）.

[78] 程贵，杨彬如. 甘肃省战略性新兴产业融资的困境及破解 [J]. 甘肃金融，2015（3）.

[79] 孙晓娟. 甘肃省战略性新兴产业发展的金融支持研究 [J]. 兰州学刊，2013（11）.

[80] 李晓安. 发挥政府引导基金功能作用助推甘肃新兴产业发展进步 [J]. 甘肃金融，2013（6）.

[81] 仇颖. 引导民间资本进入民营中小企业融资领域之管见 [J]. 天津大学学报, 2011 (6).

[82] 张郁. 着力打造城商行破解小微企业融资难问题 [J]. 山西财经大学学报, 2012 (11).

[83] 唐秋凤. 个别融资或集群发展——降低小微企业融资成本的路径探析 [J]. 经济研究参考, 2014 (29).

[84] 吴靖烨. 中小微企业融资现状、问题及其原因的微观分析——基于无锡市中小微企业融资渠道的调研 [J]. 商场现代化, 2014 (30).

[85] 段应碧. 小微企业降低融资成本路径探析——基于农户贷款经验 [J]. 中国市场, 2015 (36).

[86] 金荣学. 我国科技型中小企业金融服务体系创新探索 [J]. 经济研究参考, 2014 (25).

[87] 何健聪. 小微企业融资问题实证分析 [J]. 辽宁经济, 2011 (9).

[88] 祝健, 沙伟婧. 发展产业集群是降低小微企业融资成本的新思路 [J]. 经济纵横, 2013 (4).

[89] 高广智. 陕西省小微企业融资成本调查研究 [J]. 陕西金融, 2013 (12).

[90] 宋文祥, 宋哲. 国外降低小微企业融资成本的经验及对我国的启示 [J]. 甘肃金融, 2014 (10).

[91] 魏国雄. 增加融资供给缓解小微企业融资难 [J]. 中国金融, 2010 (3).

[92] 李佳伟, 封思贤. 降低 P2P 网贷市场上小微企业融资成本的思路研究 [J]. 经济问题探索, 2015 (2).

[93] 卢馨, 汪柳希, 杨宜. 互联网金融与小微企业融资成本研究 [J]. 管理现代化, 2014 (5).

[94] 汤荣敏, 崔志敏, 郝红艳. 小微企业金融服务体系构建与优化路径研究 [J]. 河北工程大学学报（社会科学版）, 2016 (6).

[95] 赵玲, 贺小海. 杭州市科技型小微企业金融服务体系研究——政府促进与市场化的结合 [J]. 未来与发展, 2016 (12).

[96] 易青峰, 曹湘平. 试浅析小微企业融资难问题 [J]. 经济师, 2014 (1).

[97] 符光辉, 赵启兰, 王耀球. 西方小微企业如何融资 [J]. 中国经济早报, 2013 (8).

[98] 沈昌. 我国国有企业的直接融资 [J]. 财会月刊, 2013 (12).

[99] 赵伟利. 商业银行的权益 [J]. 北方财经, 2014 (2).

[100] 何建华. 破解西部欠发达地区小微企业融资难题 [J]. 农村金融研究, 2012 (3).

[101] 张锐, 夏学良. 五点行动: 破解民营企业的融资格局 [J]. 企业文化, 2012 (8).

[102] 齐巍巍. 小微企业金融服务国际经验分析及启示 [J]. 农村金融研究, 2012 (4).

[103] 杨树旺, 肖建忠, 易明. 日韩中小企业扶持政策及其对中国的启示 [J]. 宏观经济研究, 2009 (1).

[104] 欧阳君山. 小微企业融资难的变现原因及对策 [N]. 中华工商时报, 2012.

[105] 魏国雄. 中小企业融资问题的再思考. 中国金融 [J], 2011.

[106] 黄孟复. 民营经济会有更大发展 [J]. 中小企业管理与科技 (中旬刊), 2010 (12): 32-33.

[107] 张晶, 周平, 张文学. 甘肃民营企业发展的现实障碍及对策探析 [J]. 现代商贸工业, 2007 (7): 12-13.

[108] 翟朝香. 甘肃民营企业做大做强的路径 [J]. 发展, 2014 (2): 124.

[109] 王桢. 甘肃民营企业融资探讨 [J]. 兰州: 兰州大学学报 (社会科学版), 2010, 38 (4): 148-152.

[110] 孙涛. 安徽省民营企业融资问题研究 [D]. 合肥: 安徽大学, 2011.

[111] 张锐. 破解民营企业融资僵局 [J]. 企业家天地, 2001 (8): 4-6.

[112] 孟辉. 广东省中小企业综合融资服务体系建设中的政府作用研究 [D]. 广东广州: 华南理工大学, 2014.

[113] 华欢欢. 甘肃省低碳经济转型下产业结构优化分析 [D]. 兰州: 兰州财经大学, 2016.

[114] 吕芙蓉. 甘肃省民间融资现状分析及政策建议 [J]. 全国流通经济, 2017 (12): 58-59.

[115] 王振宇. 非洲数字普惠金融分析 [J]. 新金融, 2019 (3): 44-48.

[116] 董玉峰, 赵晓明. 负责任的数字普惠金融: 缘起、内涵与构建 [J]. 南方金融, 2018 (1): 50-56.

[117] 王晓. 国际组织对数字普惠金融监管的探索综述 [J]. 上海金融,

2016 (10): 75-77.

[118] 葛和平, 朱卉雯. 中国数字普惠金融的省域差异及影响因素研究 [J]. 新金融, 2018 (2): 47-53.

[119] 傅秋子, 黄益平. 数字金融对农村金融需求的异质性影响——来自中国家庭金融调查与北京大学数字普惠金融指数的证据 [J]. 金融研究, 2018 (11): 68-84.

[120] 崔海燕. 数字普惠金融对我国农村居民消费的影响研究 [J]. 经济研究参考, 2017 (64): 54-60.

[121] 易行健, 周利. 数字普惠金融发展是否显著影响了居民消费——来自中国家庭的微观证据 [J]. 金融研究, 2018 (11): 47-67.

[122] 黄敦平, 徐馨荷, 方建. 中国普惠金融对农村贫困人口的减贫效应研究 [J]. 人口学刊, 2019, 41 (3): 52-62.

[123] 刘华珂. 普惠金融农村减贫效应的作用机理和实证检验 [J]. 会计之友, 2018 (23): 138-144.

[124] 张贺, 白钦先. 数字普惠金融减小了城乡收入差距吗?——基于中国省级数据的面板门槛回归分析 [J]. 经济问题探索, 2018 (10): 122-129.

[125] 龚沁宜, 成学真. 数字普惠金融、农村贫困与经济增长 [J]. 甘肃社会科学, 2018 (6): 139-145.

[126] 郑秀峰, 朱一鸣. 普惠金融、经济机会与减贫增收 [J]. 世界经济文汇, 2019 (1): 101-120.

[127] 罗荷花, 骆伽利. 多维视角下普惠金融对农村减贫的影响研究 [J]. 当代经济管理, 2019, 41 (3): 80-88.

[128] 武丽娟, 徐璋勇. 我国农村普惠金融的减贫增收效应研究——基于4023户农户微观数据的断点回归 [J]. 南方经济, 2018 (5): 104-127.

[129] 唐源, 陈一君, 彭静. 电商时代下互联网消费金融发展新模式 [J]. 商业经济研究, 2018 (24): 143-145.

[130] 中国人民银行中关村国家自主创新示范区中心支行课题组, 李玉秀. 互联网消费金融对传统消费金融: 冲击与竞合 [J]. 南方金融, 2016 (12): 57-63.

[131] 王雅俊. 互联网背景下消费金融的发展模式研究 [J]. 技术经济与管理研究, 2017 (11): 79-83.

[132] 江逸. "互联网+"背景下商业银行消费金融业务的提升路径研究 [J]. 金融发展研究, 2018 (9): 86-88.

[133] 鄂春林. 互联网消费金融：发展趋势、挑战与对策 [J]. 南方金融, 2018 (3): 85-92.

[134] 崔连翔. 互联网时代下消费金融对经济增长拉动的实证分析[J]. 商业经济研究, 2019 (8): 164-167.

[135] 尹一军. 互联网消费金融的创新发展研究 [J]. 技术经济与管理研究, 2016 (6): 67-71.

[136] 李翠, 李茜. 互联网消费金融的风险防范及法律规制 [J]. 商业经济研究, 2017 (18): 39-42.

[137] 王晓芳. 互联网消费金融的健康发展之路 [J]. 人民论坛, 2019 (9): 84-85.

[138] 李根红. 大学生P2P网络借贷风险及对策研究 [J]. 现代营销, 2018 (11): 246-247.

[139] 刘根. 大学生信贷消费影响因素实证研究 [J]. 金融理论与实践, 2018 (5): 70-76.

[140] 李莉. 互联网金融背景下大学生网络借贷的风险及防范 [J]. 湖北函授大学学报, 2018, 31 (19): 50-52.

[141] 李金美. 互联网金融对大学生消费的影响 [J]. 淮海工学院学报 (人文社会科学版), 2017, 15 (7): 106-108.

[142] 吴琪. 规范发展我国P2P网络借贷的策略 [J]. 西部金融, 2014 (3): 60-62.

[143] 朱斌, 杜群阳. 大学生创业金融服务生态链共生机制及其绩效评价 [J]. 中国高校科技, 2018 (6): 67-70.

[144] 曹菲. 为大学生创业融资铺路搭桥 [J]. 人民论坛, 2019 (11): 74-75.

[145] 张英杰. 大学生创业金融支持体系创新的探索性案例研究 [J]. 科技进步与对策, 2016, 33 (21): 151-155.

[146] 李干杰. 深入贯彻习近平生态文明思想 以生态环境保护优异成绩迎接新中国成立70周年——在2019年全国生态环境保护工作会议上的讲话 [J]. 环境保护, 2019, 47 (Z1): 8-18.

[147] 贾晋, 李雪峰, 申云. 乡村振兴战略的指标体系构建与实证分析 [J]. 财经科学, 2018 (11): 70-82.

[148] 程莉, 文传浩. 乡村绿色发展与乡村振兴: 内在机理与实证分析 [J]. 技术经济, 2018, 37 (10): 98-106.

[149] 陈秋分, 黄修杰, 王丽娟. 多功能理论视角下的中国乡村振兴与

评估 [J]. 中国农业资源与区划, 2018, 39 (6): 201-209.

[150] 张挺, 李闽榕, 徐艳梅. 乡村振兴评价指标体系构建与实证研究 [J]. 管理世界, 2018, 34 (8): 99-105.

[151] 河南省人民政府发展研究中心"乡村振兴战略研究"课题组, 谷建全, 刘云, 邸俊玲, 马永华, 夏巍巍, 张凯, 白玉. 河南省乡村振兴指标体系研究 [J]. 农村. 农业. 农民 (B 版), 2018 (4): 24-35.

[152] 金洋, 刘玉霞, 向森林. 对金融支持乡村振兴的调查与思考——基于对秭归县石柱村农户问卷调查 [J]. 武汉金融, 2018 (12): 77-79.

[153] 王睿, 周应恒. 乡村振兴战略视阈下新型农业经营主体金融扶持研究 [J]. 经济问题, 2019 (3): 95-103.

[154] 赖秀福. 金融服务乡村振兴战略 [J]. 中国金融, 2018 (7): 43-44.

[155] 何广文, 刘甜. 基于乡村振兴视角的农村金融困境与创新选择 [J]. 学术界, 2018 (10): 46-55.

[156] 王海霞. 组织化与规模化: 农村金融纾困新解 [J]. 金融发展研究, 2019 (4): 60-63.

[157] 王劲屹. 中国农村构建绿色金融体系路径探索 [J]. 现代经济探讨, 2019 (1): 128-132.

[158] 何广文. 构建农村绿色金融服务机制和体系的路径探讨 [J]. 农村金融研究, 2016 (4): 14-19.

[159] 安国俊, 刘昆. 绿色金融在乡村振兴中的作用 [J]. 中国金融, 2018 (10): 63-65.

[160] 姚景超, 何文虎, 王永锋, 杨云龙. 绿色金融视角下美丽乡村建设的目标定位、逻辑及模式研究 [J]. 西部金融, 2017 (11): 44-50.

[161] 周淑芬, 李妍, 王康. 绿色金融视角下农业循环经济发展的政策支持研究——以河北省为例 [J]. 中国农业资源与区划, 2017, 38 (7): 200-206.